保育実践につなぐ

保育内容総論

小川圭子・日坂歩都恵・小林みどり
編著

みらい

はじめに

教育・保育というと、あなたはどのようなシーンをイメージしますか。

1989(平成元)年に幼稚園教育要領が大幅に改訂されました。それ以前は保育者主導の画一的な教育・保育内容だったのが、これ以降、子どもの自主性を重視した保育へと様変わりしました。保育者の指導でみんなが一緒に活動することが「よし」とされた時代から、保育者は援助者として環境を構成し、子どもがみずから遊びを見出し、基本的な生活習慣や創造性の芽を育む時代へと変化していきました。

さらに、2017(平成29)年には新しい幼稚園教育要領、保育所保育指針、幼保連携型認定こども園教育・保育要領が改訂(改定)され、グローバル時代に適応する教育・保育として、子どもが実体験を通して「学びを深める」アクティブ・ラーニングが、21世紀型の教育・保育内容として行われています。アクティブ・ラーニングには、多様な背景のある子どもや保護者を支援し、就学前教育カリキュラムを作成できる専門的な知識と確かな技能を持った保育者が求められています。このような教育・保育の状況に配慮して、本書が作成されました。

本書の特色は、15章に模擬保育〈体験してみよう〉を加えて構成しています。特に模擬保育では、学生が実践力を養えるよう、さまざまな保育内容について現場体験に近い経験ができるように工夫をしています。教育・保育の質を高められるように、教員と学生、学生と学生が双方で議論し、問題解決を探れるように編成しました。また、予習(考えてみよう)、授業、復習(演習問題)を順序だてて往還しながら学ぶことができ、「主体的・対話的で深い学び」につながるように工夫しています。さらに、保育の実際の様子がわかる動画も導入しています。QRコードをスマートフォンから読み取ると、瞬時に子どもの活動内容が理解できます。そして、教育・保育の実践をどこからでも見ることができます。

本書の執筆者は、長年教育・保育現場で子どもたちとかかわってきた実践経験の豊かな元保育者や教員であり、かつ気鋭の研究者です。保育実践から保育者や子どもの言動に込められた思いや行為の意味、保育内容のねらいを網羅しつつ、保育者の「心もち」(心の姿勢)を明らかにしています。つまり、豊かな人間力を基盤とし、柔軟な教育力と高度な実践力を備えた「いい保育者」になるための実践的な保育スキルを学ぶことに配慮したテキストであるといえます。

最後に、本書を刊行するにあたって、多大なるご尽力をいただきました執筆者および関係者のみなさまに、編者一同、心より感謝申し上げます。

2021年8月

編　者　一　同

執筆者一覧

50音順　＊印編者

赤木公子	(梅花女子大学)	第15章
＊小川圭子	(大阪信愛学院大学)	第13章
小尾麻希子	(武庫川女子大学短期大学部)	第3章
柏まり	(佛教大学)	第7章
久保田智裕	(園田学園女子大学短期大学部)	第10章、模擬保育①
栗岡あけみ	(豊岡短期大学)	第11章
＊小林みどり	(佛教大学)	第1章
島田和幸	(元 埼玉学園大学)	第14章
田辺昌吾	(四天王寺大学)	第5章
服巻真須美	(園田学園女子大学短期大学部)	第4章
＊日坂歩都恵	(兵庫大学短期大学部)	第12章
フィールデン(野呂)育未	(大阪人間科学大学)	第9章
前田綾子	(奈良学園大学)	第8章
松本直子	(湊川短期大学)	第6章
吉田郁	(四天王寺大学短期大学部)	模擬保育②③④
吉次豊見	(関西学院大学)	第2章

目　次

第Ⅳ編　さまざまなニーズを支援する保育内容

第Ⅴ編　保育内容の発展的理解

本書の使い方

◎　本書の構成

本書は、基礎的な理論から具体的な保育の内容、さらに保育現場での実践に向けて、主体的に学んでいけるように、以下のとおりに構成しています。

「第Ⅰ編　保育と保育内容」→「第Ⅱ編　保育内容の基礎的理解」→「第Ⅲ編　各年齢の保育内容」→「第Ⅳ編　さまざまなニーズを支援する保育内容」→「第Ⅴ編　保育内容の発展的理解」→模擬保育<体験してみよう>

◎　学習の流れ

①「考えてみよう！」で問題意識をもとう

各章の初めにテーマに関連する問いを設けています。自分で考えてみることで主体的な学びにつなげていきます。予習課題やグループワークとしてもご活用ください。

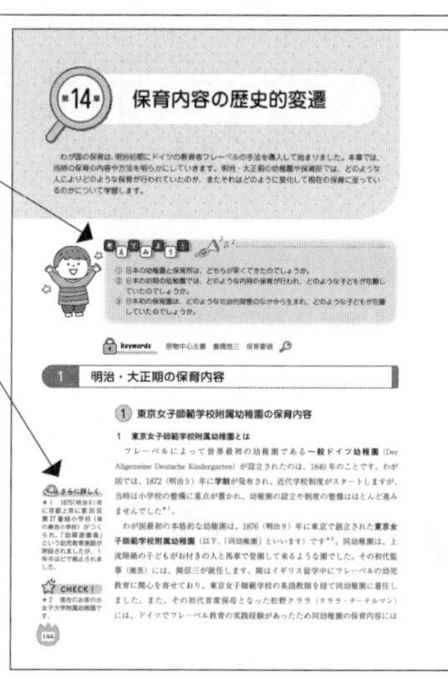

②「補足説明」でさらに理解しよう

ページ両端の空白部分に本文で説明できなかった語句説明や補足説明、保育のこぼれ話などをこちらに掲載しています。

③「POINT」で学びを振り返ろう

各章末に章の内容を箇条書きで簡潔にまとめています。学習の振り返りの際にご活用ください。

④「演習問題」で学びを深めよう

各章末に理解を深め、学びを発展させる問題を付しています。

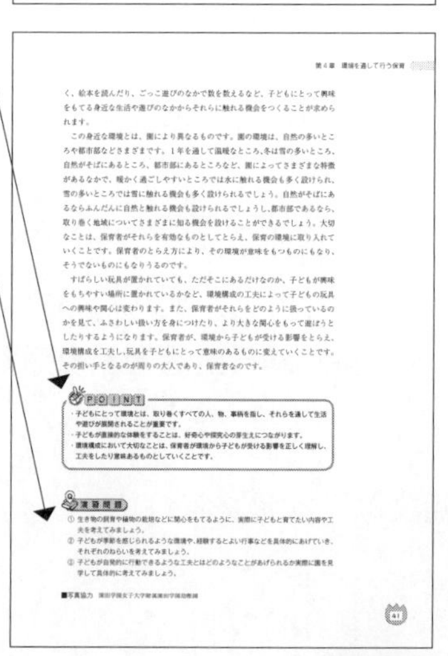

◎　本書の特長——保育現場の「体験」学習

☆　保育現場を「動画」で見てみよう

第13章のコラムと模擬保育<体験してみよう>の一部にQRコードを付しています。QRコードにスマートフォンをかざすと保育現場の動画を見ることができます。

実際の保育を見ることで理解を深めましょう。

☆　模擬保育で保育を体験してみよう

巻末に「模擬保育<体験してみよう>」を設けています。「ねらい」や「保育展開」に沿って、実際の保育を体験してみましょう。

◎　書籍サポート

模擬保育<考えてみよう>の「ふりかえりシート」「評価の観点」は、小社ホームページの「書籍サポート」よりダウンロードできます。講義などにご活用ください。

書籍サポート

第 I 編

保育と保育内容

本編では、保育者として知っておきたい教育・保育の基本や子どもの理解、そして保育内容の「領域」について、学んでいきます。

教育・保育の基本と保育内容の理解

これからの未来を生きる子どもたちに、何を伝え、何を育てていけばよいのでしょうか。教育・保育に携わる保育者として、世の中の流れをふまえつつ、目の前の子どもたちの未来を見据えて、いつも考えておきたいことです。本章では、教育・保育の基本について再確認し、保育内容について学んでいくうえで、押さえておきたい基本的な部分について学びます。

考えてみよう!

① 乳幼児期の子どもが過ごす場である幼稚園や保育所、認定こども園は、どのようなところだと思いますか。知っていることから考えてみましょう。
② 乳幼児期の教育・保育の基本として、大切だと思うことはどのようなことですか。思うことを書き出してみましょう。
③ 幼稚園や保育所、認定こども園では、子どもがさまざまな遊びを体験しています。子どもは、なぜ幼稚園や保育所、認定こども園で遊ぶのだと思いますか。

教育・保育の目標　子どもの最善の利益　主体的な生活や遊び　養護と教育 

1 乳幼児期の教育・保育の基本

1 子どもの今と未来を支える教育・保育

21 世紀に入ってまもなく四半世紀を迎えようとしています。世界中の国々では、今もさまざまな出来事が起こり、混沌としつつ変化しています。不安定な経済状況や貧困、国際紛争や難民問題、感染症など、人々の暮らしにさまざまな不安があります。そのようななか、日本でも世界の国々でも、人々はそれぞれの社会のなかで日々の暮らしを営み、生きています。

日本の教育・保育には、日本の保育の歴史や文化があります。子どもの育ちや保育のあり方を常に考え、実践してきた先人たちの積み重ねのうえに、今の教育・保育があります。これからの未来を生きる子どもたちは、乳幼児期にどのような力を身につけておくとよいのか、保育者は、何を伝え、何を育てていけばよいかを考えて、教育・保育を行っていく必要があります。

② 保育所保育指針に見る教育・保育の基本

保育所保育指針には、「保育の目標」として、次のように書かれています。

> 第１章 総則　1 保育所保育に関する基本原則　(2) 保育の目標
> ア　保育所は、子どもが生涯にわたる人間形成にとって極めて重要な時期に、その生活時間の大半を過ごす場である。このため、保育所の保育は、子どもが現在を最も良く生き、望ましい未来をつくり出す力の基礎を培うために、次の目標を目指して行われなければならない。（下線筆者）

保育の目標のなかに、「現在」と「未来」が書かれていることに着目してください。保育を行う際に、保育者は、子どもが生きている「現在」が、子どもにとって最もよいものであるかを常に考えて、一人ひとりの子どもと向き合い、保育を展開していきます。同時に、子どもが、10年後、20年後の将来を幸せに生きていけるよう、子どもの「**未来**」を考えてかかわっていくことも求められています。

世の中の出来事や状況は子どもの育ちにとってもさまざまな影響があり、一人ひとりの子どもの育ちの課題となります。一人ひとりの子どもの育ちの課題を把握し、今を幸せに生きることができるよう支援していくことが保育者の役割であり、教育・保育の目標です。

また、これからの世の中がどのように変化をしていくのか、予想することはむずかしいことです。だからこそ、乳幼児期から、どのような状況にあっても、みずからの力で生きていく力の基礎を培っていくことが求められます。

③ 幼稚園教育要領に見る教育・保育の基本

幼稚園教育要領には、「幼稚園教育の基本」として、次のように書かれています。

> 第１章 総則　第１ 幼稚園教育の基本
> 幼児期の教育は、生涯にわたる人格形成の基礎を培う重要なものであり、幼稚園教育は、学校教育法に規定する目的及び目標を達成するため、幼児期の特性を踏まえ、環境を通して行うものであることを基本とする。（下線筆者）

保育者は、子どもの生涯にわたっての「**人格形成の基礎**」を培うことを念頭において、日々の保育を行わなければなりません。子どもは、将来に向けてさまざまな可能性をもった存在です。一人ひとりの子どもが遊びや生活での直接的・具体的な体験を通して、人間として、社会とかかわる人として、生きていくための基礎を培うことが大切です。

さらに、教育・保育は、むずかしいことや高度なことを教えるのではなく、「幼児期の特性を踏まえ」ながら、「環境を通して」行うことが大切であると書かれています。乳幼児期の教育・保育を表す「保育」という言葉は、小学校以降の教育とは異なる、幼児期にふさわしいやり方で行われることを意図して、教育とは異なる言葉で言い表されました。教育・保育は、幼児期にふさわしい内容や方法で、**遊び**や**生活**を通して展開していくことが大切です。そのために、保育者は、幼児期にふさわしい生活とはどのようなことか、深く理解しておかなければなりません。

4　子どもの育ちを支える

保育者は、乳幼児期の教育・保育の基本を理解したうえで保育を行い、一人ひとりの子どもの成長を支えていくことになります。子どもの心と体が発達し、将来を豊かに生きていく力の基礎を身につけ、そして、一人ひとりの今と未来の幸せを実現していくことを支援します。

教育・保育は、子どもの誕生とともに始まります。子どもは、言葉を話す前からコミュニケーションを行い、さまざまな人やものとかかわり、多様な体験を通して成長していきます。一人ひとりの子どもがそれぞれの思いをもち、感性を豊かにしながら生きています。保育者には、一人ひとりの子どもが何を考え、何を求めているかという、**子ども中心の視点**が求められます。

幼稚園教育要領の前文には、次のように書かれています。

> ……一人一人の幼児が、将来、自分のよさや可能性を認識するとともに，あらゆる他者を価値のある存在として尊重し、多様な人々と協働しながら様々な社会的変化を乗り越え、豊かな人生を切り拓(ひら)き、持続可能な社会の創り手となることができるようにするための基礎を培うことが求められる。

現代の混沌とした世の中と見通しが立ちにくい未来を生きていくために必要な力は、多様な人々とかかわり、協働しながら困難を乗り越えていく力です。生きていくために必要な力の基礎を培う乳幼児期には、まずは一人ひとりの子どもが大切にされることが重要です。

2　子どもの最善の利益

1　保育所保育指針に見る「子どもの最善の利益」

保育所保育指針には、「保育所の役割」として、次のように書かれています。

第 1 章 総則　1 保育所保育に関する基本原則　(1) 保育所の役割
ア　保育所は、児童福祉法第 39 条の規定に基づき、保育を必要とする子どもの保育を行い、その健全な心身の発達を図ることを目的とする児童福祉施設であり、入所する子どもの最善の利益を考慮し、その福祉を積極的に増進することに最もふさわしい生活の場でなければならない。　（下線筆者）

子どもの最善の利益を考えて保育を行うことは、教育・保育の基本として大切なことです。ここでは、「子どもの最善の利益」について考えてみましょう。

2 子どもの権利条約と「子どもの最善の利益」

「**子どもの最善の利益**」という言葉は、子どもの権利条約[*1]で使われています。子どもの権利条約は、1989 年に国際連合で採択され、日本は 1994（平成 6）年に 158 番目の締約国となりました。

子どもの権利条約の第 3 条第 1 項には、次のように書かれています。

第 3 条第 1 項　児童に関するすべての措置をとるに当たっては、公的若しくは私的な社会福祉施設、裁判所、行政当局又は立法機関のいずれによって行われるものであっても、児童の最善の利益が主として考慮されるものとする。

「子どもの最善の利益」があらゆる場において実現されるよう、なによりも優先されなければならないと記されています。子どもにかかわることを行ったり決めたりするときには、なによりも「子どもの最善の利益」を優先するということを国際社会に対して約束したということになります。

日本が 1994（平成 6）年に子どもの権利条約を批准したことを受けて、1999（平成 11）年の保育所保育指針改定で、保育所の保育が「乳幼児の最善の利益を考慮」して行われることが確認されました。2017（平成 29）年に改定された保育所保育指針でも、「子どもの最善の利益」を考慮した保育を行うという考え方が引き継がれています。

保育所保育指針に書かれた「子どもの最善の利益」という言葉の意味を考えるときには、子どもの権利条約に掲げられている「子どもの最善の利益」という言葉の意味をあわせて考えていく必要があります。また、子どもの権利条約の言葉であることから、保育所だけではなく、幼稚園や認定こども園においても「子どもの最善の利益」を考え、子どもの人格を尊重し、子どもの命を守り、子どもが子どもらしい生活をすることと子どもの発達の可能性をなによりも優先して、保育を行っていかなければなりません。

さらに詳しく

＊1　正式名称は、「児童の権利に関する条約」です。

3「子どもの最善の利益」を考えた教育・保育

「子どもの最善の利益」を考えた教育･保育を、どのように考えればよいでしょうか。「子どもの最善の利益」という言葉は、英語では“the best interests of the child”です。「最善」というのは、“better”ではなく“the best”です。

保育を行う際に、保育者は子どものことをなによりも優先して考えることが必要であるということです。実際の保育現場では、園の都合や保育者の思い、保護者の要望などを優先したうえで、「可能な範囲で」できるだけ子どものことを優先して考えるというようなことが起こりがちです。それでは「子どもの最善の利益」を優先したことになりません。

また､子どもの権利条約では､子どもを「保護の対象」としてだけではなく「**権利の主体**」として尊重することが求められています。子どもの権利条約の第12条第1項では、「意見表明権」として、次のように書かれています。

> 第12条第1項　締約国は、自己の意見を形成する能力のある児童がその児童に影響を及ぼすすべての事項について自由に自己の意見を表明する権利を確保する。この場合において、児童の意見は、その児童の年齢及び成熟度に従って相応に考慮されるものとする。

つまり、**意見表明権**とは、子どもが自身の意見を述べることが「正当に重視」されなければならないということです。子どもにかかわるあらゆることについて、子どもの意見を聴き、子どもが自分の思いを表現して、参加できるようにするということです。これは、自分の思いをまだ言葉で十分に言い表すことのできない乳児や、障害などなんらかの事情により自分で意見を言い表すことがむずかしい子どもにも保障されなければならない権利です。

その際、子ども一人ひとりの人格が十分に尊重されなければなりません。大人が子どもの意見を十分に聴き、受け止め、応えていく必要があります。保育者には、子ども一人ひとりの人格を尊重して、その子どもに合った方法で子どもの思いを読み取り、応えながら、保育を行っていくことが求められます。

3　子どもの主体的な生活と遊び

1 教育・保育における「主体性」

幼稚園教育要領や保育所保育指針、幼保連携型認定こども園教育・保育要領には、「主体的」という言葉が数多く使われています。たとえば、幼稚園教育要領の第1章総則には次のように書かれています。

> 第１章 総則　第１　幼稚園教育の基本
> 　このため教師は、幼児との信頼関係を十分に築き、幼児が身近な環境に主体的に関わり、環境との関わり方や意味に気付き、これらを取り込もうとして、試行錯誤したり、考えたりするようになる幼児期の教育における見方・考え方を生かし、幼児と共によりよい教育環境を創造するように努めるものとする。
> （中略）
> 　１　幼児は安定した情緒の下で自己を十分に発揮することにより発達に必要な体験を得ていくものであることを考慮して、幼児の主体的な活動を促し、幼児期にふさわしい生活が展開されるようにすること。
> （下線筆者）

　また、2017（平成 29）年改訂の幼稚園教育要領や幼保連携型認定子ども園教育・保育要領には、「主体的・対話的で深い学び」という言葉も使われるようになりました。「**主体的・対話的で深い学び**」という言葉は、アクティブ・ラーニングの考え方[*2]から出てきた言葉です。子どもの遊びが創出され、遊びに没頭し、振り返り、そこからまた次の遊びが創出される過程で、「主体的・対話的で深い学び」が生まれます。

＊2　アクティブ・ラーニングについて、詳しくは、第 10 章（p.103）を参照。

　乳幼児期の子どもにはふさわしい学び方があります。子どもは、みずから「おもしろそう」「やってみたい」と思って始めた遊びのなかで、たくさんの問いをもち、考えます。その後、試行錯誤を繰り返し、紆余曲折を経て遊びが展開されるなかで、多くのことを学ぶのです。

２「主体性」の育ち

　乳幼児期にふさわしい学び方は、子どもが主体的に環境にかかわって遊ぶことから始まります。「**主体性**」の育ちには段階があります。まず、子どもがみずから「自発的」に問いをもつことが大切です。「これは何？」「なぜこうなるの？」「おもしろそう」と子ども自身が思えるような環境との出会いが必要です。「自発的」な問いをもった子どもは、みずから環境とかかわり、行動し、さまざまな感覚を研ぎ澄まし、「やってみたい」「やってみよう」と「意欲的」に行動していきます。

　子どもが試行錯誤を繰り返しながら遊びを進めていく過程には、必ずさまざまなものや人とのかかわりが生まれてきます。「主体的」に、ものや人とかかわりながら試行錯誤を繰り返す過程が子どもの学びであり、育ちにつながる大切なプロセスです。

「主体性」の育ちには、「自発的」「意欲的」「主体的」な環境へのかかわり方があります。乳幼児期が「主体的」な活動を行う過程で、ふさわしい生活が展開されていきます。保育者は、どのようにすれば子どもが「主体的」に環境にかかわって遊びや生活を展開することができるのかを考えて、保育を行うことが大切です。

4 「養護」と「教育」

1 「養護」と「教育」とは

保育所保育指針には、**「養護」**と**「教育」**について次のように書かれています。

> 第２章 保育の内容
> 　保育における「養護」とは、子どもの生命の保持及び情緒の安定を図るために保育士等が行う援助や関わりであり、「教育」とは、子どもが健やかに成長し、その活動がより豊かに展開されるための発達の援助である。……実際の保育においては、養護と教育が一体となって展開されることに留意する必要がある。

また、「養護」に関することが、保育所保育指針には、次のように書かれています。

> 第１章 総則　２ 養護に関する基本的事項　(1) 養護の理念
> ……保育所における保育は、養護及び教育を一体的に行うことをその特性とするものである。保育所における保育全体を通じて、養護に関するねらい及び内容を踏まえた保育が展開されなければならない。

以上のように、保育所保育指針には、教育・保育において「養護」が重要であることが示されています。つまり、「養護と教育を一体的に展開する保育」は、教育・保育そのものであるということです。したがって、乳児だけではなく小学校就学前の幼児に対しては、「養護」に関するねらいをふまえた教育・保育が展開されることが大切です。

2 「養護」と「教育」を一体的に展開する保育

教育・保育のことを、英語では“early childhood care and education”と言います。この言葉のなかに、“care”という言葉と“education”という言葉があります。“care”は「養護」を表す言葉であり、“education”は「教育」を表す言葉です。教育・保育とは、まさしく「養護と教育を一体的に展開する保育」ということになります。

また、“care and education”と同じ意味で、“educare”という言葉も乳幼児期の教育・保育を表す言葉として使われています。「養護」と「教育」は別々のものではなく、教育・保育のなかで両方とも行われるということが前提であることを示す言葉です。

たとえば、保育者は、乳児のおむつを替える際に、手だけを動かし、黙っておむつを替えることはありません。「いっぱい食べて、いいうんちが出たね。よかったね」とにこやかな表情で声をかけ（**情緒の安定**）、子どもに直接触れながらきれいにし、「気持ちよくなったね」と気持ちを代弁します（**生命の保持**）。そして、「さぁ、気持ちよくなったから、また遊ぼうね」と教育的なかかわりをします。

教育・保育において、子どもの学びや育ちを教育的な視点からとらえると、年齢が上がるほど「養護」の視点を後回しにすることが多くなりがちです。そうなると、「できる・できない」「はやい・おそい」といった目に見える視点で子どもの育ちを評価してしまうようなことにもつながります。

一人ひとり育ちの過程は異なります。子どもの発達過程を見極め、どの年齢であっても「養護」と「教育」の両方の視点から一体的に保育を行っていくことが重要です。

POINT

・子どもの「今」が幸せであること、「未来」を生きていく力の基礎を育むことが、教育・保育の基本です。
・教育・保育において大切なのは、一人ひとりの子どもの「思い」や「感性」を尊重した、子ども中心の視点です。
・「養護と教育を一体的に展開する保育」である“educare”を実践しましょう。

演習問題

① 最近出会った子どものエピソードを書いてみましょう。実習やボランティアなどで出会った子ども、知り合いや親戚の子ども、街中で見かけた子どもなど、具体的に書いてみましょう。そして、その子どもは、何を思っていたのか、なぜそのような行動をしていたのか、何を学んでいたのかを考察してみましょう。

② 自分が子どもだったころは、どのような遊びをしていましたか。できるだけたくさん書き出してみましょう。そのなかで、自分あるいは現在の子どもが今でもしている遊びがあるかチェックして、それはなぜか考えてみましょう。また、10 年後、20 年後の子どもはどのような遊びをしているか考えてみましょう。

③ 子どもの主体性を尊重する教育・保育とは、どのようなことか書いてみましょう。そして、子どもの主体性を尊重する保育をイメージして、導入から展開までを考えてみましょう。

子どもの発達と理解

本章では、まず子どもの発達と能力について、関係発達論的な視点から考えます。そして、乳幼児期に育みたい資質･能力や非認知能力とはなにかについて理解を深め、５領域の「ねらい」および「内容」に基づいて、幼児期にふさわしい遊びや生活を積み重ねることにより育まれる「幼児期の終わりまでに育って欲しい姿」について学びます。

考えてみよう！

① ０～５歳までの子どもの成長と発達を考えてみましょう。
② 自分自身が乳幼児期にどのような成長発達をしてきたか思い返してみましょう。
③ 乳幼児期の教育・保育と、小学校教育では何が違うのでしょうか。
④「学びに向かう力」とはどのようなものでしょうか。

Keywords　関係発達論　非認知能力　幼児期の終わりまでに育ってほしい姿 

1　関係発達論的視点から見た子ども発達

① 子どもの発達をどう理解するか

1　教育・保育の目的から見る「発達」

「発達」について、みなさんはどのようにイメージするでしょうか。幼稚園教育要領や保育所保育指針には、「**心身の発達**」という言葉が数多く出てきます。文字どおり体が大きくなるという量的な増加イメージでしょうか。

発達は､基本的に機能的な成熟を意味しています。幼稚園教育要領解説書では、「人は生まれながらにして、自然に成長していく力と同時に、周囲の環境に対して自分から能動的に働きかけようとする力をもっている。自然な心身の成長に伴い、人がこのように能動性を発揮して環境とかかわり合うなかで、生活に必要な能力や態度などを獲得していく過程を発達と考えることができよう」と記されています。このように、心身の成長のみならず生活に必要な能力態度などを獲得していく過程が発達であるとみなされています。

2017（平成29）年に改定された保育所保育指針では、乳児、１歳以上３歳未満児の保育に関する記載が充実しました。これは、乳児から２歳児ごろまでは、心身の発達の基盤が形成されるうえできわめて重要な時期であるということが改めて重要視されたためです。

保育所は、児童福祉法の規定に基づき、保育を必要とする子どもの保育を行い、その健全な心身の発達を図ることを目的とする児童福祉施設です。また、幼稚園は、義務教育およびその後の教育の基礎を培うものとして、幼児を保育し、幼児の健やかな成長のために適当な環境を与えて、その心身の発達を助長することを目的とする教育施設とされています。つまり、いずれの施設も子どもの心身の発達に関することが保育の目的となっています。

では、小学校の目的はなんでしょうか。学校教育法には第21条に、「義務教育として行われる普通教育は、教育基本法第5条第2項*[1]に規定する目的を実現するため、次に掲げる目標を達成するよう行われるものとする」として、10項目があげられています。しかし、「心身の発達」に関連するものは、「健康、安全で幸福な生活のために必要な習慣を養うとともに、運動を通じて体力を養い、心身の調和的発達を図ること」*[2]のみで、その他の項目には社会で生きていくための基礎的な能力を育むことが示されています。

したがって、心身の発達の育成が中心となる幼稚園や保育所、認定こども園（以下、「幼稚園や保育所等」といいます）と小学校では目的が異なることが改めてわかります。子どもが生活する姿のなかには乳幼児期に特有の状態が見られますが、保育者は乳幼児期の発達の特性を十分に理解して、発達の実情に即応した保育を行わなければなりません。

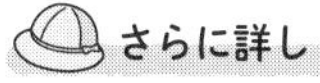

＊1　教育基本法第5条2項

「義務教育として行われる普通教育は、各個人の有する能力を伸ばしつつ社会において自立的に生きる基礎を培い、また、国家及び社会の形成者として必要とされる基本的な資質を養うことを目的として行われるものとする。」

＊2　学校教育法第21条第8号。

2　発達過程とは

かつての幼稚園教育要領や保育所保育指針の内容は、「発達段階・発達課題」*[3]という概念が反映されたものでした。しかし、2001（平成13）年に改訂された幼稚園教育要領や保育所保育指針からは「**発達の過程**」をとらえたものになっています。つまり、子どもの発達を、環境との相互作用を通して資質・能力が育まれていく過程としてとらえているものです。「できる・できない」といったことで発達を見ようとする画一的なとらえ方ではなく、それぞれの子どもの育ちゆく過程の全体を大切にしようとする考え方です。

保育においては、子どもの育つ道筋やその特徴をふまえ、発達の個人差に留意するとともに、一人ひとりの心身の状態や家庭生活の状況などをふまえて、個別に丁寧に対応していくことが重要です。また、子どもの「今、このとき」の現実の姿を過程のなかでとらえて受け止めることや、子どもが周囲のさまざまな人との相互的なかかわりを通して育つことに留意することが大切です。

用語解説

＊3　発達段階・発達課題

「発達段階」とは、発達の変化の特徴や時期ごとに区分して呼ぶことです。ハヴィガースト（Havighurst, R.J.）やエリクソン（Erikson, E.H.）などは、各発達段階で達成しておかなければならない課題を「発達課題」と示しています。実際にはその設定がさまざまであり、固定的な年齢のイメージを喚起させることにつながることから現在はあまり用いられません。

2　関係発達論とはなにか

これまでの発達論では、“個々人の能力が発達の速さや達成度合いには個人差があるが、どのような環境であるかにかかわらず段階的に発達していく”という「段階的発達」が広く認知されてきました。これは「なにかができるようになることこそが発達であり、子どもが発達するために支援することが大人の役割である」という発達観につながるものです。

一方、鯨岡峻（くじらおかたかし）*4は、人の発達は育てる者（養育者・保育者）と育てられる者（子ども）の双方の動的な関係から育まれるものだという**関係発達論**を提唱しています。この関係発達論において重要な視点は、育てる者と育てられる者はともに発達する主体であるという点です。育てる者が黒子にならず、育てられる者と同様に主人公とみなされるのです。子どもの発達・子どもの能力が開花するために必要な環境としての養育者の存在は、従来の発達心理学でも指摘されてきました。しかし、関係発達論では、子どもに対してより積極的に働きかける「強力な導き手」ととらえています。

CHECK！
＊4　鯨岡 峻（くじらおか たかし）
京都大学名誉教授。博士（文学）。専門は発達心理学、発達臨床心理学。「関係発達論」を提唱。子どもの心の育ちに目を向けた保育をするためには、子どもと保育者の間で起こっていることをエピソードに記述していく必要性を述べました。

すなわち、人間の一生涯はその時間経過のなかで〈育てられる者〉の立場から〈育てる者〉の立場に移行し、さらに〈介護し・看取る者〉の立場から〈介護され・看取られる者〉の立場に移行していきます。しかも、それが世代から世代へと循環していく過程であるという、人間の生涯にわたる関係発達の基本構造となるのです。そこで、鯨岡は「発達とは、人間の一生涯にわたる身・知・心の面に現れてくる成長・変容の過程」と再定義しました[1)]。

この簡単な再定義のなかに、乳幼児の保育を考える際の重要な視点が見て取れます。つまり発達を、①「育てられる―育てる」という関係性のなかで考えようとしていること、②発達を「能力」面ばかりでなく、「心」の面を視野に入れて考えようとしていること、そして、③子どもをその生活・遊び・学びの場を通して見ようとしていることです。ここで、鯨岡があえて「身・知・心の面」と述べているのは、従来は「心身の発達」といいながら、心の面はこれまでほとんど不問に付されたまま、身体運動面と知恵の面だけに限局されて考えられてきたことを問題視しているからです。しかし、「心」の面こそ、一人の子どもの主体としての育ち（発達）を考えるときには欠かせない面なのです。

そこで本章では、従来の発達論でとらえてきた「能力」面ではなく、「心」の面から子どもの発達のありようを考えていきます。

2　子どもの主体としての心を育てるために

1　主体としての心とはなにか

1989（平成元）年の幼稚園教育要領改訂をきっかけに、わが国の保育の中心概念は「子ども主体の保育・環境を通した保育」へ原点回帰し、自発的な活動としての遊びを軸に保育を実践することが求められてきました。

「子ども主体の保育」というのは、子どもを主体として受け止める保育を保育者がどれだけ丁寧にできているかにかかっています。これが先に述べた関係発達論と深くかかわる視点なのです。本章では、一人の子どもの主体としての育ち（発達）を考えるときには心の面こそが欠かせないという関係発達論に基づいた視座から理解を深めていきましょう。

では、**子どもの主体**とは、何を意味するのでしょうか。それは、「自分の思いをもって自分らしく、周囲の人とともに生きる存在」のことです。このなかには２つの側面があります。１つは「自分の思いをもって自分らしく」という側面、もう１つは「周囲の人とともに生きる」側面です。これは、「私は私」という心と、「私は私たち」という心、この２つの心であるということです。人間は誰しもほかの誰とも異なる一人の「私」として、私なりの思いをもって「私は私」として生きています。ただし、人間は、「私」一人きりで生きているかというとけっしてそうではありません。誰しも人とかかわり、集団生活のなかを生きます。人間の根源的な部分に、仲間集団と生活することが刻まれているのです。つまり、「私は私」だけでなく、「私は私たちとしても生きている」あるいは「私は私たちとしてしか生きていけない」ということです。これが、私たち人間は、誰もが必ずもっている２つの側面なのです。

一般的に「主体的」というと、自分の思いをもち、頑として自分の目標に突き進むような様子をいう「私は私」という側面が強調されがちです。しかし、重要なのは、「私は私たち」というもう一つの側面とのバランスなのです。さらにいうと、「私は私」の心と「私は私たち」の心が、人として幸せに生きるうえでどちらも欠かすことのできない心なのです。だからこそ、乳幼児期にその両面の心を育むことが教育・保育の大きな目標となります。

以下は、ある幼稚園の５歳児クラスの担任が記したエピソードです。

事例①：泥団子を飾って（５歳児）

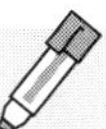

５歳児のＡ児や４歳児のＢ児など10名ぐらいの子どもたちが、園庭に保育者が用意した土粘土に興味津々で集まってきました。園庭の土とは違う色で、水と混ざってトロッとなった触感も普段使用している油粘土や紙粘土とは異なります。最初はおそるおそる触り始めたＡ児でしたが、だんだんとその感触のおもしろさを味わうように、ビニールシートの上に広がった土粘土を踏み始めました。「トロトロしているから、くすぐったい！でも気持ちがいい！」というＡ児に応えるように、保育者も一緒に裸足になってその土粘土の上を歩き回ります。

しばらくして、Ａ児は「これでお団子つくろう！」と団子をつくり始めました。Ｂ児たちは、土粘土を固めたり形をつくったりしてビニールシートで遊んでいます。A児は「いいこと思いついた！」と、園庭に咲いているパンジーをその団子に飾り始めました。保育者にその団子を見せ、「すごくステキなお団子になった！」と喜んでいます。保育者は「とてもきれいなお団子だねえ、いいね！」と声をかけます。その様子をみたB児も「いいなあ、私もつくろう」と土粘土を丸め始めました。「じゃあAちゃんが教えてあげる！」と、A児は自分のつくった団子を大事に皿に載せて靴箱にもっていき、B児と一緒に新しい団子をつくり始めました。

写真2-1　パンジーで飾られた団子

この土粘土の団子づくりのエピソードからは、A児の思いに寄り添う保育者の姿が見えてきます。土粘土の感触を味わう気持ちに寄り添い、ともに遊びに加わっています。また、ここでA児が使ったパンジーは枯れているものではなく花壇できれいに咲いている花でしたが、保育者はそれを摘んだことをとがめることなく、すてきな飾りになったことを一緒に喜んでいます。

この遊びは何人もの子どもたちが一緒に遊んでいる場面ですが、それぞれが土粘土の感触を味わうという「私は私」の思いの充実をもって遊んでいます。ですが、すてきな団子ができたときには、「保育者に見てほしい、うれしい気持ちを共有したい！」という思いや、B児とともに団子をつくり始める様子のなかには、「私は私たち」という心の動きが見られます。

では、「私は私」「私は私たち」という主体としての心の育みについて、さらに考えていきましょう。先に説明したとおり、「私は私」という心は「これをやりたい、もっとこうしてみたい、これはなんだろう、これはおもしろい、こうしたらどうなるだろう、これが欲しい……」と、「私＝自分」の興味や関心や欲求を追い求めようとします。これは、**自己充実欲求**[*5]に根差した心の動きとされます。また、「私は私たち」という心は、「親や保育者と一緒にいたい、保育者の傍がいい、保育者と1対1になりたい、保育者に抱っこしてほしい、友だちと遊びたい……」と、誰かと気持ちをつないで安心感や満足感を得たいという思いとなります。これを、**繋合希求欲求**（けいごうききゅうよっきゅう）[*6]に根差した心の動きといいます。

この2つはいずれも人間にとっては根源的な欲求であり、常に子どもの内部で動いているものです。この欲求を満たそうとしたり、満たそうとしすぎたり、あるいは満たすことができなかったりと、さまざまな心の動きが生まれてきます。この複雑な正負にわたる心の揺れ動きを、鯨岡は図2-1、図2-2のように示しています。この揺れ動きを保育の場で保育者がしっかりと感じ、対応していくことこそが、子どもの主体としての心を育てるのです。

＊5　自己充実欲求
自己肯定感、自己主張、意欲、自信など、自分を前に出していく思いをいいます。

＊6　繋合希求欲求（けいごうききゅうよっきゅう）
周囲を信頼し、気持ちがつながり嬉しいという感情や、つながりたい、安心したいという思いをいいます。

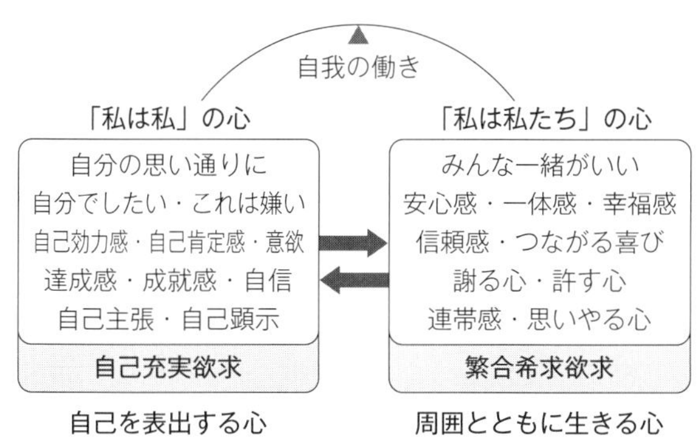

図２-１　「私は私」の心と、「私は私たち」の心で主体はつくられる

出典：鯨岡 峻『保育の場で子どもの心をどのように育むのか――「接面」での心の動きをエピソードに綴る』ミネルヴァ書房　2015年　p.174をもとに筆者作成

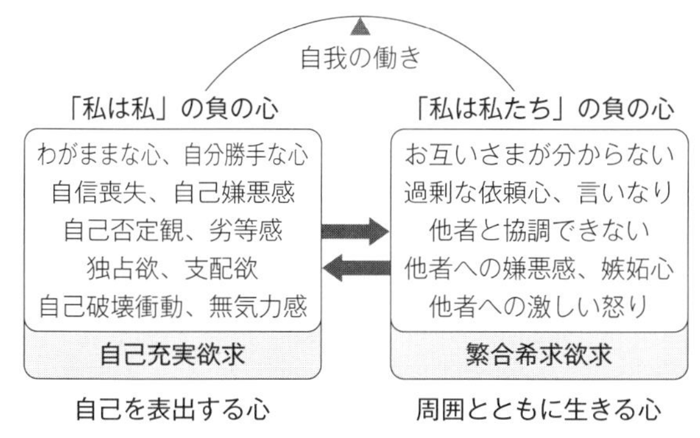

図２-２　主体であることの負のヴァージョン

出典：同上　p.181

② 主体としての心を育む保育者の「かかわり」

主体としての「心」に目を向けると、そこには「育てる―育てられる」という関係性を考えなければなりません。子どもと養育者（保育者）それぞれの身体は当然ながら別のものです。しかし、特に幼少期において子どもと養育者は切り離して考えることのできない一つのまとまり（単位：ユニット）と考えなければなりません[2)]。

これまでの発達論*7でも、子どもは環境との相互作用によって心身の発達が助長されると示されています。つまり、養育者・保育者も人的環境として重要な意味をもつものであると認知されているのです。しかしながら、関係発達論においては、子どもの「心」のみならず、養育者・保育者の「心」も重要視しています。それは、日々の生活のなかで絶え間なく行われている子どもと養育者の「気持ちのやりとり」があり、それらを通じて子どものありようが成長・変化してい

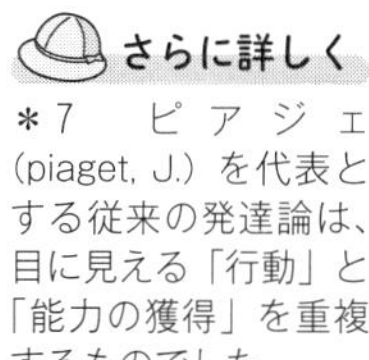

＊7　ピアジェ（piaget, J.）を代表とする従来の発達論は、目に見える「行動」と「能力の獲得」を重複するものでした。

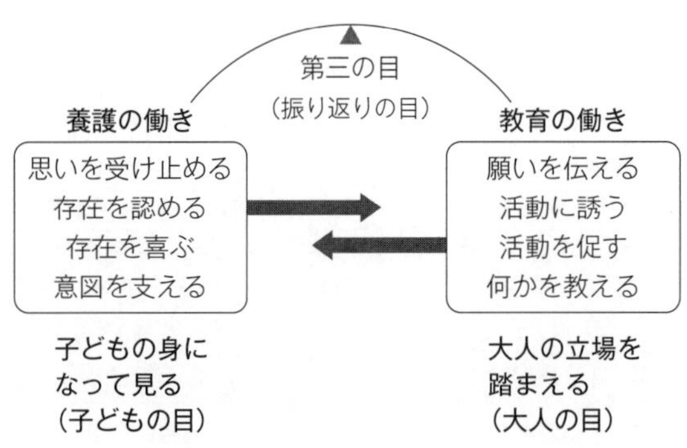

図2－3　主体としての心を育むための保育者による「養護の働き」と「教育の働き」

出典：図2－1に同じ　p.74

くとみなされるからです。保育者のやさしく温かい気持ちで子どもを包む心の動きや、そのなかで子どもの思いを受け止め、子どもの存在を尊重する姿勢や、子どもを愛する気持ちを総称して「**養護の働き**」*8と呼びます。また「こうなってほしい、こういうふうに育ってほしい」という保育者の願うことに向けて誘う、導く、教える、伝える（禁止や制止を示し、しかる）という対応と思いが「**教育の働き**」とされます。

＊8　養護の働き・教育の働き
　鯨岡峻による関係発達論において示されている重要な概念です。保育者によるこれら2つの働きのバランスが、子どもの主体としての心を育てるとされます。

　いずれも保育者が子どもの心の動きに寄り添い、そこに応じていく子どもと保育者との関係のなかから生まれ出てくる「働き」であり、保育者の心の動きにも目を向けなければならないものです。これは、目に見える「できた・できない」を問題にするのか、一人ひとりの子どもの心の動きを問題にするのかの違いにつながるのです。

3　幼児教育から学校教育に向けて育むもの

1　育みたい資質・能力の３つの柱

　2017（平成29）年に改訂された幼稚園教育要領では、幼稚園教育において**育みたい資質・能力**の明確化がなされました。それが、①豊かな体験を通じて、感じたり、気づいたり、わかったり、できるようになったりする「**知識及び技能の基礎**」、②気づいたことや、できるようになったことなどを使い、考えたり、試したり、工夫したり、表現したりする「**思考力、判断力、表現力等の基礎**」、③心情、意欲、態度が育つなかで、よりよい生活を営もうとする「**学びに向かう力、人間性等**」という３点です。さらに具体的な姿としては、表2－1のようになります。

　これらを幼児期にふさわしい生活を通してしっかり育むことが、その後の学校教育全体の生活や学習の基盤を培うと示されました。つまり、この3点を幼稚園・保育所・認定こども園・小学校（以降の学校教育）を貫く3つの柱として共有し、生涯にわたる生きる力の基礎を培うことを目指しているのです。そのため、たとえば、小学校での教科（国語・算数・生活科など）でも、3つの柱をふまえた学習内容の整理や再構成が求められました。

一方、これまでの幼稚園教育要領や保育所保育指針、幼保連携型認定こども園教育・保育要領では、5領域[*9]にそれぞれ記されていた心情・意欲・態度[*10]を視点に子どもの育ちをとらえてきました。では、これらの資質・能力は従来の心情・意欲・態度に変わるものとなったかというと、そうではありません。小学校以降のいわゆる教科指導で育むのではないこと、子どもの自発的な活動である遊びや生活のなかで、感性を働かせてよさや美しさを感じ取ったり、不思議さに気づいたり、できるようになったことなどを使いながら試したり、いろいろな方法を工夫したりすることを通じて育むことは、今までの幼稚園教育要領と同じく重要だということが明言されています[3)]。「資質・能力」という言葉の印象に引きずられることのないようにするとともに、主体としての心の育ちが育まれるなかで、さまざまな力が培われていくということの理解が必要なのです。

＊9　5領域について、詳しくは、第3章（p.21 ～）を参照。

用語解説

＊10　心情・意欲・態度

幼稚園や保育所等の修了までに育つことが期待される、生きる力の基礎となる子どもの遊びや、生活への取り組みを示したねらいをいいます。

表2－1　育みたい資質・能力の3つの柱と具体的な姿

3つの柱	具体的な姿
「知識及び技能の基礎」	・基本的な生活習慣の獲得 ・さまざまな気づき、発見の喜び ・規則性、法則性、関連性等の発見 ・日常生活に必要な言葉の理解 ・身体的技能や芸術表現のための基礎的な技能の獲得、など
「思考力、判断力、表現力等の基礎」	・試行錯誤、工夫 ・予想、予測、比較、分類、確認 ・他の幼児の考えなどに触れ、新しい考えを生み出す喜びや楽しさ ・言葉による表現、伝え合い ・振り返り、次への見通し ・自分なりの表現、など
「学びに向かう力、人間性等」	・思いやり ・安定した情緒 ・相手の気持ちの受容 ・好奇心、探究心 ・葛藤、自分への向き合い、折り合い ・話し合い、目的の共有、協力 ・色・形・音等の美しさやおもしろさに対する感覚 ・自然現象や社会現象への関心 など

出典：文部科学省「幼児教育部会における審議の取りまとめ」（平成28年8月26日発表）をもとに筆者作成

2　幼児期の終わりまでに育ってほしい姿（10の姿）

「育みたい資質・能力」とともに提示されたのが、「**幼児期の終わりまでに育ってほしい姿**」（以下、「10の姿」といいます）です。これは、「育みたい資質・能力の3つの柱」をさらに具体的な保育内容のなかに組み込んだものとして示しています（図2-4）。

「10の姿」も、5領域の視点と乖離しているものではありません。5領域の内容などをふまえ、特に5歳児の後半にねらいを達成するために、子どもが身につけていくことが望まれるものを抽出し、具体的な姿として整理したものです。そのため、それぞれの姿を個別に取り出し、指導していくという意味ではなく、幼児期の特性をふまえ、適切な環境のなか、自発的な活動としての遊びを通して、これらの姿が育まれるようにしなければなりません。また、5歳児だけではなく、3歳児や4歳児においても、「10の姿」を念頭に置きながら5領域にわたって指導が行われることが重要です。3歳児や4歳児それぞれの時期にふさわしい遊びや生活の積み重ねが、この「10の姿」につながっていきます。そして、小学校においては、これらの姿をふまえた指導を工夫することにより、幼児期の教育を通して育まれた資質・能力をふまえて教育活動を実施し、小学校入学以降も主体的に自己を発揮しながら学びに向かうことが可能になるよう期待されています。これまで述べてきたように、乳幼児期の子どもの育ちは小学校の教科における成績のように可視化することはできません。そこで、この「10の姿」を視点として、子どもの育ちを共有していくのです。

しかし、望ましい姿にとらわれて「10の姿」を子どもの育ちを把握するチェックシートのような使い方をすると、「～ができていない」「協調性が見られない」「思いを言葉で表せていない」などと、子どもの能力をマイナスにとらえることにつながります。いずれも「10の姿」につながる「心」が今どのように動いているのか、保育者が子どもに寄り添い、丁寧にその心の動きをとらえていく必要があるのです。

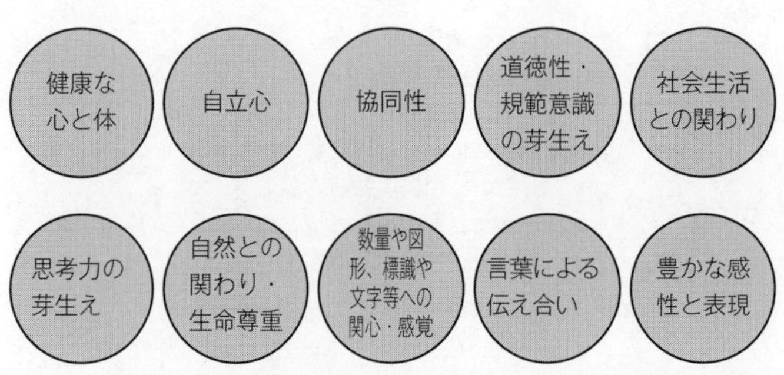

図2-4　幼児期の終わりまでに育ってほしい姿

③ 社会情動的スキル（非認知能力）

1　社会情動的スキルとは

みなさんは、「社会情動的スキル」という言葉を知っていますか。それは「目標を達成する力（例:忍耐力、意欲、自己制御、自己効力感）、他者と協働する力（例:社会的スキル、協調性、信頼、共感）、情動を制御する力（例:自尊心、自信、内在化・楽観性）」というものです。これは、OECD（経済協力開発機構）などが提唱する、乳幼児期に育むべき力・姿勢として注目されているものです*11。

＊11　OECDにおける乳幼児期の教育・保育の取り組みについては、第15章（p.153）を参照。

社会情動的スキルは、非認知能力・ソフトスキル・性格スキルとも呼ばれ、知識・思考・経験を獲得する精神的な能力を意味する認知能力とは異なるものです。一般的に認知能力はIQなど数値化しやすいものです。しかしながら、社会情動的スキルは子どもたちの生活のなかで日常的に表れるものではあるものの可視化しにくいものです。一見、むずかしい言葉のようですが、長く日本の保育現場が大切にしてきた「心情、意欲、態度」、そして先に述べた「幼児期に育みたい資質・能力」の「学びに向かう力、人間性等」と大きく重なるものです。

それでは、子どもの好きな遊びの一つである「お店屋さんごっこ」を例に考えてみましょう。遊びの始まりやきっかけはさまざまであるかもしれませんが、「お店でのお買い物」は子どもの日常生活と密着しているものです。自身の実体験をもとにイメージを膨らませてお店が生まれます。

たとえば、夏祭りの屋台で食べたたこ焼きに思いを馳せ、「たこ焼き屋さんをしたい！」とC児が思った場合、まずはお店づくりから始まります。そこでは、どのような店構えにするのか、たこ焼きをつくる材料、お金……、C児のイメージしたものを具現化させなければなりません。そしてたこ焼きを買ってくれるお客も必要です。つまり、C児の目標は店をつくってお客に買ってもらうということですから、目標を達成するための力・意欲が求められます。また、お客になってもらう友だちだけではなく、一緒にたこ焼き屋さんをする仲間も必要になってくるかもしれません。それには、他者と協働する力が重要です。自分のイメージを相手に伝え、逆に相手の思いもくみながら協力していくことが求められます。そのようなときにC児は我慢をすることもあるでしょう。また、「自分のイメージどおりのおいしそうなたこ焼きができたら……」「たくさん売れたら……」、C児はとても嬉しい気持ちになるとともに自尊心の向上にもつながってくるのです。このように、幼稚園や保育所等でよく見られる遊びのなかに、社会情動的スキルが育まれる視点を見ることができます。

2　社会情動的スキルを育むために

社会情動的スキルは、いずれも他者とのかかわりのなかで多く育まれます。つまり、幼稚園や保育所・認定こども園、そして学校、地域社会、家庭は大きな役割を担います。保育の場では子どもたち同士のかかわり、子どもと保育者とのかかわりをいかにつむぎ出していくのか、日々の遊びや生活のあり方が問われてきます。

しかし、前述したとおり、子どもの「私は私」「私は私たち」という２面の心の揺れ動きを大切にとらえ、保育者が子どもへしっかりと心を寄せることが基本なのです。保育者への信頼感や安心感が自己肯定感*12の形成へとつながり、友だちとのかかわりへと動き出します。そして、友だちや保育者とかかわりながら、遊びのなかで挑戦したり試行錯誤したりを繰り返していきます。もちろん、その際には気持ちに折り合いがつかないことや葛藤することも出てきます。しかし、保育者による「養護の働き」「教育の働き」のバランスが取れた保育の営みによって、自己調整や自己制御、協調性などが育まれていくのです。

*12　自己肯定感については、第８章（p.80）を参照。

つまり、社会情動的スキルの育成は、「**子どもの主体としての心**」を育むということと重なってくるものなのです。そして、これらの社会情動的スキルが知識や思考力という認知能力と深くかかわり、互いに影響を及ぼしていることも、多くの研究から明らかにされています。いずれの能力も、乳幼児期の適切な環境や保育によってさらに強化することが可能です。ただし、認知能力の向上のために社会情動的スキルを育むということではなく、乳幼児期にふさわしい生活・遊びを通して育むことが大切なのです。

POINT

- 子どもの発達は育てるもの（保育者）―育てられるもの（子ども）との関係性に大きく影響されます。
- 子どもの主体としての心を育むことが最も重視されなければならないことであり、そのためには保育者による「養護の働き」と「教育の働き」が欠かせません。
- 乳幼児期に育みたい資質・能力は、乳幼児期にふさわしい生活や遊びのなかで育まれます。

演習問題

① 子どもと保育者とのかかわりを観察し、保育者の援助や働きかけを養護の営みであるか教育の営みであるか考えてみましょう。

② 「10の姿」のなかで社会情動的スキル（非認知能力）と深くかかわるのはどの項目でしょうか。

5領域と保育内容

本章では、幼稚園教育要領、保育所保育指針、幼保連携型認定こども園教育・保育要領に示された5領域の考え方や、各領域に示された「ねらい」および「内容」の側面から、幼稚園や保育所等における保育内容の基本について学習します。

考えてみよう！

① あなたが子どものころに夢中になって取り組んだ遊びを一つ取り上げ、そこでどのようなことを経験し、どのような学びをしたのか振り返ってみましょう。
② ①で取り上げた遊びや学びについて、他の人と共有し、気づいたことや考えたことをノートに書き留めましょう。

領域「ねらい」および「内容」　保育内容 

1　5領域と保育内容に関する基本的事項

①幼稚園教育要領や保育所保育指針等に示された「領域」の考え方

遊びを中心とした生活を通して、一人ひとりの子どもに教育・保育のねらいが着実に実現されていくために、幼稚園や保育所等においては、どのような体験や経験を保障していけばよいのでしょうか。このことを考えるうえで重要なのが、「**領域**」という考え方です。

幼稚園教育要領や保育所保育指針、幼保連携型認定こども園教育・保育要領（以下、「幼稚園教育要領や保育所保育指針等」といいます）においては、幼稚園や保育所等の修了までに育つことが期待される生きる力の基礎となる心情・意欲・態度などを「**ねらい**」としてまとめ、それらを達成するまでに保育者が指導し、子どもが身につけていくことが望まれる事項を「**内容**」として示しています。「領域」とは、この「ねらい」と「内容」を子どもの「発達の側面」から分類したものです。「領域」は、心身の健康に関する領域「健康」、人とのかかわりに関する領域「人間関係」、身近な環境とのかかわりに関する領域「環境」、言葉の獲得に関する領域「言葉」、感性と表現に関する領域「表現」の５つより編成されています（表3-1）。

表3－1　幼稚園教育要領に示された「領域」の趣旨

領域	趣旨
健康	健康な心と体を育て、自ら健康で安全な生活をつくり出す力を養う。
人間関係	他の人々と親しみ、支え合って生活するために、自立心を育て、人と関わる力を養う。
環境	周囲の様々な環境に好奇心や探究心をもって関わり、それらを生活に取り入れていこうとする力を養う。
言葉	経験したことや考えたことなどを自分なりの言葉で表現し、相手の話す言葉を聞こうとする意欲や態度を育て、言葉に対する感覚や言葉で表現する力を養う。
表現	感じたことや考えたことを自分なりに表現することを通して、豊かな感性や表現する力を養い、創造性を豊かにする。

出典：文部科学省『幼稚園教育要領』フレーベル館　2017年　pp.14-21より筆者作成

「領域」は､小学校以降の学校教育における「教科」とは性格が異なるものです。「教科」は、生きる力を身につけるために必要となる知識や技能などをより効果的に効率よく教育するために、教えるべき内容を整理し、系統化した枠組みです。教える内容が先にあり、教科はその内容を分類する枠組みといえるものです。

一方､「**領域**」は、教える内容ではなく、子どもの自発的な活動としての遊びを通して､子どもの姿として表れてくる「発達の側面」をとらえる視点です。「領域」は、子どもの自発的な活動である遊びを通して、「**ねらい**」の達成に向かう経験が豊かに創造されるように指導の計画を立て、環境を構成する際の視点となるものです。また、さまざまな様相が相互にからみ合って展開される遊びのなかで、子どもの発達を的確に読み取って援助・指導する際の視点でもあるのです。

この意味から、幼稚園教育要領解説では、幼稚園や保育所等においては、「領域別に教育課程を編成したり、特定の活動と結び付けて指導したりするなどの取扱いをしないようにしなければならない」ことが明記されています[1)]。

②　保育所保育指針に示された保育内容の考え方

1日の生活時間の大半を保育所で過ごす乳幼児にとっては、十分に養護の行き届いた環境のもとに、くつろいだ雰囲気のなかで子どものさまざまな欲求を満たし、生命の保持および情緒の安定を図ることが重要です。そのため、保育所保育指針では、5領域の内容のほかに、養護にかかわる「生命の保持」および「情緒の安定」の側面から**保育内容**が規定されています。

「**生命の保持**」とは、子どもの生命を守り、子どもが快適に、健康で安全に過ごすことができるようにするとともに、子どもの生理的欲求が十分に満たされ、健康増進が積極的に図られるようにすることです。このことを保障するにあたり、保育所保育指針では、子どもの疾病予防や事故防止に関する認識を深め、保健的で安全な保育環境の維持および向上に努めることや、保育者の適切な援助や応答的なかかわりを通して子どもの生理的欲求を満たしていくことなどを「生命の保持」にかかわる保育の内容として規定しています。

「**情緒の安定**」とは、一人ひとりの子どもが安定感をもって過ごし、自分の気持ちを安心して表すことができ、また、周囲の人からかけがえのない存在として受け止められることによって、自己を十分に発揮することができるようにすることです。このことを達成するにあたり、保育所保育指針では、子どもの欲求を適切に満たしながら、応答的なふれ合いや言葉かけを行うこと、子どもの気持ちを受容し、共感しながら、子どもとの継続的な信頼関係を築いていくことなどを「情緒の安定」にかかわる保育の内容としています。

保育所等における保育は、子どもの生命の保持および情緒の安定を図るために保育者が行う援助やかかわりである養護と、子どもが健やかに成長し、その活動がより豊かに展開されるための発達の援助である教育（各領域に示された**「ねらい」および「内容」**）の２つの側面から考えられています。ただし、日々の保育においては、養護と教育は一体となって展開されるものであることに留意が必要です。

2　3歳未満児の保育内容

1　乳児保育における保育内容

発達過程のもっとも初期にあたる乳児*1は、養護の側面が特に重要であり、発達が未分化な状況であることから、この時期の教育にかかわる側面については、５領域ではなく、身体的発達に関する視点「**健やかに伸び伸びと育つ**」、社会的発達に関する視点「**身近な人と気持ちが通じ合う**」、精神的発達に関する視点「**身近なものと関わり感性が育つ**」の**3つの視点**から編成されています（表３－２）。

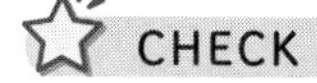
＊1　満1歳に満たない者を「乳児」といいます。詳しくは、第7章（p.67）を参照。

乳児にとって、健康で安全な生活の基盤は、なによりも生きていくための基本的な欲求である生理的欲求が、保育者の愛情豊かな受容のもとで満たされることです。また、眠いときに寝て、空腹時にミルクを飲ませてもらうなど、心地よい日常生活の繰り返しのなかで、生活のリズムの感覚を培っていくことです。これ

表３－２　保育所保育指針に示された乳児保育にかかわる「視点」の趣旨

視点	趣旨
健やかに伸び伸びと育つ	健康な心と体を育て、自ら健康で安全な生活をつくり出す力の基盤を培う。
身近な人と気持ちが通じ合う	受容的・応答的な関わりの下で、何かを伝えようとする意欲や身近な大人との信頼関係を育て、人と関わる力の基盤を培う。
身近なものと関わり感性が育つ	身近な環境に興味や好奇心をもって関わり、感じたことや考えたことを表現する力の基盤を培う。

出典：厚生労働省『保育所保育指針』フレーベル館　2017年　pp.13-16より筆者作成

らのことが満たされて心地よく生活するなかで、子どもは身近な環境に興味をもってかかわり、探索活動を活発に行いながら、視覚･聴覚などの感覚や、はう･立つ・歩くなどの運動機能を発達させていくのです。

言葉の発達の面においても、自分の思いや欲求を伝えようと、体の動きや表情、声や**喃語**（なんご）[*2]で働きかけるなど、言葉によるコミュニケーションの芽生えが見られるようになります。乳児期は､特定の大人との信頼関係を基盤に世界を広げて、言葉を獲得し始める時期でもあります。また、この時期に、身近な人やものとの直接的なかかわりを通して、諸感覚を十分に働かせながら遊び込むことは、環境に積極的にかかわって､みずから行動しようとする意欲の育ちの基盤となるものです。

この乳児の育つ姿を尊重して、保育所保育指針では、乳児期の保育の**「ねらい」および「内容」**を「健やかに伸び伸びと育つ」「身近な人と気持ちが通じ合う」「身近なものと関わり感性が育つ」の３つの視点からまとめています[*3]。これらの子どもの育ちは、その後の「健康」「人間関係」「環境」「言葉」「表現」からなる保育における子どもの育ちの基盤になるものとしてきわめて重要です。なお、保育所保育指針解説では、乳児の保育は、これらの視点とともに、「養護及び教育の一体性を特に強く意識して行われることが重要」であると明記されています[2)]。

用語解説

＊2　喃語（なんご）
乳児が２つ以上の音を発することを喃語といいます。喃語は、多くの場合、生後６～８か月ごろに見られ始め、「あー」「うー」のような母音から始まり､やがて｢だあー｣｢まあー」のような母音と子音が組み合わさった発生へと変化します。これは言葉の発達過程に必要なもので、乳児の会話の始まりでもあるのです。

＊3　乳児保育における3つの視点について、詳しくは、第７章（p.70）を参照。

②　１歳以上３歳未満児の保育内容

１歳以上３歳未満児の時期には、歩き始めから、歩く、走る、跳ぶなどへと、基本的な運動機能が次第に発達し、排泄などの自立のための身体的機能も整うようになります。食事や衣服の着脱など日常の基本的な生活習慣においても興味や関心を向け、保育者の適切な援助のもとで、自分で行うようにもなります[*4]。

＊4　1･2歳児の発達について､詳しくは､第８章（p.77）を参照。

言葉の発達においては、言葉の理解が進むとともに、指差し、身振り、片言などをさかんに使い、応答的な大人とのやり取りを重ねるなかで、次第に自分のしたいことやしてほしいことを言葉で表出できるようになってくる時期です。また、玩具などを実物に見立てて遊んだり、言葉を交わしながら大人と一緒に簡単なごっこ遊びをしたりすることを楽しむようになるのも、この時期の特徴です。

さらに、この時期には、身近な保育者との愛着をよりどころとして、少しずつ周囲の同年代の子どもに興味や関心を示し、みずからかかわりをもとうとするようになります。子ども同士のかかわりにおいては、双方の思いがぶつかり合うこともありますが、保育者が双方の子どもの気持ち受容しつつ援助することで、子どもは徐々に自分と他者の気持ちに気づくようになってくるのです。子どもがもっている心身の力を存分に発揮して遊ぶことのできる環境のもとで、発達の個人差や子どもの思いやペースを尊重した保育者の丁寧なかかわりを通して、子どもの心身の発達は促されていくのです。

以上のような１歳以上３歳未満児の発達の特徴をふまえて、保育所保育指針には、心身の健康に関する領域「**健康**」、人とのかかわりに関する領域「**人間関係**」、身近な環境とのかかわりに関する領域「**環境**」、言葉の獲得に関する領域「**言葉**」、感性と表現に関する領域「**表現**」の５つの領域から、この時期の子どもの発達に即した「ねらい」および「内容」が示されています。ただし、子どもの発達は諸側面が密接に関連し合って促されることから、各領域に示された**「ねらい」および「内容」**は、保育における子どもの生活や遊びのなかで、相互に関連をもち、重なりながら一体的に展開されていくものとしてとらえる必要があります。また、著しい発達が見られる時期ですが、その発達の状況については個人差が大きいため、日々の保育においては、このことに配慮し、養護と教育の一体性を強く意識して、一人ひとりの子どもの発達に応じた保育者の援助が求められます。

3　３歳以上児の保育における保育内容

1 「ねらい」および「内容」の基本的な考え方

幼稚園教育要領や保育所保育指針等の３歳以上児の保育では、この時期の子どもの発達の特徴をふまえ、保育の「ねらい」および「内容」を、「健康」「人間関係」「環境」「言葉」「表現」の５つの領域から示しています。

また、幼稚園教育要領や保育所保育指針等の各領域に示されている「ねらい」と「内容」は、幼稚園や保育所等の教育・保育全体を見通して示されたものであることから、幼稚園や保育所等においては、これによって指導すべき具体的な方向をとらえながら、子どもの実情や地域の実態などに応じて、より具体的なねらいや内容を組織する必要があります。

2 領域「健康」と保育内容――「ねらい」および「内容」

領域「**健康**」では、次のことを「**ねらい**」としています[*5]。

（1）明るく伸び伸びと行動し、充実感を味わう。
（2）自分の体を十分に動かし、進んで運動しようとする。
（3）健康、安全な生活に必要な習慣や態度を身に付け、見通しをもって行動する。

＊5 「幼稚園教育要領」第２章ねらい及び内容「健康」の「１ ねらい」より。

健康な心と体の基盤は、保育者の愛情で支えられた環境のなかで、子どもが安心感や安定感をもって生活することによって培われていくものです。このことを前提条件として、領域「健康」では、子どもに育てる心情・意欲・態度として、十分に体を動かすことと、生活に必要な習慣や態度によって見通しをもって自立

的に行動していくことを求めています。健康な子どもを育てることとは、「単に体を健康な状態に保つことを目指すことではなく、他者との信頼関係の下で情緒が安定し、その子どもなりに伸び伸びと自分のやりたいことに向かって取り組めるようにすることである」[3] と、他者との信頼関係や意欲的に物事に取り組むといった心の育ちも含めて、健康としてとらえているのです。

「**ねらい**」を達成するための具体的な経験となる「**内容**」には、心の安定、遊び、食育、生活習慣、生活行動、安全に関することが示されています。幼稚園教育要領や保育所保育指針等の各領域に示されている「内容の取扱い」とは、「内容」を具体的な子どもの遊びや生活として実践していく際に保育者が留意すべき事項です。この「内容の取扱い」に記されているように、領域「健康」では、健康な心と体を育てるにあたって、特定の運動に偏った指導を行うのではなく、子どもが自然に体を動かしたくなるような環境を構成し、子どもの興味に基づいたさまざまな遊びのなかで、多様な動きが経験できるように工夫することを求めています。

3　領域「人間関係」と保育内容――「ねらい」および「内容」

領域「**人間関係**」では、「他の人々と親しみ、支え合って生活するために、自立心を育て、人と関わる力を養う」観点から、次のことを「**ねらい**」としています＊6。

＊6 「幼稚園教育要領」第2章ねらい及び内容「人間関係」の「1 ねらい」より。

（1）幼稚園生活を楽しみ、自分の力で行動することの充実感を味わう。
（2）身近な人と親しみ、関わりを深め、工夫したり、協力したりして一緒に活動する楽しさを味わい、愛情や信頼感をもつ。
（3）社会生活における望ましい習慣や態度を身に付ける。

人とかかわる力の基礎は、保育者に温かく見守られているという信頼感をもち、その信頼感に支えられて、自分自身の生活を確立していくことによって培われます。このことを前提条件として、領域「人間関係」では、子どもに育てる心情・意欲・態度として、人とのかかわりを深め、愛情や信頼感をもつことと、社会生活における望ましい習慣や態度を身につけることを求めているのです。

「**内容**」には、自分自身の生活の確立、物事を最後までやり遂げること、友だちとの感情の交流、他者理解、協同する経験、道徳性の芽生え、規範意識の芽生え、地域の人々との交流に関することが示されています。自分自身の生活を確立することやあきらめずにやり遂げることなどの自立心は、人とかかわる力の基盤になるものとして、また、それらは相互にかかわり合いながら育つものであることから、「人間関係」の**保育内容**として位置づけられているのです。

なお、日々の保育においては、集団のなかのコミュニケーションを通じて共通の目的が生まれてくる過程や、子どもが試行錯誤しながらも一緒に実現に向かおうとする過程、葛藤体験などを乗り越えていく過程を大切に受け止めて、子ども一人ひとりのよさを生かした集団を形成していくことが求められます。

④ 領域「環境」と保育内容――「ねらい」および「内容」

領域「**環境**」では、次のことを「**ねらい**」としています*7。

＊7　「幼稚園教育要領」第２章ねらい及び内容「環境」の「１　ねらい」より。

（1）身近な環境に親しみ、自然と触れ合う中で様々な事象に興味や関心をもつ。
（2）身近な環境に自分から関わり、発見を楽しんだり、考えたりし、それを生活に取り入れようとする。
（3）身近な事象を見たり、考えたり、扱ったりする中で、物の性質や数量、文字などに対する感覚を豊かにする。

子どもの発達にとって、なによりも大切なのは、環境に対して、親しみ、興味をもって積極的にかかわるようになることです。さらに、身近な環境に好奇心や探究心をもって主体的にかかわり、自分の生活や遊びに取り入れていくことを通して、子どもの発達はさらに促されていくのです。なお、子どもを取り巻く環境にはさまざまなものがありますが、そのなかでも特に、自然のもつ意味は子どもにとって大きく、自然との出会いは、心の安定や自然に対する親しみ、愛情、好奇心を育むなど、多くの学びをもたらせます。このことをふまえて、領域「環境」では、子どもに育てる心情・意欲・態度として、自然のさまざまな事象に興味や関心をもつこと、発見や気づきを生活に活用すること、物の性質や数量、文字などに対する感覚を豊かにすることを求めているのです。

「**内容**」には、自然とのふれ合い、動植物とのふれ合い、物とのかかわり、身近な事象や生命の尊さへの気づき、物の性質や仕組みへの気づきと探究、生活や遊びへの活用、わが国や地域社会の文化や伝統的な遊び、物を大切にすること、数量や図形、標識や文字などへの関心、自分の生活に関係の深い情報に対する興味や関心、国旗への親しみに関することが示されています。

日々の保育では、まずは子どもが好奇心や探究心をもってかかわり、豊かな体験ができるような環境を意図的・計画的に構成することが大切です。子どもの豊かな感情や好奇心、思考力、表現力の基礎は、環境に子どもがみずから興味をもって積極的にかかわるなかで、気づいたり、発見したり、自分なりに考えたりする過程で育てられていくのです。なお、数量や文字などに関しては、たんに正確な知識を獲得することのみを目的とするのではなく、子どもの日常生活や遊びのなかで文字を使ったり、数量を扱ったりする活動が生まれるなど、子ども自身の必要に基づく体験を大切にすることが求められます。

5 領域「言葉」と保育内容――「ねらい」および「内容」

＊8 「幼稚園教育要領」第2章ねらい及び内容「言葉」の「1 ねらい」より。

領域「**言葉**」では、次のことを「**ねらい**」としています[＊8]。

（1）自分の気持ちを言葉で表現する楽しさを味わう。
（2）人の言葉や話などをよく聞き、自分の経験したことや考えたことを話し、伝え合う喜びを味わう。
（3）日常生活に必要な言葉が分かるようになるとともに、絵本や物語などに親しみ、言葉に対する感覚を豊かにし、先生や友達と心を通わせる。

言葉は身近な人とのかかわりを通して、次第に獲得されていくものです。同時に、言葉は自分の話や思いが相手に伝わり、相手の話や思いがわかる楽しさや喜びを感じるなど、言葉による伝え合いを通して獲得されていくものです。これらを前提として、領域「言葉」では、子どもに育てる心情・意欲・態度として、言葉に対する感覚を豊かにし、保育者や友だちと心を通わせることを求めています。

「**内容**」には、自分なりの言葉で表現すること、相手の話す言葉を聞こうとすること、言葉による伝え合い、日常生活における言葉の理解と使用、言葉の感覚を豊かにする遊びに関することが示されています。

なお、子どもの言葉を豊かにしていくためには、幼児期の発達に即した言葉遊びや短い話をつなげて友だちと一つの物語をつくるお話づくりのような遊びなど、言葉を使った遊びを楽しむ経験を積み重ねていくことも必要です。子どもは遊びや生活のなかでさまざまな言葉に出会い、その言葉の響きやリズムに興味をもち、その言葉に繰り返し出会うなかで意味や使い方にも関心をもつようになります。やがて、それらを自分が使える言葉として獲得していくようにもなるのです。

6 領域「表現」と保育内容――「ねらい」および「内容」

＊9 「幼稚園教育要領」第2章ねらい及び内容「表現」の「1 ねらい」より。

領域「**表現**」では、次のことを「**ねらい**」としています[＊9]。

（1）いろいろなものの美しさなどに対する豊かな感性をもつ。
（2）感じたことや考えたことを自分なりに表現して楽しむ。
（3）生活の中でイメージを豊かにし、様々な表現を楽しむ。

子どもは日々の生活のなかで、身近な周囲の環境とかかわりながら不思議さやおもしろさを見つけたり、美しさや親しみなどを感じたりして、心を動かしています。この心の動きを、自分の声や体の動き、素材などを通して表現しています。このように、感じること、考えること、イメージを広げることなどの経験が、豊かな感性や表現する力の源となっていくのです。このことをふまえて、領域「表現」では、子どもに育てる心情・意欲・態度として、豊かな感性をもつこと、表現する意欲、表現を楽しむことを求めているのです。

「**内容**」には、音・形・色などへの気づきと感覚、心を動かす出来事との出会いと自分なりのイメージをもつこと、感動したことを伝え合う楽しさ、感じたことやイメージしたことをさまざまな方法で工夫して表現する楽しさに関することが示されています。これらの「内容」を子どもの生活として実践していくには、身近な環境と十分にかかわるなかで美しいもの、優れたもの、心を動かす出来事などに出会い、そこから得た感動を他の子どもや保育者と共有し、さまざまに表現する過程を大切にすることが求められます。そのため、特定の表現活動のための技能を身につけさせるための偏った指導が行われることのないように配慮する必要があります。

7　保育内容の総合的な展開

子どもの遊びのなかに、どのように５領域の側面が表されているのか、その事例として、ここでは、Ａ市立Ｂ幼稚園における2018年度の実践事例「温泉をつくりたい！」（２年保育４歳児５月）を提示します。この実践事例は、５歳児の楽しそうな様子を見て始まった４歳児の温泉づくりの一場面です。友だちと一緒に穴を掘ったり水を流したりすることを楽しみながら試したり工夫したり、感じたことや考えたことを言葉で表現したりして遊ぶ４歳児の姿がとらえられます。

事例①：温泉をつくりたい！（４歳児５月）

５歳児クラスの子どもたちが砂場を掘り、水を入れて、大きな“温泉”をつくろうと、毎日のように遊んでいました。今日は、その５歳児の楽しそうな様子を見ていた４歳児クラスのＡ児たちが「温泉がつくりたい！」と言って、裸足になって勢いよく砂場へ駆けていきました。

Ａ児・Ｂ児・Ｃ児・Ｄ児・Ｅ児たちは、それぞれスコップを手に取って、「どんどん掘って、大きい温泉にしよう！」「まだまだ掘っていくよ～！」などと言いながら、穴を掘ったり、友だちの掘った穴とつなげたりしています。やがて、Ａ児とＢ児は、横に並んで２人で一つの穴を掘り始めました。Ｂ児は「ふぅ～。砂って重たいんだなぁ～」とつぶやきながら掘り進めています。

Ｃ児がバケツに水を汲んできて、「ここに水を入れてみよう」と、掘った穴に水を入れ始めました。やがて、Ｄ児が５歳児の使っていた樋を運んできて、「どうすればうまく流れるかな～」と言いながら繰り返し樋に水を流し始めました。Ｅ児は「こうやったら、たくさんお水が流れていく！」と、バケツに樋を立てかけ、傾斜をつけて水を流すことに挑戦し始めました。

水の溜まった“温泉”に裸足で入ったＡ児は「水が冷たくて気持ちいいいね」と言って、“温泉”を掘り続けます。Ｃ児は「水を足してあげるね」と、Ａ児の入っている“温泉”に水を入れています。他の子どもも次々と“温泉”に入り、「パチャンって水がはねたよ！」と、水のはねる音に歓声をあげています。

出典：A市立B幼稚園「園内研究会資料」2018年より筆者作成

事例①を5領域の側面から整理すると、表3-3のように整理できます。

このように、子どもの興味や関心に基づいた遊びには、5領域すべてにかかわる内容が含まれていることがわかります。子どもは一つの遊びを展開するなかで、多様な経験をしていくのです。したがって、幼稚園や保育所等における**保育内容**とは、各園の教育・保育の目標を達成するために展開される子どもの生活経験すべてであるといえます。また、その指導計画に基づいて構成された環境に子どもがかかわって生み出す活動の全体を指すものなのです。

表3-3　事例①と5領域の関係

領域	子どもの姿
健　康	全身を使って穴を掘ったり、裸足になって砂や水に触れたりするなど、自分のやりたいことに向かって遊ぶなかで十分に体を動かす。
人間関係	温泉をつくりたいという思いを友だちと共有し、友だちのしていることに関心を寄せたり、そのよさを取り入れたりして一緒に遊ぶことを楽しむ。
環　境	どのようにすれば水がよく流れるのか、樋やバケツなど、身近なものを使って、自分なりに考えたり試したりして工夫して遊ぶ。
言　葉	温泉づくりへのイメージをわかせ、砂や水に触れて遊ぶなかで、思ったことや感じたこと、考えたことなどを自分なりに言葉で表現する。
表　現	砂や水に親しんで遊ぶなかで、さまざまな音に気づいたり、その感動を友だちと伝え合ったりする。

POINT

- 「領域」は、子どもの自発的な活動としての遊びを通して、子どもの姿として表れてくる「発達の側面」をとらえる視点です。
- 子どもの遊びには、5領域すべてにかかわる内容が含まれています。
- 「ねらい」は相互に関連をもちながら達成に向かうものであり、「内容」は具体的な活動を通して総合的に指導されるものです。

Q 演習問題

① 幼稚園や保育所等における実習やボランティア活動等でとらえた子どもの遊びをもとに、子どもが遊びを通してどのようなことを学んでいるのか、具体的に考えてみましょう。

② ①で提示した子どもの遊びを5領域の側面から整理してみましょう。

第Ⅱ編

保育内容の基礎的理解

本編では、具体的な保育内容を考えていくうえで基本となる教育・保育の基礎的な考え方と教育・保育を実践するための計画について学んでいきます。

第4章 環境を通して行う保育

幼稚園や保育所等における教育・保育は、環境を通して行うことを基本としています。「環境」といわれると、みなさんはどのようなものをイメージしますか。自然や社会、物や人でしょうか。本章では、なぜ保育が環境を通して行うことを基本としているのか、子どもを取り巻く環境やその保育を実践するために必要な保育者の援助の視点、保育にふさわしい環境の構成がどのようなものかについて考えていきます。

考えてみよう！

① 子どもにとっての学びと大学生の学びにはどのような違いがあると思いますか。
② 子どもを取り巻く環境を想像したとき、どのような物や人がイメージできますか。
③ 子どもにとってふさわしい環境になるためには、どのようなことに気をつけるとよいでしょうか。

Keywords　環境　自然　経験　探究心

1 環境を通して行う教育・保育とは

① 環境を通して行う教育・保育とはどのようなことか

幼稚園教育要領や保育所保育指針等に明記されているように、幼稚園や保育所等における教育・保育は、環境を通して行うことを基本としています。これは、子どもが発達していくために、みずから周囲の**環境**とかかわり、発見したり考えたりしながら、周りの環境を生活に取り入れていくことを指します。具体的には、子どもが生活や遊びのなかで自発的に環境に働きかけ、環境から刺激を受け、さまざまな体験をしながら「**知識及び技能の基礎**」を身につけていきます。それによって興味や関心が広がり、「こうしてみよう」と、これまで身につけてきた知識をもとに「**思考力、判断力、表現力等の基礎**」を培います。そして、豊かな心情や意欲および態度を身につけ、「**学びに向かう力、人間性等**」を獲得していくことを繰り返すことをいいます*1。

乳幼児期に子どもがどのような環境に出会い、どのような環境で生活をし、どのようにその対象物にかかわったかは、その子どもの生涯にわたる育ちに影響を与えます。そのため、そばでかかわる保育者には、子どもの目先の育ちだけでは

*1 「知識及び技能の基礎」「思考力、判断力、表現力等の基礎」「学びに向かう力、人間性等」の「育みたい資質・能力の3つの柱」について、詳しくは、第2章（p.16）を参照。

なく、子どもの将来の発達を見通して、ふさわしい環境を考えることが求められます。

② なぜ環境を通して行う教育・保育が基本とされるのか

では、なぜ環境を通して教育・保育を行うことが基本とされているのでしょうか。これは、乳幼児期の発達の特性にしたがって教育・保育が行われる必要があるためです。

心身の発達が著しく、興味や関心もさまざまである乳幼児期の子どもは、直接的・具体的な体験を通して成長していくという特性があります。小学校以上では時間割や教科書があり、言葉を使って学習する方法が基本ですが、幼稚園や保育所等においては、子どもは、生活のなかで環境にみずからかかわり、刺激を受け、興味や関心を深めていくという直接的・具体的な体験を通して、この時期に必要な学びを習得していきます。

たとえば、物の重さについて小学校でははかりを使って調べることを学習しますが、幼稚園や保育所等では、実際にその物を触って持って「こっちが重い・軽い」と直接的・具体的に体験することを通して、その感触や性質を知ろうとします。そこでは、疑問があったり、発見があったり、感動があったりなど心が動く場面に遭遇します。これにより、さまざまなものに興味や関心が広がり、好奇心や探究心が育っていきます。またこのような経験があるからこそ、小学校でのはかりを使って調べる学習がより生きた学びになるのです。

つまり、乳幼児期の教育・保育は、人間として豊かに育っていくうえで必要となる力の基礎を養っていくことが目標となります。なにかが「できる・できない」という、目で見て評価できる結果のみで発達をとらえるのではなく、**子どもの育ちの過程**をとらえることに重きを置いています。それらは保育者主導で一方的に知識や技能を教えられて身につくものではなく、日々の生活を通して身につけていきます。そのため、乳幼児期は、子どもが成長していくために環境に主体的にかかわることが不可欠であり、教育・保育では環境を工夫する必要があるのです。

このときに大切なことは、子どもがみずから「やってみたい」「楽しい」と、主体的にかかわっていきたいと思えるような環境があることです。どのような物がどのように配置されているか、周りの人がどのようにその物とかかわっているかなど、その環境が子どもの心を動かすものでなければなりません。

では、子どもの心を動かす環境とはどのようなものか、保育者はどのようにかかわっていくとよいかを、次から学んでいきます。

2　子どもを取り巻く「環境」とは

①　保育における「環境」とは

保育における「環境」とは、自然、人、物、文化、社会など、子どもを取り巻くすべてをいいます。それらの環境は子どもにどのような影響を与えるのか、その環境から子どもがどのように育つのか、それぞれ考えてみましょう。

1　自然環境

(a)　自然事象と生き物　　子どもを取り巻く自然とはどのようなものでしょうか。季節や気候、天候、地域性、花や木などの植物、虫や小動物など、自然事象や生き物などさまざまなものがあり、それらに子どもが直接触れることが育ちには欠かせません。きれいな空を「見て」､鳥の鳴き声を「聞いて」､土の感覚に「触れて」、花の香りを「嗅いで」、育てて収穫した野菜を「味わって」など、子どもが全身の感覚を使って、この自然を感じる経験が重要です。自然を直接体験することで、心が動き、**好奇心**が芽生え、**探究心**が育ちます。

(b)　四季　　日本には、四季があります。幼稚園教育要領や保育所保育指針等にもあるように、季節ごとに自然や生活に変化があり、子どもがそれらに気づく体験を意図的に行っていく必要があります。それは、変化の内容を正しく理解するというものではなく、春はさまざまな草木が芽生えることに心を動かしたり、夏は水遊びの心地よさを感じたり､秋は紅葉した草木の美しさに触れたり、冬は園庭に張った氷の冷たさを触って知ったりなど、さまざまな感情や体感を季節から知るものであることが大切です。

(c)　動植物と生命　　身近な動植物に直接触れ、生命の尊さや不思議さに気づくことも経験させたいことです。具体的には、園で草花や野菜などの植物を育てたり、昆虫や小動物など生き物を飼育したりし、知識を蓄えるということだけでなく、芽吹く植物に喜びを感じたり、親しみや愛おしさなどの心情を育んだりすることが、生命を大切にしようとする心根を養うことになります。

それらは嬉しい体験ばかりとは限りません。植物を大切に育てても、天候に恵まれないこともあれば芽が出ないこともあります。大切に育てた実を鳥に食べられてしまうこともあるかもしれません。命ある生き物の死を目の当たりにすることもあるでしょう。自然環境から得る経験は、時として自分の思い通りにはいかないからこそ、自然への畏敬の念や生き物を大切にしようとする生命尊重の心が培われます。そして、なぜなのかと考える科学的な思考の芽生えを養います。

大切なことは、そこで保育者がどのようにかかわるかです。生き物の栽培や飼育から育てることの喜びを感じるものとするのか、「なぜだろう、不思議だな」

という発見の機会とするのか、命の尊さを知るきっかけとなる経験とするのかなど、子どものどのような育ちをねらっているのかを意識する必要があります。

2　物的環境

(a)　園具および教具　　園の施設や設備、遊具や玩具、道具など、物理的な物を物的環境といいます。園生活における園具・教具は、①体を動かして遊ぶもの(固定遊具やボール、縄跳びなど)、②主に身近な自然に親しむもの（栽培に使う植木鉢やじょうろなどの用具、飼育に使う虫かごや網などの用具など)、③さまざまな表現を楽しむもの（製作に使う絵の具、はさみ、のり、紙や粘土やままごと道具、楽器など)、④身近な情報に触れるもの（絵本や紙芝居などの児童文化財やテレビカメラなどの電子機器など)、⑤園生活を送るためのもの（机、いす、靴箱やロッカーなどの収納用具、避難用具など）の5種類に分けられます[1)]。それらの役割を理解し、子どもの発達や生活する姿に合わせて備えていくことが不可欠です。

(b)　園庭および保育室　　広い園庭には季節の草木や遊具があったり、保育室には絵本や玩具、用具や素材などがあったりしますが、子どもが「おもしろそう、楽しそう」と手に取りたくなる好奇心を刺激するような物であることがふさわしいでしょう。集団生活においては、生活用具や玩具などに、自分だけでなく友だちと一緒にかかわります。そのようななかで､物を介して育つ力もさまざまです。物の仕組みを理解したり、正しい扱いを身につけたり、他者と折り合いをつけて一緒に使っていく方法を知ったり、大事に扱う心を育てたりしていきます。

(c)　廃材を使った製作　　保育でよく使われる道具に、お菓子などの空き箱や使い終わった段ボール、使用済みの食品トレイや卵パック、紙袋やラップの芯(しん)などの廃材があります。これら身近にあるものが子どものイメージによってさまざまに形を変えていきます。空き箱が時には手づくりの楽器にもなり、拾ってきた石やどんぐりを入れる宝箱にもなります。保育者は、このような子どもなりに工夫したりイメージしたりする経験が存分に設けられるように､時間や空間の配慮･工夫をすることが必要です。

3　人的環境

(a)　子どもを取り巻く人との出会い　　乳幼児期における人的環境とは、親やきょうだい、祖父母などの家族、保育者、友だち、地域の人など、子どもを取り巻くすべての人との出会いやかかわりをいいます。これらの人々の人格、醸し出す雰囲気、もっている価値観が、子どもの育ちに影響をもたらします。近年では、核家族化や少子化などにより、人間関係の希薄化が危惧されています。親族が身近にいないことや両親の就労などにより保育時間が長くなり、集団生活における保育者や友だちなどの人的環境が担う役割がより重要になっています。

(b)　大人とのかかわり　　子どもは、身近な大人から受ける安心感や信頼関係を基盤として、外の世界との関係を築いていきます。みずからが大切にされてき

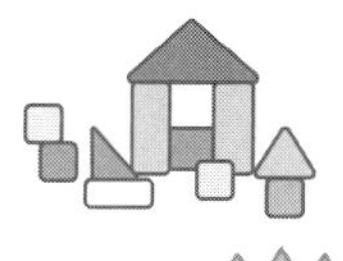

た経験から、さまざまな人や物への愛着が形成され、みずからも人や物を大切にしていく心が育ちます。そのため、子どもは無条件に愛され、自分のもつ力を信じて支えてくれる大人がいることを実感し、安心して自分のもつ力を発揮できるように大人がさまざまな場面で支えていくことが求められます。

(c)　他者とともに経験することの意義　　日々の生活や遊びのなかからさまざまな感情を経験することが大切です。自分以外の人にも感情があることを知り、心を寄せることができるようになります。友だちなどとのかかわりでは、一緒にいて楽しいと思える体験や、自分の思いどおりにいかない体験もとても大切です。自分の思いを受け入れてもらえた嬉しさと、自分の思いどおりにならなかったときにどのように折り合いをつけていくかを考えたりする経験が、**忍耐力**や**人とかかわる力**を養っていきます。

また、散歩に出かけたときに声をかけられたり挨拶を交わしたり、地域の交番や郵便局など公共の施設を訪ねてその役割を知ったりするなど、地域の人とのかかわりによって、自分を直接的にも間接的にも支えてくれる大人がいることを知ります。自分の成長を喜んでくれる大人がいることは、子どもの大きな自信につながります。集団生活においては、さまざまな人との積極的なかかわりの機会がもてるように意図的に設けていくことが求められます。

4　文化的・社会的環境

(a)　直接的な体験　　子どもの周りには、文化的な習慣、地域社会や多くの情報など、あらゆるものがあります。現代は合理化が進み、伝承されてきた遊びや行事などといった文化的なことが失われつつあり、情報を容易に得られる便利な機器が多いことから、直接的な体験が十分に得られないことがあります。これからを生きる子どもには情報機器などの有効な活用が求められますが、乳幼児期は直接的・具体的な体験が重要であることをふまえ、子どもの体験と情報から得た事柄の関連を考慮しながら、直接体験すべきこと、削ってはならない経験を選り抜いていくことが必要になります。

(b)　情報社会　　社会のなかから得られる情報は多くあります。子どもは出会った情報に興味や関心をもち、積極的に生活や遊びに活用していきます。ごっこ遊びなどでは、買い物に行った経験からお店屋さんになりきったり、回転寿司屋さんに行った子どもが本物さながらの寿司を表現するために試行錯誤したり、まわるレーンをブロックなどで手づくりしたりします。

オリンピックやワールドカップでスポーツが盛り上がると、野球やサッカー、ラグビーなどをまねてみたり、テレビで見た国旗や国名に興味をもって調べたり、絵で表現したりするなど、遊びに取り込んでいくこともあります。このように日々の身近な生活から得られる情報を子どもみずからが興味をもってかかわり、知識や技術を獲得し、他者と共有したり、遊びが豊かに深まるようにしたりすること

も考えなければなりません。

(c)　行事　　四季折々の伝統的な行事も、子どもの育ちを喜ぶものや自然に感謝するものなど、子どもの情緒的な育ちには欠かせません。そのような思いとともに伝わってきた文化を意図的につないでいくことも、保育者の役割であるといえます。

２ 環境を通して行う保育の実践

項目ごとに子どもの育ちを考えてきましたが、保育を行う際には、これらは別々にとらえるのではなく、子どもの生活や遊びのなかでそれぞれがからみ合って一体となっていることを理解しておく必要があります。たとえば、戸外へ散歩に出かけるとさまざまな自然と触れ合うことができますが、一面に落ちているどんぐりを見つけ（自然環境）、ともに感動する仲間や保育者がいて（人的環境）、拾ったどんぐりを容器に入れて帰り（物的環境）、持ち帰ったどんぐりでコマをつくって回して遊ぶ（文化的・社会的環境）こともできます。室内でのごっこ遊びでも、拾ってきた落ち葉や木の実を使い（自然環境）、お店屋さんやお客さんになって一緒に遊ぶ仲間や、イメージに沿った遊びの展開になるように相談できる保育者がいて（人的環境）、必要な道具や素材をみずから考えながら品物をつくり（物的環境）、これまでに見聞きしてきたお店屋さんになりきる（文化的・社会的環境）ということを体験します。このように、一つの活動のなかにはさまざまな環境の要素が含まれているものととらえることが大切です。

３　保育者が環境を整える際の留意点

１ 保育の環境をデザインする

保育者が環境を構成していくうえでは、いくつか大切にしなければならないことがあります。

第一に、子どもの環境は安全かつ自由であることです。安全には、状況に応じて小さな危険を回避せず、あえて経験させることも含まれます。たとえば、転ぶことを避けるために障害物を排除してしまうのではなく、子どもが気をつけて行動することを身につけ、ここまですると危険であるとか痛いという感覚を、実際に環境にかかわって経験から学ぶなどです。

第二に、使いやすいこと、わかりやすいことです。言葉で片づけ方を示さなくてもわかるような配慮や工夫があることが肝心です。そのためには、配置を工夫したり、ラベルなどの視覚的な情報を有効に活用したりするとよいでしょう。

写真４−１　子どもが手に取りやすい絵本コーナー

写真４−２　片づけを工夫した手づくりのなわとびボックス

写真４−３　並ぶときの目印

第三に、子どもの発達に添っていることです。子どもの成長を長期的にとらえ、今どのような環境であるとよいのかを考える必要があります。たとえば玩具を一つをとってみても、園生活が始まったばかりのときと、生活に慣れ子ども同士のかかわりが深まっているときでは、用意する数が異なります。十分に遊びこめるようにふんだんに用意するのか、一緒に使うか順番に使うかなど折り合いをつけていけるように限られた数を用意するのか、保育者が用意する玩具の数によって、子どもが経験することが変わってきます。保育者は、その時々に、子どもにどのような経験をさせたいのかを考えて環境を構成していくことが求められます。

第四に、興味や欲求に応じたものであることです。子どもが日々の生活をする姿やその時々の子どもの興味について、そばでかかわる保育者だからこそ理解できることがあります。こうしたほうがいいという画一的な価値観にとらわれず、目の前の子どもの経験や発達をふまえて環境を構成していく視点が重要です。

第五に、柔軟に変化をもたせるものであることや、子どもの手でつくり上げていけるものであることです。保育者が意図して用意した環境で活動していくなかで、「こうしたほうがいい」という新たな発想が生まれたり、子ども自身が試行錯誤しながら遊びが深まったりすることもあります。そのようなときに柔軟に変化していけるよう、保育者や子どもが再構成していける余地を残しておくとよいでしょう。

写真４－４　フウセンカズラの種を取る子ども

写真４－５　「なにをしようかな」

２ 人的環境としての保育者の役割と視点

保育者の存在は、子どもにとってきわめて重要な人的環境です。保育者としてさまざまな知識を得て技術を磨くことも大切ですが、子どもの経験が豊かになるようにその役割を果たしていくことも重要な専門性であるといえます。具体的には、直接的・間接的に子どもを支えていくためのよりよい保育内容を考え、計画と実践および振り返りを繰り返し、豊かな感性を養うことが期待されています。

保育者がその専門性を活かし援助していくために必要な役割について、幼稚園教育要領解説および幼保連携型認定こども園教育・保育要領解説は、以下の５点をあげています。

① 活動の理解者としての役割

子どもをよく見るということです。子ども一人ひとりの気質や特性を知り、集団においてどのようにかかわっていこうとしているのかをとらえることも大事です。子どもの活動一つにおいても、そこに至るまでの過程を理解したり、家庭を含めた生活の流れでの今を理解しなければなりません。

② 共同作業者、共鳴するものとしての役割

保育者は、子どもに**共感する**という視点が欠かせません。遊びや生活の場面において、みずからも一緒に体験し、感じたことや知り得たことを子どもと共有したり、子どものその体験をつなぐ役割を担ったりすることが期待されます。

③ あこがれを形成するモデルとしての役割

好奇心を育むためには、保育者が「こうしなさい」と子どもに指示したり、保育者の意図するほうに引っ張ったりするのではなく、保育者のふるまいをみて自分もやってみたいという感情が湧くよう心がけたいものです。そのためには、保育者が子どもにとって魅力的な人的環境である必要があります。保育者には、子どもの興味や関心が誘発され、みずからもやろうとしたときに励ましてくれる存在であることが期待されます。

写真4-6　ごちそうをつくります

写真4-7　「ふしぎなもよう」

④　遊びの援助者としての役割

援助とは、直接手伝うことばかりとは限りません。間接的に見守ったり、ヒントを出したりすることも大切な援助です。重要なことは、保育者が意図して下地をつくっておくということです。たとえば、保育者が園庭に実がなる植物を栽培していると、子どもはそれらを取って、ままごとに使ったりする場面が見られます。子どもがみずから心身を用いて対象にかかわっていくことが大切です。その間、保育者による「このように遊びましょう」という働きかけはありません。子どもが実のなる植物に興味をもち、こんなふうに遊ぼうとイメージし、みずからそれを使って遊びに取り込んでいます（**主体的な学び**）。そして、友だちとやりとりしながら（**対話的な学び**）、どのようにすると土がかたくなって崩れにくいかを考えながら（**深い学び**）、ごちそうをつくります*2。

＊2　主体的・対話的で深い学び（アクティブ・ラーニング）について、詳しくは、第10章（p.103）を参照。

保育者は、子どもがより意欲をもって遊びこめるような環境を考え、想定し、植物を植えたり、玩具を用意したりしています。そのような目には見えないところでの間接的な保育者のかかわりが、子どもにとっては不可欠です。

⑤　精神的に安定するためのよりどころとしての役割

安心して行動できるように、一人ひとりの内面の心情に寄り添うことが求められます。保育者が子どものもつ力を信じ、励ましたりなどしながら**自己肯定感***3を育むことや、自信をもって環境にみずからかかわっていこうとする姿を支えることが、子どもの健やかな育ちを保障することにつながります。

＊3　自己肯定感について、詳しくは、第8章（p.80）を参照。

3　子どもの好奇心や探究心を育むために

子どもが知識や技術を身につけるのは特別な環境ではなく、身近な環境であることを保育者が理解しておく必要があります。身近な環境とは、たとえばごっこ遊びで本物さながらの道具があることが重要なのではなく、身近な素材を使って見立てたりすることなどです。また、身近な事象とは、小学校で学ぶ計算カードや漢字ドリルのようなものを使って字を覚えたり、数字を学んだりするのではなく、絵本を読んだり、ごっこ遊びのなかで数を数えるなど、子どもにとって興味をもてる身近な生活や遊びのなかからそれらに触れる機会をつくることが求められます。

この身近な環境とは、園により異なるものです。園の環境は、自然の多いところや都市部などさまざまです。１年を通して温暖なところ､冬は雪の多いところ、自然がそばにあるところ、都市部にあるところなど、園によってさまざまな特徴があるなかで、暖かく過ごしやすいところでは水に触れる機会も多く設けられ、雪の多いところでは雪に触れる機会も多く設けられるでしょう。自然がそばにあるならふんだんに自然と触れる機会も設けられるでしょうし､都市部であるなら、取り巻く地域についてさまざまに知る機会を設けることができるでしょう。大切なことは、保育者がそれらを有効なものとしてとらえ、保育の環境に取り入れていくことです。保育者のとらえ方により、その環境が意味をもつものにもなり、そうでないものにもなりうるのです。

すばらしい玩具が置かれていても、ただそこにあるだけなのか、子どもが興味をもちやすい場所に置かれているかなど、環境構成の工夫によって子どもの玩具への興味や関心は変わります。また、保育者がそれらをどのように扱っているのかを見て、ふさわしい扱い方を身につけたり、より大きな関心をもって遊ぼうとしたりするようになります。保育者が、環境から子どもが受ける影響をとらえ、環境構成を工夫し､玩具を子どもにとって意味のあるものに変えていくことです。その担い手となるのが周りの大人であり、保育者なのです。

POINT

・子どもにとって環境とは、取り巻くすべての人、物、事柄を指し、それらを通して生活や遊びが展開されることが重要です。
・子どもが直接的な体験をすることは、好奇心や探究心の芽生えにつながります。
・環境構成において大切なことは、保育者が環境から子どもが受ける影響を正しく理解し、工夫をしたり意味あるものとしていくことです。

演習問題

① 生き物の飼育や植物の栽培などに関心をもてるように、実際に子どもと育てたい内容や工夫を考えてみましょう。
② 子どもが季節を感じられるような環境や､経験するとよい行事などを具体的にあげていき、それぞれのねらいを考えてみましょう。
③ 子どもが自発的に行動できるような工夫とはどのようなことがあげられるか実際に園を見学して具体的に考えてみましょう。

■写真協力　園田学園女子大学附属園田学園幼稚園

第5章 生活や遊びを通して行う保育

保育では「乳幼児期にふさわしい生活の展開」や「遊びを通した総合的な指導」が基本とされています。この生活や遊びのなかで、子どもはさまざまなことを学んでいます。本章では、乳幼児期の生活や遊び、それらのなかでの学びとは、どのようなことを意味しているのかを学んでいきます。

考えてみよう！

① 乳幼児期にふさわしい生活とは、どのような生活でしょうか。
② 子どもにとって遊びが大切だといわれますが、なぜでしょうか。
③ 子どもは生活や遊びのなかで、どのようなことを学んでいるのでしょうか。

Keywords　乳幼児期にふさわしい生活　遊びを通した指導　生活や遊びのなかの学び

1 乳幼児期にふさわしい生活

① 保育における生活の大切さ

1　倉橋惣三の言葉から

これまで、保育において「生活」は、とても大切な事項としてとらえられてきました。日本の幼児教育の父と呼ばれる**倉橋惣三**＊1 は、保育を「生活を生活で生活へ」[1)] と表現しています。これは、子どものありのままの生活を、幼稚園での生活を通してより豊かな生活に発展させることを意味し、子どもの生活を重視する考えです。

倉橋は子どもの自然な生活形態のままで保育することに心血を注ぎ、「痛感に堪えないものは、幼稚園というものを、先ず概念的に組み立てておいて、そこへ、子供を入れてくるという趣を脱しないことではありますまいか」[2)] と述べています。子どもを幼稚園に来させるのではなく、保育者が子どもの生活しているところに教育をもって出かけていく（出張保育）、それによって、子どもの真の生活形態のままで教育をすることができるとし、幼稚園とはそうした心持ちのものであるべきであるとも述べています。これらから、倉橋が保育において、いかに自然で、無理のない、ありのままの子どもの生活を重視したかが読み取れます。

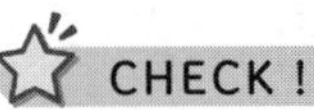

＊1　倉橋惣三（1882～1955）
日本の幼児教育の基礎を築いた人物で、東京女子高等師範学校教授、兼附属幼稚園主事を務め、長年にわたって日本の幼児教育界の実践と研究を牽引しました。主な著書は、『幼稚園雑草』『幼稚園保育法真諦』『育ての心』などです。第14章（p.147）も参照。

2　幼稚園教育要領や保育所保育指針から

では、現在の幼稚園教育要領や保育所保育指針では、子どもの生活はどのように記載されているでしょうか。幼稚園教育要領では、下記のとおりです。

> 第１章 総則　第１　幼稚園教育の基本
> １　幼児は安定した情緒の下で自己を十分に発揮することにより発達に必要な体験を得ていくものであることを考慮して、幼児の主体的な活動を促し、幼児期にふさわしい生活が展開されるようにすること。

一方、保育所保育指針では、下記のように記されています。

> 第１章 総則　１　保育所保育に関する基本原則　⑴ 保育所の役割
> ア　保育所は、児童福祉法第 39 条の規定に基づき、保育を必要とする子どもの保育を行い、その健全な心身の発達を図ることを目的とする児童福祉施設であり、入所する子どもの最善の利益を考慮し、その福祉を積極的に増進することに最もふさわしい生活の場でなければならない。

現在の幼稚園教育要領や保育所保育指針等でも、保育においては**子どもの生活**が重視されており、倉橋の保育論が現代にも受け継がれていることがわかります。幼稚園や保育所等での生活においては、子どもの最善の利益が保障され、子どもが主体的に過ごすことを通して、発達に必要なさまざまな体験を重ねていくことが求められているのです。

幼稚園教育要領解説では、「幼児期にふさわしい生活」として、①教師との信頼関係に支えられた生活、②興味や関心に基づいた直接的な体験が得られる生活、③友だちと十分にかかわって展開する生活の３つがあげられています[3)]。一方、保育所保育指針解説でも、「一人一人の心身共に健やかな成長と発達を保障する観点から、保育所における環境や一日の生活の流れなどを捉え、子どもが様々な人と出会い、関わり、心を通わせる経験を重ねることができるよう、乳幼児期にふさわしい生活の場を豊かにつくり上げていくことが重要である」と説明されています[4)]。

幼稚園や保育所等での生活は、さまざまな人とのかかわりのなかで展開していきます。その生活を安心・安全なものにし、子どもが園を自分の居場所として感じられるようになるためには、保育者との**信頼関係**が欠かせません。その信頼関係を基礎にして、友だちとのかかわりもだんだんと豊かになっていきます。保育者や友だちとともに生活するなかで、自分の興味や関心に基づいて、さまざまな環境に直接働きかけることを通して、発達に必要な体験が積み上げられていきます[*2]。

また、幼稚園教育要領解説には、「幼児期にふさわしい生活を展開する中で、

CHECK！
＊２　もちろん保育者や友だちも、人的環境という環境の一部です。詳しくは、第４章（p.35）を参照。

幼児の遊びや生活といった直接的・具体的な体験を通して、人と関わる力や思考力、感性や表現する力などを育み、人間として、社会と関わる人として生きていくための基礎を培うことが大切である」とあります[5)]。幼児期にふさわしい生活が展開されるなかでは、さまざまな資質・能力が培われますが、その生活の中心は遊びです。すなわち、遊びを中心とした生活全体が子どもにとっての学びの場であり、その学びをよりよいものにしていくためには、子どもにふさわしい生活でなければならないということです[*3]。

＊3　生活や遊びのなかの学びについては、本章第3節（p.48）を参照。

② 子どもを取り巻く生活環境の変化

保育内容を考えるうえでは、家庭や地域での生活にも広く目を向けることが大切です。幼稚園教育要領にも、「幼児の生活は、家庭を基盤として地域社会を通じて次第に広がりをもつものであることに留意し、家庭との連携を十分に図るなど、幼稚園における生活が家庭や地域社会と連続性を保ちつつ展開されるようにするものとする」と記されています[*4]。ここでは、子どもを取り巻く生活環境の変化として、特に保育内容に影響を与える3点を取り上げます。

＊4　第1章総則の「第6　幼稚園運営上の留意事項」の2より。

1　人とかかわる機会の減少

1971（昭和46）～74（昭和49）年の第2次ベビーブーム以降、出生数は減少傾向が続き、合計特殊出生率も低水準で推移しており、日本の少子化の進行が止まりません[*5]。かつてはあたりまえのようにあった異なる年齢の子どもが地域で群れて遊ぶ光景は、ほとんど目にすることがなくなりました。少子化と合わせて核家族化やひとり親世帯の増加などにより、家庭内でともに過ごす人の数が減り、世帯規模の縮小化が進みました[*6]。これらの変化に伴い、家庭や地域で子どもが築く人間関係がごく限られたものとなり、子ども同士の関係だけでなく、子どもと大人との関係も希薄になってきています[*7]。

このような状況下では、幼稚園や保育所等において子どもが**人とかかわる経験**をすることが大切になります。園では、同年齢や異年齢の子どもが集団で生活し、保育者だけでなく、事務職員や用務員、調理員、バスの運転手、保護者など、園にかかわるさまざまな大人がいます。これらの人的資源を活かし、保育内容を豊かにしていくことが必要です。

＊5　1973（昭和48年）の出生数は約209万人、合計特殊出生率は2.14だったのが、2019（令和元）年には出生数は約86万5,000人、合計特殊出生率は1.36と大幅に減少しています（内閣府「令和3年度 少子化社会対策白書」）。

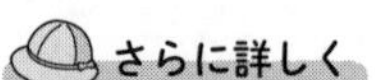

＊6　子どものいる世帯の構成割合について、三世代世帯は1989（平成元）年の26.9%が2019（令和元）年に13.3%に減少し、ひとり親と未婚の子のみの世帯は、1989（平成元）年の4.1%が2019(令和元)年に6.5%に増加しています（厚生労働省「2019年 国民生活基礎調査」）。

＊7　たとえば、幼稚園に3歳で入園するまでにかかわったことのある大人が、親や親戚のみという子どももいます。

2　身近な自然環境や遊び場の減少

都市化や社会生活の変化により、特に都市部では、身近な生活空間で日常的に自然環境にふれることがむずかしくなっています。自然にある土や水、木々や石ころなどにふれようと思うと、わざわざ郊外などに出向かないといけない地域もあります。また、たんなる遊び場としての公園が減少しているだけではなく、かつての原っぱのように、子どもが自由感あふれるなかで主体的に遊びを展開して

いけるような空間は、子どもの生活環境から消えつつあります。かりに遊べる空間があったとしても、事故や事件が増えたことにより安心・安全には遊べないということも少なくありません。

このような状況下では、幼稚園や保育所等において子どもが日常的に自然環境とふれあい、それらを遊びに取り込んだり、安心・安全のなかで**主体的・積極的**に遊びを展開したりすることが、いっそう価値のある経験となります*8。

3　遊び時間の減少

共働き世帯の増加などにより、幼稚園での預かり保育の普及や、保育所での保育時間の長時間化が進み*9、子どもが園で過ごす時間が長くなってきています。ベネッセ教育総合研究所の調査では、平日の通園時間も含めた「家の外にいる平均時間」が 1995（平成７）年から 2015（平成 27）年の 20 年間で、幼稚園児で 32 分（５時間 39 分→６時間 11 分）、保育園児で 58 分（８時間 36 分→９時間 34 分）長くなっていることが示されています[6)]。裏を返せば、子どもが家庭や地域で過ごす時間が短くなっているということです。この変化の影響もあり、平日に園以外の場所で友だちと遊ぶ子どもの比率が減少していることも示されています*10。

さらに同調査では、未就園児も含めた就学前の子どもの約半数がなんらかの習い事をしていることが示されています。習い事をすることが悪いわけではありませんが、子どもが家庭で自由に過ごす時間は短くなります。さらに、近年のインターネット環境やスマートフォン、タブレット型端末などの情報機器の普及は子どもの生活にも入り込んでおり、特に動画の視聴やゲームをすることは、乳幼児期に重要とされる直接体験の機会を減少させる可能性があります。

このように、子どもが家庭や地域でゆったりとした時間のなかで、友だちと自由に遊ぶことがむずかしくなっていることから、幼稚園や保育所等では、自由感のあふれるなかで、友だちとともに夢中になって遊ぶ経験を重ねられるよう環境を整えることが重要です。遊ぶ時間を十分に保障するとともに、遊びの質も向上させる必要があります。

こぼれ話

＊8　みなさんのなかには、子どものころに自然環境とかかわった経験があまりない人もいるでしょう。子どもと自然環境との接点を考えることとあわせて、保育者になるみなさん自身が豊かな自然体験を積むことの大切さについても考えてみましょう。

＊9　預かり保育や長時間保育については、第 11 章（p.119）を参照。

さらに詳しく

＊10　平日に園以外の場所で友だちと遊ぶ子どもは、1995（平成７）年 56.1％だったのが、2015（平成 27）年 27.3％に減少しています（ベネッセ総合研究所「第５回幼児の生活アンケート」2016 年）。

2　遊びの重要性

子どもの生活の中心は**遊び**です。「遊びを通した総合的な指導」が保育の基本とされていることからも、保育における遊びの重要性についてじっくりと考えてみる必要があります。

1　ただ遊んでいればいいの？

次の３つの事例から遊びについて考えていきます。もし自分が下記事例にある子どもだったらどのようなことを感じるか、保育者はどのような思いで子どもたちとかかわっているのかを想像しながら読み進めてみましょう。

事例①：砂場遊び①（4歳児）

砂場ではＹ児が遊んでいます。穴を掘ってみたり、カップに砂を入れてみたり、自分の足に砂をかけたりもしています。ときおり、まわりで遊んでいる他児に視線を向けたりもしますが、特に働きかけたりはしません。ふらっと保育室のほうに歩いていったかと思うと、ほどなくしてまた砂場にもどってきて、「なんかすることないかなー」とつぶやきました。

事例②：砂場遊び②（4歳児）

「今日は砂場で遊ぼうよ」と保育者が砂場の近くにいた子どもたちに声をかけています。４、５人の子どもたちが集まってきました。保育者はＣ児に「じゃあ、砂場で大きな山をつくりましょう」「山をつくるためには砂をかき集めるスコップが必要だから取ってきてくれる？」と言います。Ｃ児が用具庫からスコップを取ってくると、「先生が穴を掘って砂を積んでいくから、みんなはそれを山になるように固めていってくれる？」と言って、山づくりを進めていきます。

事例③：砂場遊び③（4歳児）

Ｋ児、Ｓ児、Ｔ児の３人が砂場にやってきました。「昨日よりもでっかく掘ろう」とＫ児が言います。「そうしよう。ぼくはＫちゃんが掘った砂が穴に落ちないようにかきわけるね」とＳ児が続けます。「ぼくも掘りたい」とＴ児が言います。「じゃあ、ぼくとＴちゃんで掘って、Ｓくんに砂をどけてもらおう」「そうしよう、そうしよう」「深い穴を掘って、先生を驚かせたいね」。わいわい・がやがやと遊びは続いていきます。「もっとおっきいスコップがないか探してくる」と言って、Ｔ児が駆けていきました。

写真５－１　深い穴を掘ろう！

上記３つの事例とも、遊びの場面のように思えます。しかし、３つとも同じ「遊び」といえるでしょうか。それぞれの遊びで子どもたちが経験していることは同じでしょうか。事例①は、Ｙ児の最後の言葉にもあるように、ただなんとなく遊んでいる場面といえるでしょう。事例②は、保育者が中心になって遊びを先導しており、子どもたちは保育者の指示に従って遊んでいるようです。事例③は、子どもたちが自分がしたいことを主張しつつも主体的に役割分担をし、いきいきと遊んでいる姿が伝わってきます。

幼稚園や保育所等において、子どもはとにかく遊んでいればいいというものではありません。もちろん日々の遊びにおいて、なんとなく遊んでいることや保育者が遊びのきっかけをつくることもあります。しかし、遊びを通して乳幼児期に経験してほしいことが積み重ねられるのは、事例③のように子どもがいきいきと遊んでいるなかにおいてです。さらに、その遊びを通して学びが生まれるためには、適当な環境構成や直接的・間接的な保育者の働きかけが重要となることはいうまでもありません。

２　幼稚園教育要領・保育所保育指針に見る遊び

では、遊びとは、そもそもどのようなものをいうのでしょうか。幼稚園教育要領や保育所保育指針には次のように記されています。

> 幼稚園教育要領
> 第１章 総則　第１　幼稚園教育の基本
> 　２　幼児の自発的な活動としての遊びは、心身の調和のとれた発達の基礎を培う重要な学習であることを考慮して、遊びを通しての指導を中心として第２章に示すねらいが総合的に達成されるようにすること。

> 保育所保育指針
> 第１章 総則　１　保育所保育に関する基本原則　(3) 保育の方法
> 　オ　子どもが自発的・意欲的に関われるような環境を構成し、子どもの主体的な活動や子ども相互の関わりを大切にすること。特に、乳幼児期にふさわしい体験が得られるように、生活や遊びを通して総合的に保育すること。

遊びをとらえるポイントは、「**自発的**」「**主体的**」「**学習**」です。幼稚園教育要領解説には、「自発的な活動としての遊びにおいて、幼児は心身全体を働かせ、様々な体験を通して心身の調和のとれた全体的な発達の基礎を築いていくのである。その意味で、自発的な活動としての遊びは、幼児期特有の学習なのである。したがって、幼稚園における教育は、遊びを通しての指導を中心に行うことが重要である」と述べられています[7)]。

つまり、子どもがみずから周囲の環境に働きかけ、遊びが展開していくなかで、心身の調和のとれた全体的な発達の基礎が築かれていくということです。事例③の子どもたちは、みずから砂場という環境に働きかけ、砂場遊びを展開しています。そのなかで他児という環境にも積極的に働きかけ、自分のしたいことを伝えたり、それぞれの役割を調整したり、主体的な姿が見られます。自発的・主体的な活動である遊びだからこそ、学びにつながるのです。

みなさんも「遊ぶ」ことがあると思いますが、大学生にとっての「遊び」は、仕事（大学での学習やアルバイトなど）と仕事の合間の「余暇」という意味です。小学校以上の学校では、授業と授業の合間の休み時間が遊びのための時間となります。一方、乳幼児期の子どもにとっての「遊び」は「学習」であり、生活の大部分を占めています。「学習」ではあるものの、「遊びは遊ぶこと自体が目的であり、人の役に立つ何らかの成果を生み出すことが目的ではない」[8)] ことから、子どもは遊びを通して、「結果として」さまざまな学びを得ているということです。これは、乳幼児期に特有の学びの形態です。

3　生活や遊びのなかの学びとは

①　乳幼児期の学びについて考える

乳幼児期は遊びを通して、「結果として」学んでいることから、「無自覚的な学び」といわれます。子ども自身は自分がなにかを学んでいるということをはっきりとは自覚せずに、生活や遊びを通して自然と必要な経験を重ね、学びを得ているということです。

一方、小学校以上の学びは、基本的に「自覚的な学び」といわれます。多くの場合、授業では「今日の算数の授業のめあては○○です」と示され、クラスのみんなで共有したうえで授業が始まります。子どもは自分が今日の授業で何を学ぶのか、これまで何を学んできたのかを自覚し、資質や能力を積み上げていきます。

では、そもそも「**学び**」とは、どのようなことを意味しているのでしょうか。佐伯＊11 は、学びを自分探しの旅だと定義しています[9)]。また、汐見＊12 は、学ぶのは一人ひとりが自分らしい生き方を模索していくためだと述べています[10)]。そうすると、乳幼児期の子どもの学びとは、自分の興味や関心にそって遊んでいるなかで、たとえばさまざまな気づきや感情を体験したり、友だちや保育者とのかかわりのなかで工夫したり、協力したり、試行錯誤する経験を重ねたりしながら、「自分にはどんな力があるのか」や「自分は何がしたいのか、どうなりたいのか」を考えていくことであるといえます。

「自分探し」や「自分らしい生き方の模索」は、誰かに強制されてできるものではありません。だからこそ、子どもがみずから主体的に遊び、生活するなかで、それらの学びを得ることができるのです。

次の事例を通して、具体的に考えてみましょう。

＊11　佐伯 胖（さえき ゆたか）
認知心理学者。東京大学・青山学院大学名誉教授。主な著書は、『「学ぶ」ということの意味』（岩波書店）『「わかる」ということの意味』（岩波書店）『幼児教育へのいざない』（東京大学出版会）などです。

CHECK！

＊12　汐見稔幸（しおみ としゆき）
教育学者。東京大学名誉教授。主な著書は、『人生を豊かにする学び方』（筑摩書房）『さあ、子どもたちの「未来」を話しませんか』（小学館）『本当は怖い小学一年生』（ポプラ社）などです。

事例④：みかんまちにしたい！（3～5歳の異年齢児）

Ａ園では３～５歳児の異年齢クラスで保育を行っていますが、異年齢のバディを「かぞく」と呼び、その「かぞく」が集まったクラスのことを「まち」と呼んでいます。例年、子どもたちが「まち」の名前を考え、「まち」のすべての子どもと保育者が納得したうえで決定することになっています。「あじさいまち」「まっちゃまち」「あずきまち」など個性的な名前が並んでいます。

ある「まち」ではいくつかの候補があがっているものの、なかなか決定にまで至りません。そんななか、数人の子どもたちが「みかんまちにしたい！」と主張しています。甘くておいしい大好きなみかんを「まち」の名前にしたいようです。自分たちの思いを他児に伝えますが、なかなか伝わりません。

「うーん」と悩む子どもたち。「そうだ！あんなにおいしいみかんだから、みんなも食べたら『みかんまち』に賛成してくれるんじゃない？」とＡ児（５歳）が言います。「そうだね！」と「みかんまち」を推す子どもたちが同意します。「『まち』のみんなでみかんを食べるんだったら、いっぱいみかんがいるなぁ。みかんがあるか先生に聞いてみよう」とＨ児（５歳）が言って、担任保育者に聞きにいきます。「園には今みかんはないから買いにいかないとないよ」と保育者が答えると、子どもたちは「じゃあ、買いにいきたい」と言います。保育者「うーん、園長先生に聞いてごらん」。子どもたちは「わかった」と言って、園長先生に聞きにいきます。なぜみかんを買いにいきたいのかを自分たちの言葉で説明し、園長先生から「買いにいっておいで」と許可を得ました。

数日後に園の近くの青果店に、「まち」のみんなで買いにいくことになりました。担任保育者の「果物屋さんの人に聞いたら、みかんについていろいろ教えてもらえるんじゃない？いろいろ知ったら、『まち』のみんなもみかんのこと好きになるかもね」という言葉を聞き、いろいろと質問を考えます。「どんなみかんが甘いか」「みかんはいつ取れるのか」「みかんには栄養があるのか」など、たくさんの質問を携えて、いざお買い物当日。それぞれが担当する質問をお店の人に尋ねます。緊張してなかなか言葉が出てこない子もいますが、保育者の援助もあって、いろいろとみかんについて聞くことができました。お店には値段の違うみかんがあり、「なんで違うの？」とお店の人に聞いたり、「どれを買おうか」と保育者と相談したりして、「まち」のみんなが食べられる数のみかんを買い、園に帰りました。

写真５-２　質問を携えて果物屋さんを訪問

帰園後、「どんなことが聞けた？」と買い物を通して知ったことを「まち」のみんなで共有します。また「園にもみかんの木があること知ってる？」との保育者の問いかけを受けて、確認しにいったりもします。その日の昼食時、買ってきたみかんをみんなで食べました。さて、「みかんまち」を推す子どもたちは、ここからどうやってみんなに賛成してもらおうか、いろいろと考えているようです。

事例④の子どもたちは、「まち」の名前を「みかんまち」にしたいという自分たちの目的が明確です。そのため、主体的に活動を進めながら、さまざまな学びを得ています。たとえば、自分たちの主張を他者にわかってもらうためにはどう伝えたらいいのかを考えています。たんに「これがいいの」だけでは伝わらず、「どのように説明したらいいか」や「自分たちと同じような気持ちになってもらうためにはどうしたらいいのか」と戦略を練っています。この園は異年齢クラスのため、「まち」には３歳児もいれば５歳児もいて、同じような伝え方ではうまくいかないことも経験しています。また、自分たちのしたいことをするために担任保育者や園長先生と交渉しています。そのなかでコミュニケーション能力や論理的な思考力などが発揮されています。

さらに、地域社会とのかかわりも経験しています。青果店では慣れ親しんでいない人とのやりとりを通して、緊張をともなったり、言葉を選んだり、いつもとは少し違った対応になることを経験しています。自分たちが関心のあること（みかん）について、どのようなことを知りたいのかを考え、新たな情報を得ることで探求している姿も見られます。買い物を通して数にふれる経験もしています。

友だちといろいろと考えを交わし、目的を共有しながら遊びを展開することや、自分がしたいと思ったことを実現できる喜びを感じたり、主張が通らなかったことで悔しさやいら立ちを感じたりすることなどは、いずれも乳幼児期に経験してほしいことであり、子どもが主体的に活動するなかでこそ生まれるものです。

２　遊びを通した指導とは

では、子どもがしたい遊びをしていれば、乳幼児期の学びは十分でしょうか。

子どもは、遊びのなかで保育者の指導を通してこそ、十分な学びが得られます。それには、保育の基本である「遊びを通した指導」が欠かせません。「遊びを通した指導」とは、幼稚園教育要領や保育所保育指針等で示されているねらいや内容を、遊びを通して経験できるようにすることです。「指導」といっても、あくまで子どもが主体です。ときには保育者が子どもを先導し、遊びのきっかけをつくることもありますが、基本的には、保育者は、子どもとともに生活する一員として、経験してほしいことを子どもが経験できるように横並びで支えていきます。

事例④では、保育者は、主導するのではなく、子どもがしたいと思っていることを実現できるように支えています。ただ、子どもがしたいことを無条件で認めているわけではありません。そこに学びの要素を散りばめています。たとえば、「まち」の名前は「まち」のみんなが納得したうえで決定すること（多数決などで決めない）とすることによって、自分たちの主張を他者にわかってもらうためのプロセスが生じます。また、子どもたちがみかんを買いにいきたいと言ったとき、自分たちの言葉で理由を説明するよう促しています。さらに、たんにみかんを買いに行くだけの活動ではなく、思考を深めて探求する経験ができるように、さりげなく言葉をかけています。これら保育者による直接的・間接的な働きかけがあってこそ、遊びのなかの学びが成り立つのです。

遊びのなかの学びが充実するためには、十分な「時間」「空間」「仲間」が欠かせません。なんとなく遊び始めてだんだんと楽しくなり、気がつけば夢中になって遊び込んでいるなど、遊びが発展していくためには、時間的余裕が必要です。遊びのなかで他児と意見を交わしたり試行錯誤したりすることも、ゆったりとした時間があればこそ促されます。そして、学びの要素が散りばめられた遊びとなるためには、豊かな環境（遊び空間）が欠かせません。また、ともに生活するなかで自然と刺激を与えあい、園生活での経験の幅を広げるのが友だち（仲間）です。

子どもが遊びのなかで十分な学びを得るようになるためには、保育者は「時間」「空間」「仲間（友だち）」の３つの重要性を理解したうえで、保育者としての専門性を身につけていく必要があります。

・乳幼児期にふさわしい生活では、子どもの主体性が欠かせません。
・主体的、自発的な活動である遊びを通して、子どもは学んでいます。
・遊びのなかの学びは、保育者の働きかけがあってこそ成り立ちます。

演習問題

① 子どものころによくした遊びを、今、再びしてみましょう。その遊びを通してどのようなことを感じたか、書き出してみましょう。
② 「遊び」と「仕事（勉強）」の違いについて、表に整理してみましょう。
③ 遊びのなかの学びが充実するためには「時間」「空間」「仲間」が欠かせないと述べましたが、なぜでしょうか。具体例を出しながら話し合ってみましょう。

■事例・写真協力　学校法人 睦美学園 むつみこども園

保育内容を実践するための保育の計画と評価

マラソン大会に出場しようと決めたとき、どこまで走るのか、どのくらいの速度で走るのかなど、目標や計画を決めてから練習を始めるのではないでしょうか。

保育にも同じことがいえます。子どもが主体的に生活や遊びに取り組めるようになるには、計画やねらいが必要です。本章では、幼稚園、保育所、認定こども園における保育の計画について学びます。

考えてみよう！

① 幼稚園や保育所等で、なぜ計画が必要とされていると思いますか。
② 教育課程や全体的な計画とは、どのようなものでしょうか。
③ 指導計画を作成するときに気をつけることはなんでしょうか。
④ カリキュラム・マネジメントはなぜ必要なのでしょうか。

Keywords　教育課程　全体的な計画　指導計画　カリキュラム・マネジメント

1　教育課程および全体的な計画

①教育課程とは

教育課程とは、園の目的や目標を達成するために、入園から就学前までの教育の内容等を組織的かつ計画的に組み立てた教育計画をいいます。

幼稚園教育要領では、教育課程について下記のように示されています。

> 第1章 総則　第3 教育課程の役割と編成等
> 1　教育課程の役割
> 　各幼稚園においては、教育基本法及び学校教育法その他の法令並びにこの幼稚園教育要領の示すところに従い、創意工夫を生かし、幼児の心身の発達と幼稚園及び地域の実態に即応した適切な教育課程を編成するものとする。

幼稚園においては、教育基本法などの法令および幼稚園教育要領にしたがい、「育みたい資質・能力」や「幼児期の終わりまでに育ってほしい姿」をふまえて、各園や地域の実態に即した教育課程を編成する必要があります。各園で園長をはじめ全職員の協力のもとに教育課程が検討され、編成されることによって、一貫した方針で教育・保育を行うことが可能になるのです。

② 全体的な計画とは

全体的な計画とは、園の理念や目標などを具体的に実現するためにつくられる園全体の包括的な計画をいいます。

保育所保育指針には、次のように書かれています。

> **保育所保育指針**
> 第１章 総則　3 保育の計画及び評価　(1) 全体的な計画の作成
> 　ア　保育所は、１の（２）に示した保育の目標を達成するために、各保育所の保育の方針や目標に基づき、子どもの発達過程を踏まえて、保育の内容が組織的･計画的に構成され、保育所の生活の全体を通して、総合的に展開されるよう、全体的な計画を作成しなければならない。
> （下線筆者）

幼稚園では、教育課程に基づく指導計画、保健計画や安全計画、預かり保育[*1]の指導計画等が関連をもちながら一体的に教育・保育活動が行われるように、全体的な計画を作成することが必要です。

＊1　預かり保育については、第 11 章(p.119)を参照。

> **幼稚園教育要領**
> 第１章 総則　第３　教育課程の役割と編成等　６　全体的な計画の作成
> 　各幼稚園においては、教育課程を中心に、第３章に示す教育課程に係る教育時間の終了後等に行う教育活動の計画、学校保健計画、学校安全計画などとを関連させ、一体的に教育活動が展開されるよう全体的な計画を作成するものとする。
> （下線筆者）

幼保連携型認定こども園教育・保育要領では、全体的な計画について、次のように示されています。

> **幼保連携型認定こども園教育・保育要領**
> 第１章 総則　第２　教育及び保育の内容並びに子育ての支援等に関する全体的な計画等
> (1) 教育及び保育の内容並びに子育ての支援等に関する全体的な計画等
> 　……全体的な計画とは、教育と保育を一体的に捉え、園児の入園から修了までの在園期間の全体にわたり、幼保連携型認定こども園の目標に向かってどのような過程をたどって教育及び保育を進めていくかを明らかにするものであり、子育ての支援と有機的に連携し、園児の園生活全体を捉え、作成する計画である。
> （下線筆者）

全体的な計画は、乳幼児期の発達過程に沿って、乳幼児期にふさわしい生活が展開されるように、それぞれの時期の生活や遊びのなかで、子どもはどのような体験をしていくのか、どのような援助が必要なのかを明らかにするものです。幼稚園や保育所等での生活と家庭生活を含めて、入園から就学前まで、包括的に、見通しをもって作成することが大切です。

全体的な計画を作成することで、さまざまな配慮が明確化されます。また、全体として考えることで一貫性のある安定した園生活を進めることができます。

2　教育課程・全体的な計画の作成のポイント

①　教育課程の編成

教育課程は、一体的な教育活動となるように、教育目標や目指す子ども像を念頭におきながら、家庭や地域および子どもの発達をふまえて編成されます。幼稚園教育要領解説によると、編成するにあたっては、次のことに留意する必要があります。

① 「幼児期の終わりまでに育ってほしい姿」との関連を考慮して、具体的で幼児期の発達にふさわしいねらいや内容を設定する。

② 幼児期の発達の特性を十分にふまえて、入園から修了までに発達の見通しをもち、きめ細かな対応が図れるようにする。

③ 子どもの興味や関心、生活の実情などを的確に把握し、地域や園の実態に即したものになるように編成する。

②　全体的な計画の作成

全体的な計画は、指導計画や実際の保育活動などを照らし合わせて、包括的に計画が立てられます。保育所保育指針によると、作成にあたっては、次のことに留意する必要があります[*2]。

＊2 「保育所保育指針」第1章総則「3 保育の計画及び評価」(1) 全体的な計画の作成より。

① 各保育所の保育の方針や目標に基づき、子どもの発達過程を踏まえて、保育の内容が組織的・計画的に構成され、保育所の生活の全体を通して、総合的に展開されるようにする。

② 子どもや家庭の状況、地域の実態、保育時間などを考慮し、子どもの育ちに関する長期的な見通しをもつものとする。

③ 全体像を包括的に示すものとし、これに基づく指導計画、保健計画、食育計画等を通じて、各保育所が創意工夫して保育できるようにする。

3　長期と短期の指導計画

幼稚園や保育所等で子どもが遊んでいる姿を保育者が見守るだけでは、保育とはいえません。保育は、子どもの望ましい成長・発達を促すことができるように適切な環境を構成し、援助や配慮を行うことです。そのためには、適切な指導計画が必要です。

指導計画とは、教育課程や全体的な計画をより具体化したもので、子ども一人

ひとりの発達をふまえ、ふさわしい保育や生活を展開していくための実践的な計画をいいます。指導計画には、長期指導計画と短期指導計画があります。

1 長期指導計画

長期指導計画には、**年間指導計画**や**期の指導計画**（期案）、**月の指導計画**（月案）があります。幼稚園教育要領によると、長期指導計画の作成における留意点は、下記のとおりです。

> 第１章 総則　第４ 指導計画の作成と幼児理解に基づいた評価
> ３　指導計画の作成上の留意事項
> ⑴　長期的に発達を見通した年、学期、月などにわたる長期の指導計画……を作成し、適切な指導が行われるようにすること。

1　園全体の保育者による協力体制

長期指導計画は、教育課程や全体的な計画にしたがって作成していきます。1年または学期、月ごとに、子どもの望ましい成長・発達を考慮し、園の行事や自然環境、地域とのかかわりを含めた子どもの生活全体を見通しながら、保育者全員で話し合います。そのうえで、発達の方向性やどのように育ってほしいかという保育者の願いをふまえて「ねらい」を設定し、そのねらいを達成するために必要な経験を考えて具体的な「内容」を設定していきます。

2　園生活と家庭生活との連続性

子どもの家庭環境においては、保護者の働く時間や働き方、家庭における生活スタイルがますます多様化しています。とくに都心部では核家族化が急速に増えるなかで、生活をともにする人や子どもの数も減っています。このような、子どもの家庭環境を考慮しながら長期指導計画を作成していきます。

3　環境構成や地域の行事

子どもの発達を促すためには、園生活全体を通して、集団のなかで家族以外の人たちとかかわり、さまざまな心の動きを体験することも必要です。子どもは、たくさんの経験を重ねることで相互に成長していきます。また、地域の人たちとかかわることや自然事象・季節を感じること、周りの環境や文化に触れることなど、年中行事を通して園生活が充実したものになるように考慮し、長期指導計画を作成します。

4　多様な配慮を要する子どもへの配慮

障害のある子どもや外国籍の子どもへの指導については、集団のなかで発達を促すことに配慮します。特別支援学校や専門家の助言や援助を活用し、一人ひとりの困難さに応じた指導方法や工夫を組織的に計画していきます。また、家庭や行政機関とも連携を図り、個別の教育支援計画を作成します。

表6－1　年間指導計画の例（認定こども園・5歳児）

年間目標	・生活の中で充実感や満足感をもって心と体を十分に働かせ、見通しをもって自ら健康で安全な生活をする。 ・友だちと折り合いをつけながら、きまりをつくったり、守ったりする。 ・遊びが深まる中で、非認知能力を高める。 ・遊びや生活の中で、数量・図形・文字・比較などへの関心を身につける。 ・生活の中で感じたことや考えたことを自分で表現する。 ・友だち同士で表現する過程を楽しみ、意欲を高める。 ・就学に向けて自覚や自信をもち、積極的に行動する。	幼児期の終わりまでに育ってほしい姿	①健康な心と体 ②自立心 ③協同性 ④道徳性・規範意識の芽生え ⑤社会生活との関わり ⑥思考力の芽生え ⑦自然との関わり・生命尊重 ⑧数量や図形、標識や文字などへの関心・感覚 ⑨言葉による伝え合い ⑩豊かな感性と表現	小学校との接続	・教育・保育要録の送付 ・小学校教諭と保育者の情報交換 ・一年生との交流会と小学校見学	健康安全災害	・水害・災害避難場所を確認し、防災用具を確認する。 ・避難訓練の大切さ、意味を理解し、安全に避難しようとする。 ・内科検診を通し、病気や事故防止などの認識を深める。	自己評価	

期	1 学期（4月～7月）	2 学期（8月～12月）	3 学期（1月～3月）
子どもの姿	・5歳児としての生活に意欲や期待をもって活動している反面、緊張や不安も見られる。 ・身近な動植物に関心をもち、野菜を育てたり草花で一緒に遊んだりする。	・走ったり、跳んだり、投げたりなどの運動的な遊びや自然の変化に関心をもち、遊んでいる。 ・色、形、などを取り入れ、友だちと共通の目的をもって、工夫したりつくったりしている。	・自分の意見や考えを伝えながら友だちと積極的に遊んでいる。 ・基本的生活習慣など身のまわりのことを自分でやろうとしている。
ねらい	・5歳児としての自覚をもち、園生活を楽しみ、自分の力で行動することの充実感を味わう。 ・身近な自然事象に自分からかかわり、発見をし、生活に取り入れ楽しむ。 ・健康・安全な生活に必要な習慣や態度を身につけ、見通しをもって行動する。 ・文字に興味をもち、遊びに使って楽しむ。	・友だちと一緒に考えを出し合いながら、共通の目的をもち、工夫したり協力したりして充実感をもつ。 ・してよいことや悪いことがわかり、相手の立場に立って行動し、自分の気持ちを調整し、折り合いをつけながら遊ぶ。	・国歌や国旗に触れるなかで国際理解への意識や思いをもつ。 ・就学への自覚や自信をもち、意欲的に活動する。 ・冬の生活や自然の変化に興味をもつ。
教育時間	・新しい生活の仕方を知り、自分たちで生活の場を整えながら、見通しをもって行動する。 ・いろいろな遊びの中で十分に体を動かす。 ・身近な動植物に親しみをもち、世話をする。 ・文字に興味をもち、遊びに展開して楽しむ。	・いろいろな行事や活動、遊びにおいて、意欲的に取り組み、満足感や達成感をもつ。 ・友だちとさまざまな体験を重ねるなかで自分の気持ちを調整し、友だちと折り合いをつけながら協力する楽しさや充実感を味わう。	・伝統的な遊びや、国歌、唱歌、わらべうたに親しんだり、異なる文化に触れる。 ・遊びや生活の中で、数量や図形、標識や文字、時間などに親しむ体験を重ね、それらの役割に気づき意識しながら活動する。 ・冬の遊びや自然などの身近な事象に関心をもち、取り入れて遊ぶ。

教育時間を除いた時間	・さまざまな出来事の中で、感動したことや発見したことを伝え合い、楽しむ。 ・科学遊びに興味をもち、遊びに取り入れて楽しむ。 ・当番活動を理解し、保育者の手伝いや異年齢児の世話をする中で自分の役割に責任をもつ。	・異年齢の友だちと運動遊びやコーナー遊びなど、興味をもった遊びを一緒に楽しむ。 ・音楽に親しみ、リズム楽器を使ったり歌を歌うことを楽しむ。	・寒さに負けず十分に体を動かし、冬の遊びを積極的に楽しむ。 ・いろいろな遊びを楽しみながら、最後までやり遂げようとする。 ・さまざまな素材や用具を適切に使い、作品づくりを楽しむ。
環境構成 ★援助・配慮	・じゃがいも植え、枝豆植えを通し、自然や食育に関心をもつ機会をつくる。 ・子どもが自ら伸び伸び遊べるよう、園内外の遊具・用具を点検する。 ・文字への理解が高まるよう視覚支援として「あいうえお表」を掲示したり、文字カードを準備する。 ★自然に触れ合う機会を多くし、美しさや不思議さなどが感じ取れるようにする。 ★文字への理解には個人差があるので、個別に対応していく。	・子どものもっているイメージが遊びの中でどのように表現されているかを理解し、そのための道具や用具、素材を用意する。 ・さまざまな遊びのおもしろさに触れ、いろいろな経験を通し自ら積極的、主体的に選択して遊べるようにする。 ★遊具や用具を整えたり、さまざまな素材や表現の仕方に親しんだり、表現する過程を大切にして自己表現を楽しめるよう工夫する。 ★新しい考えを生み出す喜びや自分と異なる考えがあることに気づくような言葉かけを工夫する。	・子どもが異なる文化に触れたり多様性に気づき関心がもてるよう、スクリーンやパソコンなどの情報機器を用意する。 ・数量や図形、標識や文字、時間に関する教材を準備し、自由にかかわれるようにしておく。 ★子どもが疑問に思ったことに対して得難い体験を補完できるようにする。 ★就学に向けて安心感や期待感をもてるよう一人ひとりの成長を再確認する。
子育て支援 （保護者支援）	・個人面談を通し、子育ての相談や情報交換ができる環境をつくる。 ・保護者に子どもの様子や教育・保育内容がわかるよう、連絡帳や掲示物を使って知らせる。	・子どもの成長の喜びを感じられるよう保護者とかかわったり、情報交換できる機会をつくる。 ・体調を崩しやすい時期なので、注意喚起をして、健康に過ごすための情報を発信する。	・小学校以降の生活の見通しがもてるよう、子どもの様子について保護者と細やかな情報交換をする。 ・保護者と一緒に子どもの成長を喜び合い、共感し合うことで、子育てへの意欲や自信につなげていく。
園行事	入園式／給食参観／運動遊び／内科健診／歯科健診／身体測定／避難訓練／親子で遊ぼう／交通安全教室／保育参観日／プール開き／七夕／夏祭り／お誕生会／園内キャンプ／終業式	始業式／給食参観／身体測定／避難訓練／交通安全教室／内科健診／歯科健診／個人懇談／運動会／秋の遠足／おいも掘り／音楽会／お楽しみ会／終業式	始業式／給食参観／お正月会／運動遊び／マラソン／節分豆まき／生活発表会／身体測定／避難訓練／遠足／ひなまつり／修了式

表6－2　月の指導計画の例（認定こども園・5歳12月）

<table>
<tr><td rowspan="2">子どもの姿</td><td rowspan="2">・友だち同士の意見の交流が盛んになり、遊びがおもしろくなるように、ルールや遊び方を相談しながら工夫するようになる。
・自分たちで生活を見通し、準備をしたり片づけたりしている。
・カレンダーなどを用いて計画を立てたり、新しい年を迎えることや干支が変わることなどにも関心をもつようになる。</td><td>配慮すべき事項</td><td>幼児期の終わりまでに育ってほしい姿</td><td>小学校との接続</td><td>子育ての支援</td><td>園の行事</td></tr>
<tr><td rowspan="2">・季節の変化に関心をもって、気づく姿勢を育てる。
・いろいろなことに自信をもち、挑戦しようとする意欲を高める。
・できなかったことができるようになった喜びや達成感に共感する。</td><td rowspan="2">①健康な心と体
②自立心
③協同性
④道徳性・規範意識の芽生え
⑤社会生活との関わり
⑥思考力の芽生え
⑦自然との関わり・生命尊重
⑧数量や図形、標識や文字などへの関心・感覚
⑨言葉による伝え合い
⑩豊かな感性と表現</td><td rowspan="2">★2学期の子どもの様子をまとめ、就学に向けての課題や成長を記録しておく。
★1月から3月の小学校の行事や交流会の日程を確認しておく。</td><td rowspan="2">・年末の暮らし方や新年を迎える準備や心持ち、体調を維持すること、生活習慣の定着について園だよりやクラスだよりなどで伝える。
・個別懇談で、3学期へ向けての見通しを理解し、共有できるようにする。</td><td rowspan="2">終業式
お楽しみ会
もちつき大会
お誕生会
買物ごっこ
身体測定
運動遊び</td></tr>
<tr><td>月のねらい</td><td>・自分なりの課題をもって繰り返し挑戦し、やり遂げようとする。
・自分の得意なことを生かして、さらに遊びがおもしろくなるように工夫する。
・友だちと共通の目的に向かって遊びを進めていくことを楽しむ。
・人の話をよく聞き、思いや考えを察しながら相手にわかるように話す。
・秋から冬への自然に興味や関心をもつ。</td></tr>
</table>

週	1週	2週	3週	4週
週のねらい	・かぜやインフルエンザの予防について話を聞き、関心をもつ。 ・自分や友だちの得意なことを表現し合いながら、共通の目的に向かって話し合い、工夫しながら遊ぶなかで、友だちのよさに気づく。 ・得意なことを表現したり、友だちの得意なことを教えてもらったりする。	・人の話をよく聞き、相手にわかるように話す。 ・共通の目的に向かって話し合い、工夫しながら遊ぶなかで、友だちのよさに気づく。 ・冬のお楽しみ会に参加する。	・自分の得意なことを生かして遊びをおもしろくしようとしたり、友だちのよさに関心をもってかかわったりする。 ・年末の行事や学期末の片づけ、年の暮れの準備などをしながら、身近な人たちの生活の変化に関心をもったり、新しい年に期待をもち楽しみにする。 ・お店屋さんや銀行員になったり、お買い物ごっこを楽しむ。	・人の話をよく聞き、相手にわかるように話す。

教育時間	・かぜやインフルエンザの予防について関心をもち、進んで防寒や手洗いやうがいをする。 ・自分の話や表現を聞いてもらったり、温かく見てもらったりする。 ・歌を歌ったり、お楽しみ会を楽しみにする。	・氷をつくったり、霜を発見したり、冬の自然現象を遊びのなかに取り入れ、その不思議さや美しさを楽しむ。 ・友だちと一緒にケーキを食べたり、お楽しみ会を楽しむ。 ・生活発表会があることを知り、興味をもってお話を聞いたり、思い思いに表現して遊ぶ。	・もちつきをする。米がもちになっていくおもしろさを知る。また、友だちと力を合わせて、もちをつく。 ・チケットづくりや会場飾りをしてお店屋さんの準備をする。 ・霜柱や氷を集めて遊ぶ。 ・冬休みの過ごし方や、年末年始の行事に興味をもつ。	・年末の行事を身近に感じながら、片づけや掃除など、自分たちでできることを進んでしていく。 ・寒さに負けず、体を動かすことを楽しみ、友だちと遊ぶ。
教育時間を除いた時間	・年末年始を迎えることを知り、自分たちでできることを計画する。 ・自分の挑戦したいこと、やりたいことにじっくりと取り組み、繰り返し取り組むなかで自信をもつ。	・冬ならではの楽しみを見つけて十分に楽しむ。 ・自分でやりたいこと、友だちとやりたいことなど、自分の考えや思いを表して遊びを選択する。 ・自然の変化や季節の変化に気がつき、聞いたり調べたりする。	・冬の飾りづくりを通して、生活の場をつくる楽しさや充実感を味わう。 ・友だちといっしょに挑戦したり励まし合ったり、互いに認め合うなどしながら、少しむずかしいことに取り組む楽しさを感じる。	・年末年始について知り、楽しみにしたり、冬の自然に興味をもったりする。 ・自分たちの成長を喜び合ったり、互いによいところを認め合ったりする。 ・年中、年少児と触れ合いながら、一緒に遊んだり、遊びを教えてあげたりする。
環境構成 ★援助・配慮	・お楽しみ会を楽しく過ごせるように、遊戯室を飾りつけたり、出し物を練習したり、子どもの気持ちを大切にし、雰囲気づくりをしていく。 ★相手の思いや考えを感じながら最後まで話を聞いたり、わからないことは尋ねてわかろうとしたりする態度を認めていく。	・子どもが集まって話し合う場や機会をつくり、自分の考えや体験、絵本などの物語について話したり、友だちの話を聞いたりできるようにする。 ★子どもといっしょに冬の生活の支度をするなかで、冬の気候や人や動植物の生活の仕方に関心がもてるようにする。 ★目標や見通しをもって挑戦する姿を励まし、がんばった過程や変化の様子をいっしょに喜んだり確かめたりしていく。	・新しい年を気持ちよく迎えられるよう保育室や下駄箱、ロッカーや椅子などをきれいにする時間をもつ。また雑巾やバケツを用意する。 ★保護者の協力も得ながらもちつきなどの伝統行事を進める。 ★目標や見通しをもって挑戦する姿を励まし、がんばった過程や変化の様子をいっしょに喜んだり確かめたりしていく。 ★２学期にがんばったことを話し合いながら冬休みを楽しみし、新しい年に期待や意欲がもてるようにする。	・子どもと一緒に冬の自然にかかわるなかで、冬の自然現象や気候、人や動植物の生活の仕方に関心がもてるようにする。また、雪や霜など自然の現象に興味をもち、触れて遊びながら、その性質に気づいていけるようにする。 ・かるたやすごろくなど、ゆったりと取り組んで遊べるものを用意する。

5　小学校教育との接続

小学校以降の生活につながる連続性を考え、子どもの発達を長期的にとらえて、全体的な計画や教育課程を作成・編成することが必要となります。

表6－1と表6－2は、年間指導計画と月の指導計画の一例です。月の指導計画は、年間指導計画のその月の部分をより具体的にしながら作成していきます。

② 短期指導計画

長期指導計画だけでは細やかな保育を行うことはむずかしいため、より具体的な援助や指導をしていくために、短期指導計画があります。短期指導計画には、1週間単位の**週の指導計画**（週案）や1日単位の**日の指導計画**（日案）があります。長期の指導計画をもとに、子どもの実態をふまえて、子どもと環境とのかかわりをより具体的に考えて作成します。幼稚園教育要領によると、指導計画の作成における留意点は、下記のとおりです。

> 第1章 総則　第4　指導計画の作成と幼児理解に基づいた評価
> 3　指導計画の作成上の留意事項
> (1)　……より具体的な幼児の生活に即した週、日などの短期の指導計画を作成し、適切な指導が行われるようにすること。特に、週、日などの短期の指導計画については、幼児の生活のリズムに配慮し、幼児の意識や興味の連続性のある活動が相互に関連して幼稚園生活の自然な流れの中に組み込まれるようにすること。

短期指導計画では、子どもの興味・関心や友だち関係、生活の姿をよく観察し、把握したうえで作成します。また、子どもの生活リズムなどを配慮し、園生活のなかで子どもに必要な体験が得られるよう作成することが求められます。「この活動を行うことで、子どものどのようなことが育つのか」を常に念頭に置いて作成してくことが大切です。

表6－3は5歳児クラスの12月第3週における指導計画の一例です。前週の子どもの姿には、きく組の子どもたちの姿が書かれています。これを参考にして、12月のねらいと照らし合わせて作成していきます。

4　保育における評価

みなさんは、「**評価**」と聞くと、なにを思い出すでしょうか。たとえば、小学校のときの成績表や字が書けるようになってほめられたようなことでしょうか。

保育者として保育の質を向上させるためには、保育を振り返って評価し、指導計画の改善につなげていくことが不可欠になります。ここでは、子ども理解と保育者のかかわりという2つの視点で評価について考えていきます。

表6－3　週の指導計画の例（認定こども園・5歳児12月）

20○○年度　12月第3週	前週の子どもの姿
担任： 副担任： きく組　　5歳児（28名）	・グループ活動は子ども同士で声をかけ合い、スムーズに進めていく姿が見られた。 ・自らトイレのスリッパを並べるなど手伝いを行う子どもが増えてきている。 ・鬼ごっこや『はないちもんめ』などの遊びを通して仲良く遊ぶ姿が見られる。 ・年末年始への楽しみな気持ちが高まっている。
	週のねらい
12月14日(月)～12月18日(金)	・自らルールを考えたり、工夫しながら体を動かして遊ぶことを楽しむ。 ・年末の地域の様子や伝統行事に興味・関心を高め、遊びや生活に取り入れようとする。

日付	行事	主な活動	保育内容
14日（月）	・カウンセリング ・身体測定	◎戸外遊び ◎のり遊び	○大掃除をする。 ・片づけを通して1年の締めくくりの準備を行っていく。 ・引っかき絵を色画用紙に貼るのりづけの方法を考える。 ○季節の歌　　・お正月　　・もちつき
15日（火）		◎ペン画 ◎戸外遊び	○ペン画 ・自分自身で思い描く楽しさを味わいながら行う。 ・自由画帳をつなげて描いたり、同じものを描いたり、友だち同士で遊びを考える。 ・表現するために必要なものをつくる場や置いておく場を確保しておく。また、技術的な援助や材料の指示をしておく（環境構成）。
16日（水）		◎粘土遊び	○粘土遊び ・指先や手のひらをうまく使いながら楽しむ。 ・想像力を高めながら自分なりに考えてつくっていく。 ・友だちとともに行う楽しさを味わう。 ・粘土の量の調整をする。足りなければ足しておく（環境構成）。
17日（木）	もちつき会	◎もちつき会 ◎つみ木遊び	○もちつき会 ・もちつきを通してもちができあがるまでの過程を知り、季節の食べ物への関心をもつ。 ・もちの食感や味を楽しみながら、友だちと楽しむ。 ○つみ木遊び ・積み重ねや組み合わせなどを考えながら行う。 ・自分のしたいことにじっくりと取り組む楽しさを味わう。 ・つみ木がそろっているか、ささくれなどがないか事前に確認する（環境構成）。
18日（金）	大掃除 運動遊び ・各クラス	◎大掃除 ◎運動遊び	○年末の大掃除の意味を伝えたり掃除する場所の分担を決めるなどして、きれいになった心地よさを感じられるようにする。 ・子どもたち自身できれいになっていく喜びを味わう。 ・ともに行う楽しさを味わう。

1 子ども理解に基づいた評価

子どもの発達は、「なにかができる」あるいは「なにかができない」ことで判断されるものではありません。子どもの発達を理解するということは、子どもの内面を理解し、どのようなことに興味や関心があるのか、それらにどのように向かい合っているのか、友だちとの関係や遊びの取り組み方はどうかなど、一人ひとりの実情を把握することです。集団で遊ぶことが好きな子どももいれば保育室で絵本を読むことが好きな子どももいます。つまり、一人ひとりの子どもの気持ちや育ちの過程を丁寧に理解していくことが重要です。たとえば、「いつもこの子はこうだから」と決めつけた見方をしていると、子どもはのびのび育つことができません。

そのためには、日々の保育を振り返り、反省することが必要となります。一日を振り返ったときに変化が見られないと思う子どもであっても、入園時から思い出してみると、その子どもなりに変化があることに気づくでしょう。子どもの育ちは、急に成長することもあれば少しずつのこともありますので、時間軸で一人ひとりの育ちを振り返り、子どもの実態をとらえることが必要です。

2 保育者のかかわりにおける評価

保育における保育者のかかわりを適切に評価するためには、保育者自身の**振り返り**が不可欠です。また、保育者が保育を評価するということは、子どもを理解するだけでなく、自分自身の保育観を理解していくことでもあります。評価を行う際には、次のような視点が必要になります。

1　ねらいや内容は適切であったか

保育のなかで、子どもが、年齢に見合った子どもなりの気づきや興味・関心をもてたかどうかを振り返ります。子どもは、遊びや人とのかかわりを通してさまざまなことを学んでいます。教育・保育では、「ねらいが総合的に達成される」ことが大切であるため、５領域のうちの一つをもって子どもの育ちをとらえることは無理のある見方です。５領域を総合的に見て、子どもの経験や育ちをとらえられていたかの振り返りが必要です。

2　環境構成はふさわしいものであったか

子どもが主体的に活動できる環境構成をつくるには、子どもの興味や関心をしっかり理解し、子どもの実態に合わせて環境を「再構成」できているかどうかを検討しながら改善することが求められます。

3　保育者のかかわりは適切であったか

保育者のかかわりについても目を向けなければなりません。子どもの行動から「こんなふうに考えているのかな」などと予測してかかわりますが、保育を実践していると子どもの予想外の姿を見て新しい視点が追加されていきます。このような振り返りを繰り返しながら、子どもの行動の意味を理解できるよう努めます。

5　カリキュラム・マネジメント

①　カリキュラム・マネジメントとは

カリキュラム・マネジメントとは、教育課程や全体的な計画、指導計画の評価・改善を通して、組織的かつ計画的に教育活動の質の向上を図っていく一連のプロセスをいいます。

指導計画をたんに実施するだけでなく、たとえば教育課程や全体的な計画、指導計画に無理はなかったか、環境構成は子どもにふさわしいものだったかなど、保育の振り返りや評価を通してよりよい保育の実践のためのさまざまな可能性を洗い出し、それを次の指導計画の作成に活かしていく取り組みです。これらは、Plan（計画）→ Do（実施）→ Check（評価）→ Action（改善）を循環する PDCA サイクルによって行われ、これにより園全体の教育の質の向上が図られていきます。

②　カリキュラム・マネジマントの実施

カリキュラム・マネジメントの実施においては、次の３つの点が求められます。

① 全体的な計画にも留意しながら、「幼児期の終わりまでに育ってほしい姿」をふまえ、教育課程を編成すること。

② 教育課程の実施に必要な人的または物的な体制を確保するとともにその改善を図っていくこと。

③ 教育課程に基づき組織的かつ計画的に教育活動の質の向上を図っていくこと。

図６−１　カリキュラム・マネジメントの PDCA サイクル

カリキュラム・マネジメントの実施においては、子ども理解に基づいて教育課程や全体的な計画、指導計画を見直し、よりよい保育を展開するために PDCA サイクルを通して改善を繰り返していく必要があります。これらを全職員が協力して行うことで、教育・保育の計画や活動の質を常に向上させていくことが求められているのです。

POINT

・教育課程とは、園の目的や目標を達成するために、教育の内容等を組織的かつ計画的に組み立てた教育計画をいいます。
・全体的な計画とは、園の理念や目標などを具体的に実現するためにつくられる園全体の包括的な計画をいいます。
・長期．短期指導計画とは、子どもの望ましい成長・発達を考慮し、より具体的に園の行事や活動などを計画したものをいいます。

Q 演習問題

① 長期指導計画と短期指導計画の違いはどのようなことでしょうか。
② 長期指導計画や短期指導計画に沿って保育を行うことは、子どもにとってどのような利点があるのでしょうか。
③ カリキュラム・マネジメントを簡単に説明してみましょう。

第Ⅲ編

各年齢の保育内容

本編では、0歳児、1・2歳児、3・4・5歳児の具体的な保育内容について、特に筆者の経験から大切だと思われることを取り上げ、学んでいきます。さらに、小学校との接続についても考えます。

0歳児の保育内容

0歳児は、運動機能の発達が著しく、特定の大人との応答的なかかわりを通じて、信頼できる他者との情緒的なきずなを形成する時期です。0歳児の保育内容を理解するためには、発達の特徴と0歳児の保育を担当する保育者の役割について正しく理解することが不可欠です。本章では、生後1年未満の乳児の発達と保育について学びます。

① 生まれたばかりの赤ちゃんの平均体重は何グラム、平均身長は何センチでしょうか。
② 言葉を獲得する前の0歳児は、どのように感情を表現するでしょうか。
③ 乳児保育の内容として示されている「3つの視点」とはなんでしょうか。また、1歳児以降の保育内容「5領域」との関連について考えてみましょう。

新生児　愛着関係　3つの視点　応答　主体的保育

1　0歳児の発達と保育内容

①　新生児期から生後1か月の発達的特徴

1　反射行動

生後1か月未満の赤ちゃん（出生後28日未満）を**新生児**といいます。新生児期の特徴として、新生児期特有の**原始反射**が見られます。原始反射は、自分の意思とは関係なく反射的に生じ、生得的に備わっている機能です。具体的には、口唇探索反射や吸啜（きゅうてつ）反射、把握反射、モロー反射などがあります。生後3～4か月ごろになると、自分の意思で身体を動かす随意運動がさかんになり、原始反射はしだいに消失していきます。

図7－1　口唇探索反射

口唇やそのまわりの頬にものが触れると、触れた方向に頭を向けて口を開きます

図7－2　吸啜反射

口のなかにものが入ると吸おうとします

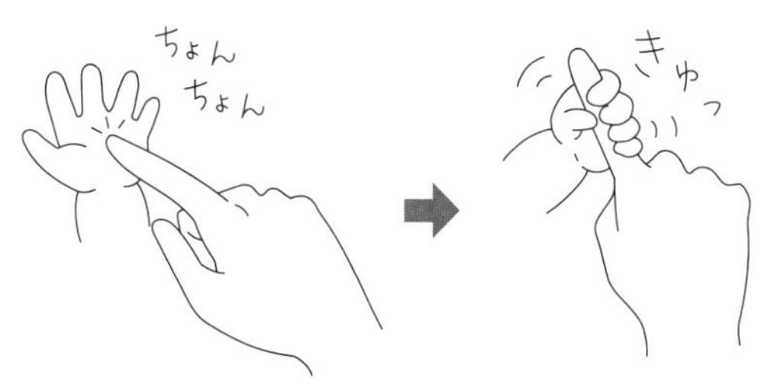

図７－３　把握反射
手のひらにものがふれると、強く握ろうとします

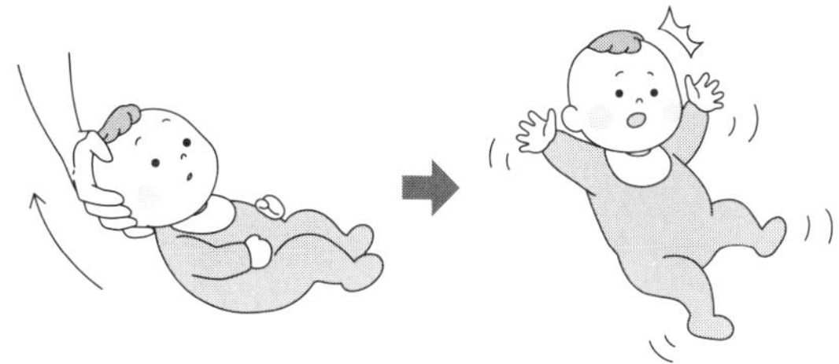

図７－４　モロー反射
仰向けに寝かせて急に頭の支えをはずすと、ものに抱きつくような姿勢をします

２　体　型

出生時の平均的な体重は約 3000g、身長は 50cm 前後です。新生児は、お母さんのお腹にいたときのように、手足を曲げた姿勢＊[1]をとることが多く、身長が 50cm といっても大人の両手に収まるくらいの大きさです。また、出生児の平均的な頭囲が 33cm あるのに対して胸囲は 32cm と頭囲のほうが大きいことから、新生児は頭の比率が非常に大きいという特徴があります。大人の体型は７～８頭身が平均的であるのに対し、新生児はおよそ４頭身の状態で産まれるため、大人の姿と異なることがわかります。

さらに詳しく
＊１　新生児は手をＷの形に曲げ、足をＭの形に曲げた姿勢を取ることが多く、この姿勢を新生児全身WM型といいます。

３　視力と表情

新生児の視力は、0.02 程度です。そのため、遠くのものはぼんやりとしか見えていませんが、約 20cm から 30cm のところに焦点が合っているとされています。これは、大人が０歳児（以下、「乳児」といいます）＊[2]を抱き上げたとき、顔と顔とが向き合ったときの距離と同じくらいです。乳児は、抱き上げてくれた人の顔をじっと見つめているのです。また、そのとき、大人が「うーっ」と唇をとがらせたり、「まー」と大きく口を開いたり、「べー」と舌を出して見せるなど、表情を大きく動かして見せると、向き合った大人の表情をじっと見つめ、モゴモゴと唇が動き、大人の表情をまねしようとしているように表情を動かす姿が見られます。この動作は**共鳴動作**と呼ばれ、生後数時間から表出するといわれます。新生児は、生まれながらに人間の表情の動きを感じ取り、自分の感覚を対面している相手に合わせ、相手に共鳴しようとする力が備わっていることを示しています。

CHECK！
＊２　児童福祉法第４条第１項より、満１歳に満たない者を「乳児」といいます。

４　乳児の育ち

人間の特徴である「二足歩行」と「言語」は、出生後、養育者や身近な大人によって温かく見守られ、愛情豊かに育てられながら、約１年半の時間を経て獲得されていきます。新生児は、人間として育つ可能性をもつ存在として産まれ、人間社会のなかで愛され、人間として養育されることによって、人間として育つことができるのです。新生児は、人として成長し、生きていく無限の可能性をもって産まれてくるのです。

② 生後２か月から６か月ごろの発達的特徴

1　生後２か月ごろ

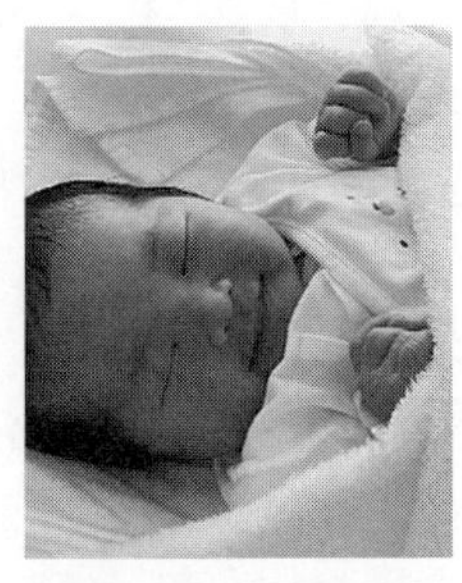
写真７-１　新生児微笑

乳児は、生後２か月ごろになると、首や手足をさかんに動かすようになります。うつぶせ寝の姿勢から頭をあげられるようになり、しだいに首がすわります。子どもの機嫌がよいときには、「あー」「うー」など、舌を使わずに発声する**クーイング**が見られることがあります。クーイングは、意思を表示するものではありませんが、乳児がリラックスしているときに出やすい声とされています。

この時期の乳児は、身近な大人が愛情豊かに働きかけることによって、気持ちが通じ合う心地よさを感じ取ります。こうした身近な大人との温かい応答的なかかわりを通して、生涯にわたる人とかかわる力の基礎となる愛着関係を形成していくのです。

2　生後３か月から４か月ごろ

生後３か月から４か月ごろになると首がすわり、横抱きから縦抱きを好むようになってきます。仰向けに寝ていても手足を激しく動かすようになります。うつ伏せにしても、頭を持ち上げて、短時間であれば顔を前に向けた状態を保持することもできるようになります。この時期、乳児は、自分の手を発見します。乳児が自分の手を認識し、「これはなんだろう？」といった表情で自分の手をじっと見つめたり、手首をゆっくり動かそうとしたりする仕草が見られます。これは、**ハンドリガード**と呼ばれる乳児期特有の仕草です。また、お腹が満たされていて機嫌のよいときには、「ばっ、ばっ」「だー、だ」「あーうー」といった意味をもたない発声が見られます。これを喃語（なんご）[*3]といいます。

＊3　喃語については、第３章（p.24）を参照。

3　生後４か月すぎ

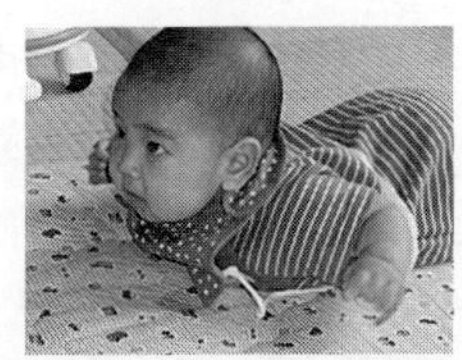
写真７-２　ツバメ姿勢

生後４か月ごろを過ぎると、腹ばいの姿勢も安定し、ツバメ姿勢やスフィンクス姿勢が見られるようになります。目に触れたものを取りたい一心で腹ばいになって手足をバタバタと動かしたり、手足を使って仰向けからうつ伏せの姿勢に変わろうとするなど、身体を繰り返し動かすことにより、首、背中、腰の筋肉や神経が発達し、生後４か月から６か月ごろになると寝返りができるようになります。また、大人に支えられると、少しの時間であれば一人で座れるようになります。

4　生後５か月から６か月ごろ

生後５か月から６か月ごろになると、目と手の協応動作が発達し、興味をもった玩具にみずからの手を伸ばして触ろうとしたり、握ったりできるようになります。手に取った玩具をじっと「凝視」して、観察するような姿を見ることができます。また、手に持ったものは、なんでも口に入れて確かめようとする姿も見られるようになります。

３ 生後７か月から１歳ごろの発達的特徴

１　生後７か月ごろ

生後７か月を過ぎると､支えられなくても一人で座れるようになります。また、ハイハイができるようになり、好きな玩具を見つけると、あっという間にハイハイで移動して、自分で取りに行けるようになります。ハイハイは大人が教えることができません｡そのため個人差が大きく､ハイハイのスタイルは赤ちゃんによって異なる特徴があります。

２　生後８か月から９か月ごろ

生後８か月から９か月ごろになると、目と手の協応動作もめざましく発達し、両手で玩具を握ったり、玩具同士をカチカチと打ちつけて遊んだりする姿も見られるようになります。**探索行動**がさかんになり、目に触れるものに手を伸ばそうとします。手に触れたものを確かめるために、つかんだり振り払ったり、口に入れて何でもなめます。

写真７－３　玩具把握

３　生後10か月から11か月ごろ

生後10か月から11か月ごろになり、お座りやハイハイなどの粗大運動[＊4]を通して、体全体の筋肉や神経がバランスよく発達すると、つかまり立ちや伝い歩きができるようになります。また、大人を模倣しようとして発声される「んま、んま」「やいやいやい」といった喃（なん）語（ご）から､「ぱっぱ」「あった、あった」「ばい、ばい」など、初語（しょご）[＊5]につながる「意味｣をもった発語が見られるようになり､身近な大人と言葉を用いたコミュニケーションが始まります。このように、乳児は、生後１年で身長は1.5倍、体重は３倍になり、著しく発育します。

用語解説
＊４　粗大運動
姿勢やバランスを保ったり、歩く･走る･跳ぶなど身体を大きく使う動きをいいます。

用語解説
＊５　初語
「まんま｣｢わんわん」など、乳児が初めて発する意味のある言葉をいいます。

２　０歳児の保育と保育者のかかわり

１ 乳児保育の基本

乳児保育は、乳児の欲求を共感的に受け止め、表情の変化や視線、手足の動きや発語に対して愛情豊かに応答的に働きかける特定の大人（保育者）との間で形成される情緒的なきずなが基盤となります。乳児は、特定の保育者からの受容的

で温かい働きかけを喜び、保育者との遊びを楽しみ、気持ちが通い合う経験を通して人に対する**基本的信頼感**が育まれ、**愛着関係**が強く結ばれるようになるのです。

こうした保育者の愛情に満ちた応答的で共感的なかかわりを基本姿勢とする保育者のかかわりを通して、養護と教育の一体性を意識した保育が実践されることが重要です。2017（平成29）年に改定された保育所保育指針では、養護にかかわるねらいおよび内容は保育全体を通じて展開されるため、その重要性が再認識されました。以下に示した「保育の内容」には、穏やかでくつろいだ雰囲気のなかで十分に養護の行き届いた環境のもとに、保育者の愛情豊かなかかわりを通して乳児のさまざまな欲求を満たし、生命の保持および情緒の安定が図られる生活を展開することが基盤であるとされています。

② 乳児保育における３つの視点

保育所保育指針では、乳児保育にかかわるねらいおよび内容として、乳児期の発達特性をふまえ、特定の保育者との応答的な生活や遊びが充実することを通して身体的・社会的・精神的発達の基礎を培うために、**３つの視点**が示されています。乳児保育の内容に示された３つの視点は、１歳以上３歳未満児の保育の内容である「５領域」との連続性を理解する必要があります。

ここでは、3つの視点に示されている「ねらい・内容」を手がかりとして、乳児保育と保育者のかかわりとして求められる基本姿勢について解説します[*6]。

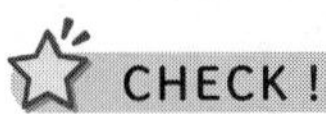

＊6　補足資料として、保育所保育指針解説書に記されている説明内容を丁寧に読み解き、理解を深めましょう。

＊7　「保育所保育指針」第２章保育の内容「１ 乳児保育に関わるねらい及び内容」（2）ねらい及び内容のアより。

1　身体的発達に関する視点「健やかにのびのびと育つ」

主として、領域「健康」に関連し、健康な心と体を育て、みずから健康で安全な生活をつくり出す力の基盤を培うことが視点とされています。保育所保育指針に示された「ねらい・内容」は、次のとおりです[*7]。

ア　健やかに伸び伸びと育つ

（ア）　ねらい

① 身体感覚が育ち、快適な環境に心地よさを感じる。
② 伸び伸びと体を動かし、はう、歩くなどの運動をしようとする。
③ 食事、睡眠等の生活のリズムの感覚が芽生える。

（イ）　内容

① 保育士等の愛情豊かな受容の下で、生理的・心理的欲求を満たし、心地よく生活をする。
② 一人一人の発達に応じて、はう、立つ、歩くなど、十分に体を動かす。
③ 個人差に応じて授乳を行い、離乳を進めていく中で、様々な食品に少しずつ慣れ、食べることを楽しむ。
④ 一人一人の生活のリズムに応じて、安全な環境の下で十分に午睡をする。
⑤ おむつ交換や衣服の着脱などを通じて、清潔になることの心地よさを感じる。

事例①：「先生の声って心地いい」（５か月・女児） 

さっきまで機嫌よくハンドリガードや指しゃぶりをして遊んでいたＡ児。すると、突然、体をのけぞらせ「あくっ、あくっ」と、不機嫌な発声が聞こえたと思ったら、泣き出してしまいました。

保育者は、そろそろ眠たくなる時間かなとＡ児にかけより、「よしよしよし、どうしたの」「Ａちゃん、ばぁ」と、やさしく声をかけながら抱き上げると泣き止みました。保育者はＡ児を抱き上げ、「ぞうさん」の歌をやさしい声とゆったりとしたリズムで口ずさんでいます。Ａ児は、保育者の歌のリズムに合わせるように足をバタバタさせています。しばらくすると、ウトウトし始め、保育者の歌声を心地よく聞きながら眠りにつきました。

ここでの保育者のかかわりの基本姿勢としては、一人ひとりの子どもの要求や欲求に対して、適切に応答し、共感的・受容的なかかわりを通して、**基本的生活習慣**（食事・睡眠・清潔・衣服の着脱・排泄）の土台となる生活を心地よく経験できるように援助することが重要です。保育者は、子どもの表情の変化や泣き・発声に対して適切に応答し、生理的・心理的欲求を理解することが重要です。乳児の生活リズムは、家庭との連続性を意識することが重要となるため、眠くなる時間、お腹が空く時間、排泄する時間は、一人ひとり異なります。また、同じ子どもあっても、眠っている時間や授乳量、１回の離乳食の量も異なることがあります。保育者が、一人ひとりの乳児の欲求に丁寧に応じることで心地よさを感じ、欲求が満たされることで情緒が安定します。

乳児は、安定的な生活が保障されることによって、のびのび体を動かすことを楽しみ、見たり、触れたり、感じ取る経験を通して、健康な心と体を育むことが可能になることを理解しましょう。

2　社会的発達に関する視点「身近な人と気持ちが通じ合う」

主として、領域「言葉」「人間関係」と関連し、受容的・応答的なかかわりのもとで、なにかを伝えようとする意欲や身近な大人との信頼関係を育て、人とかかわる力の基礎を培うことが視点とされています。保育所保育指針に示された「ねらい・内容」は、次のとおりです[*8]。

＊8 「保育所保育指針」第２章保育の内容「1 乳児保育に関わるねらい及び内容」（2）ねらい及び内容のイより。

イ　身近な人と気持ちが通じ合う
（ア）　ねらい
①　安心できる関係の下で、身近な人と共に過ごす喜びを感じる。
②　体の動きや表情、発声等により、保育士等と気持ちを通わせようとする。
③　身近な人と親しみ、関わりを深め、愛情や信頼感が芽生える。
（イ）　内容
①　子どもからの働きかけを踏まえた、応答的な触れ合いや言葉がけによって、欲求が満たされ、安定感をもって過ごす。
②　体の動きや表情、発声、喃（なん）語等を優しく受け止めてもらい、保育士等とのやり取りを楽しむ。
③　生活や遊びの中で、自分の身近な人の存在に気付き、親しみの気持ちを表す。
④　保育士等による語りかけや歌いかけ、発声や喃（なん）語等への応答を通じて、言葉の理解や発語の意欲が育つ。
⑤　温かく、受容的な関わりを通じて、自分を肯定する気持ちが芽生える。

事例②：「あっぱ。あっぱ。あったねー」（10 か月・女児）

保育者と言葉のやりとりが大好きなＢ児。探索行動も大好きで、保育室に転がっているボールを見つけると、保育者を見て、「あっぱ、あっぱ」と発声します。保育者は「あったね。ボールあったね」と応答します。Ｂ児は、一直線にハイハイをしてボールまで移動し、ボールに触れ、つかもうとしています。なんとかボールをつかむと、「ほら、できたでしょう」と言っているような笑顔で、保育者を見ています。保育者は、「Ｂちゃん、あったね、ボールがあったね、すごい、すごい」と、手をたたきながら明るい表情で声をかけています。

ここでの保育者のかかわりの基本姿勢としては、子どもの視線や発声から興味や関心を受容し、共感的・応答的なかかわりを通して身近な保育者に対する親しみや信頼感が育つとともに、自己を肯定する気持ちが芽生えることを意識することが重要です。保育者は、子どもの視線や体の動きから、子どもが興味をもって見ているものに気づき「あったねー」と声をかけています。乳児は、保育者の言葉かけから「なにかを見つけたときに、保育者が特定の言葉（「あった」）を発声することを感じ取っていくのです。

子どもから、「あっ、あ」「あっぱ、あっぱ」といった喃語が出るようになると、保育者はそれに反応して、「あったね」「あったよ」と、玩具を見つけた喜びを共感しながら、言葉かけを繰り返しています。乳児は、喃語に対する応答的なやり取りを通して保育者に対する信頼感を深め、しだいに発語の意味を理解し、見つけたときに「あった」と発声してみようとする意欲を育てていくのです。このような信頼できる保育者との気持ちが通じ合う体験は、自分は愛されている、受容されているといった人に対する基本的な信頼感を育て、乳児が自己を肯定する気持ちの芽生えにつながることを理解することが重要です。

3　精神的発達に関する視点「身近なものと関わり感性が育つ」

主として、領域「環境」「表現」と関連し、身近な環境に興味や関心をもってかかわり、感じたことや考えたことを表現する力の基礎を培うことが視点とされています。保育所保育指針に示された「ねらい・内容」は、次のとおりです＊[9]。

＊9 「保育所保育指針」第２章保育の内容「１ 乳児保育に関わるねらい及び内容」(2) ねらい及び内容のウより。

ウ　身近なものと関わり感性が育つ
（ア）　ねらい
① 身の回りのものに親しみ、様々なものに興味や関心をもつ。
② 見る、触れる、探索するなど、身近な環境に自分から関わろうとする。
③ 身体の諸感覚による認識が豊かになり、表情や手足、体の動き等で表現する。
（イ）　内容
① 身近な生活用具、玩具や絵本などが用意された中で、身の回りのものに対する興味や好奇心をもつ。
② 生活や遊びの中で様々なものに触れ、音、形、色、手触りなどに気付き、感覚の働きを豊かにする。
③ 保育士等と一緒に様々な色彩や形のものや絵本などを見る。
④ 玩具や身の回りのものを、つまむ、つかむ、たたく、引っ張るなど、手や指を使って遊ぶ。
⑤ 保育士等のあやし遊びに機嫌よく応じたり、歌やリズムに合わせて手足や体を動かして楽しんだりする。

事例③：「スプーンでとん、とん、とん」（８か月・男児）

離乳食も進み、さまざまな食材や食感の異なる物を食べられるようになってきたＣ児は、離乳食が大好きで、保育者がスプーンですくって、口に運ぶと大きな口を開けて、モグモグと上手に食べます。

ある日、保育者が使っているスプーンを持ちたいと意思表示をしています。保育者からスプーンを手渡されると、ご機嫌でスプーンをテーブルに打ちつけています。保育者が食事を口に運び、モグモグしながらスプーンがトントントンとなっています。食事とスプーンのリズムを楽しみながら、保育者と笑顔を交し合い、食事が進んでいます。

ここでの保育者のかかわりの基本姿勢としては、乳児の発達過程に合わせて、保育環境を構成し、一人ひとりの乳児が自発的な活動を十分にできるようにすることが重要です。また、保育者から手渡された物に触れたり、自分でつかんだり、振り回したりすることを通して、さまざまな感覚の働きを豊かにする遊びが展開できるように、積極的に働きかけることが重要となります。

離乳食が進むと、乳児にも好みが表れてきます。苦手な食材や味のときには、下を向いて「食べたくない」といった気持ちを表現する乳児の姿もあります。また、好きな食材を指さしたり、好きな食材を口に運んでもらうと、足をばたつかせて嬉しさを表現したりします。

保育者は、まだスプーンを使って食べることはできない発達段階であっても「乳児のスプーンを持ちたい」という気持ちを尊重し、C児にスプーンを持たせています。C児は、スプーンを持てたことの嬉しさを表現しています。保育者がいつも持っているものは、乳児にとってはなにか特別に大事なもののように感じられるのかもしれません。保育者は、乳児のやってみようとする気持ちを受け止めて、満足感を味わう体験を保障することが大切です。

3　0歳児における主体的保育への視座

1「0歳児期の主体的保育」の要点

乳児期は、大人の保護や養育なしには生きていくことができない依存的な側面を強く有しています。そのために、乳児を担当する保育者のなかには、主体的保育を実践することにむずかしさを感じている姿も見受けられます。保育所保育指針を読み解いていくと、乳児保育における主体的保育に関する考え方が示されています。代表的な内容は、次の①～⑥に示すとおりです。

① 子どもが安心感と信頼感をもって活動ができるよう、子どもの主体としての思いや願いを受け止めること。

② 子どもの生活のリズムを大切にし、健康・安全で情緒の安定した生活ができる環境や、自己を十分に発揮できる環境を整えること。

③ 子どもの発達について理解し、一人ひとりの発達過程に応じて保育をすること。その際、子どもの個人差に十分配慮すること。

④ 子どもの相互の関係づくりや互いに尊重する心を大切にし、集団における活動を効果があるものにするよう援助すること。

⑤ 子どもが自発的・意欲的にかかわれるような環境を構成し、子どもの主体的な活動や子ども相互のかかわりを大切にすること。特に、乳幼児期にふさわしい体験が得られるように、生活や遊びを通して総合的に保育をすること。

⑥ 一人ひとりの保護者が状況やその意向を理解し、受容し、それぞれの親子関係や家庭生活などに配慮しながら、さまざまな機会をとらえ、適切に援助すること。

このように、乳児が**信頼感**や**安心感**をもって、健康で安全な環境や乳児期にふさわしい生活が保障されていることを基盤に園生活の主体として位置づけ、乳児の欲求や思いに寄り添うことが重要です。また、子ども一人ひとりの発達や生活リズムに応じた丁寧なかかわりを基盤として、安定的な生活を通して、乳児の自発的・意欲的な活動を保障し、十分に自己を発揮できる生活や遊びの環境が整えられなければなりません。

最後に、乳児期の生活は、家庭との連続性が重要となります。家庭との連携を密に行い、保護者との相互理解のもとに保育を展開することが求められています。

２　０歳児を主体にした保育事例

事例④：探索活動（８か月・女児）

３月になり、Ｄ児の家庭では小上がりに、おひなさまが飾られています。Ｄ児はハイハイやつかまり立ちが上手になり、気になるおもちゃが目に留まると、ハイハイでおもちゃに一目散に移動することができます。つかまり立ちも盛んになっていますが、まだ小上がりに自分であがることはできません。

おひなさまを飾って１週間、おひなさまに興味を示し、しきりに小上がりでつかまり立ちをして、足を上げる姿が見られるようになっていた次の瞬間、勢いがつき、ゴロンと小上がりに体が上がりました。一瞬驚いた表情を見せていましたが、すぐにハイハイで移動し、ひな飾りに手を伸ばしています。

お座りやハイハイなどの粗大運動を通して、体全体の筋肉や神経がバランスよく発達すると、より高いところや狭いところにも視線が届くようになります。高いところや狭い空間には、乳児にとって魅力的な物がたくさんあるようです。「あれを取りたい」「あそこに行きたい」という好奇心に突き動かされ、つかまり立ちや伝い歩きがはじまります。ねらった玩具のところまで移動する集中力や移動速度には目を見張るものがあり、油断できません。また、自分の身体を使って登れたときや、新たなものを発見したときには、満足した表情になったり、喜びの笑顔があふれたりします。

事例⑤：食事（7か月・男児）

離乳食が進むと、自分の好みが出てきます。E児は米飯が苦手で、保育者が米飯をスプーンにすくうと、「米飯を食べさせられる」と思い、テーブルに顔を伏せて抵抗する姿勢を見せます。なかなか顔をあげてくれないので、大好きなバナナを見せると、顔をあげ、手を伸ばして、バナナをつかもうとします。においに反応しているのか、それとも保育者の「バナナあるよ」の言葉を理解しているのでしょうか。バナナを持たせてもらうと、機嫌ももどり、米飯も少しずつ食べ始めました。

健康な心と体を育てるためには､望ましい食習慣の形成が重要とされています。食事は、乳児が食材を口に入れることにより食感や味を確かめ、においや手触りを感じるなど、感覚を刺激します。乳児のなかには、好みがはっきりとしていて、苦手な食材や味の料理に対して、首をふったり、吐き出したり、抵抗する姿も見られます。無理やり食べさせようとするのではなく、楽しい雰囲気のなかで、保育者が食べてみせたり、「おいしいね、もぐもぐ」と周りの乳児が食べる姿を見せることによって､食材への興味を引きつけることも有効な手段となるでしょう。

また、食感が苦手な場合は、調理師と相談し、調理法を変更してもらうといった専門スタッフとの連携も重要です。保育者は、乳児の気持ちを受け止め、気持ちを切り替える手立てや食べる順番などを試行錯誤しながら、乳児が進んで食べようとする気持ちが育つように援助することが求められます。

POINT

- 乳児保育では、一人ひとりの乳児の発達の実情や特性を丁寧に把握し、愛情豊かな保育者との応答的なかかわりが大切です。
- 乳児を抱き、ほほ笑みかけることも、育ちに必要な教育的援助です。
- 着替えやおむつ交換などを行う際にも、やさしく言葉をかけることが大切です。

演習問題

① 0歳児の発達特徴について調べてみましょう（粗大運動・手指機能・言語）
② 養護に関する基本事項やねらいおよび内容を読み、要点を整理してみよう。
③ 乳児保育の内容として示された3つの視点と5領域の関連について整理してみましょう。
④ 0歳児の発達の特徴に応じた「遊び」について、具体的に考えてみましょう。

第8章 1・2歳児の保育内容

運動機能が発達し、人や物とのかかわりが大きく発展するのが1・2歳です。自分でできることが増えたり、自我が芽生え、自分の意思を保育者や友だちに伝えることができるようになったりして、活動も活発になります。また、好奇心を発揮し、遊びがどんどん楽しくなる時期です。本章では、このような1・2歳児の発達の特徴をおさえた生活や遊びの展開と保育者の援助について学びます。

考えてみよう！

① 衣服の着脱や食事などの基本的生活習慣は、どのような段階を経て自分でできるようになっていくのでしょうか。
② 言葉を育てる遊びや保育者のかかわりには、どのようなものがあるのでしょうか。
③ 1歳児の探索遊びとはどのようなものでしょうか。

受容的・応答的なかかわり　自我の芽生え　基本的生活習慣

1 1・2歳児の発達と保育内容

① 体や運動機能の発達

1・2歳児の体や運動機能の発達はめざましいものがあります。1歳では、ふらつくことなく歩けるようになり、歩行が安定します。そして、走る・向きを変えるなど大きな動きができるようになり、保育者に追いかけられる遊びやボールを追いかける遊びを好みます。また、つかむ・つまむなど手指の機能も発達し、引っ張り出す・入れ込むなどの遊びに興味をもちます。

2歳になると、身長が伸び、運動量も増えることで、赤ちゃん体型から幼児体型へと変わっていきます。走る・跳ぶなどの基本的な運動機能が発達し、自由に体を動かすことができるようになるとともに、バランスをとるなど自分の体を調整する機能も発達し、三輪車やスケーター遊びも楽しむようになります。指先の細かい動きも1歳児と比べると大きく発達し、ボタンはめやひも通しなどの遊びをじっくりと取り組むようになります。保育者が手本を見せながら一緒に遊び、一人ひとりの発達段階に応じたさまざまな遊びの楽しさを味わうことで、子どもの興味や関心が広がっていきます。

写真８－１　室内の運動遊びの環境

１・２歳児がいつでも身体を動かして遊ぶことができます。子どもの様子を見ながら巧技台の高さや遊具の組み合わせに変化をつけていきます。

②　自我の育ちと人とのかかわり

１　自我の芽生え

保護者や保育者にすべてを依存する時期の子どもに、自分と他者との区別はありませんでした。しかし、１歳を過ぎ、歩けるようになると、信頼できる大人との関係を基盤として身近な大人や友だちとかかわろうとします。こうして、子どもは「自分」と「他者」の存在に気づいていきます。これが、意思をもった自分＝「**自我**」の芽生えです。保育者が一緒に遊ぶなど、仲立ちとなりながら友だちとのかかわりを楽しめるようになってくるのもこの時期です。

自我が芽生えた子どもは、自分がどうしたいのか、どうしてほしいのかを言葉や仕草、態度、表情などで周囲の人に伝えようとします。「自分でしたい」という気持ちも出てきて、ズボンを脱ごうとしたり、くつを履こうとしたりするなどの意欲的な姿が見られるようになります。保育者は「自分でしたい」という子どもの思いを受け止め、見守ったり、さりげなく援助をしたりして、「自分でできた」という子どもの喜びに共感し、認めることが自立へとつながっていきます。

覚えておこう

＊１　子どもは理由もなく「イヤ！」といっているのではありません。なぜ「イヤ」なのかを、保育者が余裕をもって考えてみましょう。「イヤ」という言葉で訴えている要求を満たしてあげることで落ち着くこともあります。また、自分でも理由がわからなくなってしまったときには、そばで見守ったり、抱いたりして落ち着かせ、「〇〇したかったの？」と尋ねたり、「△△してみる？」「□□する？」と提案してみるのもよいでしょう。

２　自我の育ち

２歳になると、言葉が増えて、自分の思いを言葉で伝えることが増えてきます。自我の育ちとともに要求の出し方も強くなり、「イヤ！」「ダメ！」と拒否的な言葉や態度をとることもよく見られるようになります。このような自我が育っていく時期である「イヤイヤ期」の子どもとどうかかわればよいのか、保護者や保育者が戸惑うこともあります。「イヤイヤ期」の子どもも、大人に甘えてしてほしい気持ちと自分でしようとする自立に向かう気持ちの間で**葛藤**し、戸惑っているのです。強い自己主張からかんしゃくを起こしたり大泣きしたりすることもあるでしょう。そんな子どもの心の揺れを温かく受け止め、保育者も気持ちに余裕をもって対応をしていきます[＊1]。

２歳児は、友だちへの関心も広がり、少人数ですが子ども同士で遊ぶ姿も見られるようになります。友だちと遊ぶ楽しさがわかってくる時期ですが、**自我のぶ**

つかり合いも頻繁に起こります。これも自我の育ちにとっては必要な段階だととらえます。ただし、言葉で思いを伝えきれずに、たたく、蹴るなどのケンカにならないように、保育者が仲裁のタイミングを計ることも必要です。子どもはぶつかり合いながらお互いを知り、気持ちに折り合いをつけることを少しずつ学んでいきます。

③ 発達の連続性と個人差

１・２歳は、発達が大きく、見えやすい年齢といえます。「昨日までできなかったのに今日はできた」と急にできるようになったように見えることもありますが、発達はそのように急に起こるものではありません。昨日までのできなかった日々のなかに少しずつ「できる」に近づいていく過程があったのです。そして、次の段階の「できる」に近づいていきます。階段のように一段また一段と登っていくのではなく、エスカレーターのようにつながって次の段階にたどり着くようなものです。

だからといって、なにもしないで勝手にエスカレーターが進んでくれるわけではありません。毎日の保育のなかでさまざまな経験を積み重ねることで、エスカレーターは進んでいくのです。エスカレーターが停まっているように見えることもありますが、保育者はこの**発達の連続性**を意識して、子どもにどのような経験が必要なのかを考えて保育を行います。

また、どの子どもにも発達の連続性はありますが、全員が同じ速さで同じ階に行くエスカレーターに乗っているとは限りません。発達には個人差があります。１・２歳児は月齢による違いも大きい時期です。子どもによって興味や関心も異なります。保育者は一人ひとりの発達や興味・関心を理解して、子ども自身がもつ発達しようとする力を援助することが重要です。

2　1・2 歳児と保育者とのかかわり

① 安心・安定して過ごすために

１歳や２歳で、初めて家庭から離れて保育所や認定こども園で過ごす子どもは少なくありません。すでに保育所や認定こども園で過ごしている子どもでも、新年度は、保育室や担任保育者が替わったり、新入園の子どもが泣いているのを見たりすることで不安を感じたり、情緒が不安定になってしまうこともあります。４月は特に、そのような一人ひとりの子どもの思いを保育者が敏感に受け止め、**温かく応答的なかかわり**をすることが必要です。

たとえば、1歳児は自分の思いを言葉で十分に表わせないため、「ママー！」と母親を求めて泣く姿が見られます。大勢の子どもが一斉に泣いて大変なときもありますが、「ママが大好きなのね」「もうすぐママが来てくれるから、それまで遊ぼうね」などと、子どもの思いに共感して、笑顔でやさしく言葉をかけながら抱いたり、興味をもちそうな玩具を見せたりすることで気持ちを切り替えさせることが必要になります。できるだけ同じ保育者がかかわることで、子どもは早く安心を感じることができます。

このような日々の丁寧なかかわりの積み重ねが、子どもと保育者とのよい関係を築いていきます。もちろん、保育所や認定こども園での生活に慣れてからも、子どもが安心・安定して過ごすためには、信頼できる保育者の存在やその他の保育者による丁寧なかかわりが子どもの心や活動の支えとなっていきます。

2　受容的・応答的なかかわりとは

受容的・応答的なかかわりとは、養護的なかかわりの基本となるものであると考えられます。保育所保育指針や保育所保育指針解説には、次のように示されています。

> **保育所保育指針**
> 第1章 総則　2 養護に関する基本的事項 (1) 養護の理念
> 　保育における養護とは、子どもの生命の保持及び情緒の安定を図るために保育士等が行う援助や関わりであり、保育所における保育は、養護及び教育を一体的に行うことをその特性とするものである。

> **保育所保育指針解説**
> 第1章 総則　2 養護に関する基本的事項 (1) 養護の理念
> 　保育士等が、子どもの欲求、思いや願いを敏感に察知し、その時々の状況や経緯を捉えながら、時にはあるがままを温かく受け止め、共感し、また時には励ますなど、子どもと受容的・応答的にかかわることで、子どもは安心感や信頼感を得ていく。そして、保育士等との信頼関係を拠りどころにしながら、周囲の環境に対する興味や関心を高め、その活動を広げていく。

特に自我が芽生え、育っていく段階にある1・2歳児は、自分の思いや行動を否定されず受け止めてもらい、自分が発信したサインに応答してもらうことで自分の存在を確信し、**自己肯定感**[*2] の基礎を得ることになります。それをもとに、自分の世界をさらに広げていくのです。

＊2　自己肯定感
ありのままの自分を受け入れてもらい、応答してもらうことで得られる、自分が大切にされている・愛されているという実感がもたらす自己への自信や、自分はこれでいいのだと感じる肯定感をいい、人格形成にも大きな影響を及ぼします。

③ 周囲の友だちとのかかわり

１歳児は、友だちとかかわって遊ぶというよりは、友だちと一緒にいることや友だちが周囲にいることが当たり前になったなかで落ち着いて過ごすということが、友だちとのかかわりへの第一歩です。それは、友だちの存在を気にしていないということではありません。たとえば、友だちが積み木で遊んでいるのを見ると、自分も積み木で遊び出したり、友だちの積み木を取りに行ったりします。１歳児は、直接かかわってはいきませんが、友だちがしていることには興味をもっているのです。まだ友だちより物への関心が強い時期ですが、保育者を仲立ちとして同じことをして遊んだり、友だちのまねをして遊んだりする姿も見られるようになります。１歳の後半になると、みずから泣いている友だちのところに行き、慰めるように頭をなでるような自発的なかかわりも出てきて、友だちとのかかわりが増えていきます。

２歳児は、友だちへの関心が強くなり、同じ遊びをしたり、同じ場所で違う遊びをしたりするなど、友だちと一緒にいることが楽しくなります。同じ遊びをしたがる時期なので、スカートや人形、買い物袋などをたくさん用意して、「おなじ！」という嬉しさを満たしてあげることも、友だちとのかかわりを深めることにつながります。集団遊びなどみんなで遊ぶ楽しさを味わい、「おもしろかったね」と共感する機会をもつこともよいでしょう。園庭などで遊んでいるときは年上の友だちがしていることにも興味を示すので、一緒に遊ぶのもよい刺激になると同時に友だち関係が広がっていきます。

3　1・2 歳児の生活

① 一人ひとりの違いを大切に

保育所保育指針には、次のように示されています。

> 第２章 保育の内容　２　１歳以上３歳未満児の保育に関わるねらい及び内容
> ⑴ 基本的事項
> ア　この時期においては、歩き始めから、歩く、走る、跳ぶなどへと、基本的な運動機能が次第に発達し、排泄（せつ）の自立のための身体的機能も整うようになる。つまむ、めくるなどの指先の機能も発達し、食事、衣類の着脱なども、保育士等の援助の下で自分で行うようになる。……保育士等は、子どもの生活の安定を図りながら、自分でしようとする気持ちを尊重し、温かく見守るとともに、愛情豊かに、応答的に関わることが必要である。

このように１・２歳は生活面の自立に大きく向かっていく時期です。それだけに、子どもの生活を 24 時間でとらえることが必要です。

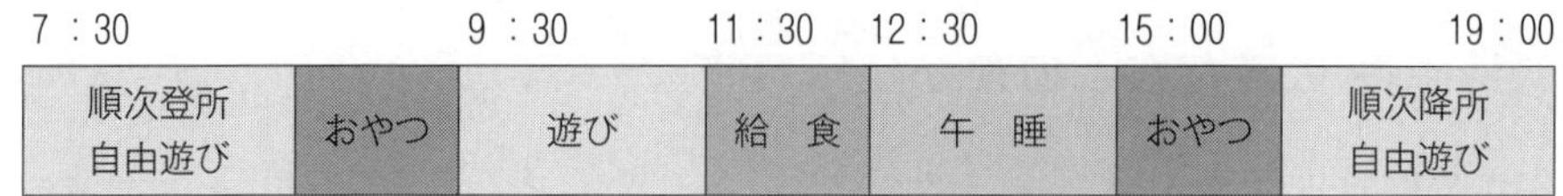

図８－１　１・２歳児のデイリープログラムの例

子どもにはそれぞれ家庭での生活があり、食事や寝る時間、起きる時間も異なり、保育所や認定こども園に来る時間や帰る時間も違います。たとえば、登園の早い子どもから順番におやつや給食を食べるなど、少しでもその子どもの生活に合わせることができれば、生活リズムも無理のないものになるでしょう。また、排泄の間隔も個人差があります。一斉にトイレに誘うのではなく、その子どもの間隔や、「今は出ない」などの意思を尊重することも自立への過程です。

集団で過ごしているとはいえ、１・２歳児にとっては、一斉活動は負担が大きいということを保育者は意識する必要があります。一人ひとりの違いを大切にして丁寧にかかわることが、結局は自立への早道にもなります。

２「してもらう」から「自分でしたい」に

食事や着脱などの生活面の自立には、３つの段階があります。①全面的に保育者がしてあげる段階、②子どもと保育者が一緒にする段階、③子どもが自分でする段階の３つです。このなかで大切なのは、①の段階でいかに丁寧にかかわるかということです。

たとえば、「ズボンを脱ごうね」など、これから行うことを言葉にしながらやさしく丁寧に行うことで、子どもは「自分でもできる」とやってみようとします。その気持ちを大切にして一緒にしたり、さりげなく援助したりして、「自分でしたい」という気持ちを育んでいくようにします。

３自分でできた「達成感」を大切に

１・２歳児は、個人差や月齢差はありますが、保育者の適切な援助により、食事や排泄、着脱など、さまざまな身のまわりのことを自分でできるようになっていきます。保育者は「できた・できない」という結果だけを見るのではなく、子どもの「自分でしたい」という気持ちを認めることが必要です。しかし、今まで保育者にしてもらっていたことが自分でできたという「達成感」から「やればできるんだ！」という自己有能感を感じることができ、それが自信や意欲につながるとともに「自己肯定感」のもとになっていきます。子どもたちが「達成感」をたくさん感じられるように保育者が認めることが大切です。

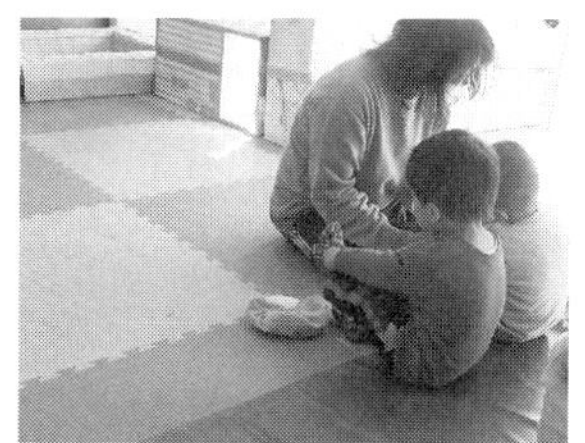  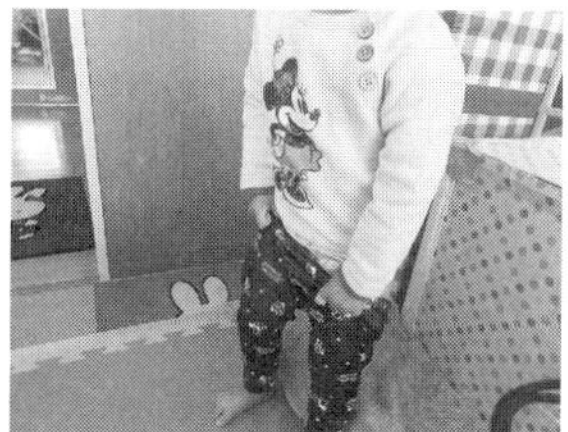

写真８－２　自分でくつ下やズボンを履こうとする１歳児

4　１歳児の遊び

①探索遊び

歩けるようになることで、子どもの活動範囲は大きく広がります。そして、行く先々で見るものすべてが新鮮で、心ゆさぶられる環境に見えるでしょう。子どもは、「これは何だろう」と見つめ、触り、揺らす、投げる、ときには口に入れるなど、さまざまなやり方で自発的に環境とかかわり、それがどのような反応を見せるのかを確かめます。好きなところに行ってさまざまなものを探索するのが、**探索遊び**です。

１歳児の探索遊びは、玩具に限らず、保育室にあるすべてが対象になります。引き出しを全部開けてみたり、着替えの服を出したりするなど保育者が困ることもありますが、子どもの探索遊びは好奇心の表れであり、物を認識する活動です。自分ができることを試しているのだと受け止めて、探索遊びを十分楽しませるようにします。触ってほしくないものには、ストッパーをつけたり、子どもの手の届かないところに置いたりするなどの配慮が必要です。

②言葉を育てる遊び

まず、言葉の育ちは、個人差が大きいということを理解しておくことが必要です。手あそびや歌、絵本、ごっこ遊びでの言葉のやり取りなど、言葉を育てる遊びはたくさんあります。しかし、言葉を育てるために遊びを取り入れるというよりも、楽しく遊びながら、保育者が子どもの言葉が育つように援助することのほうが大切です。

たとえば、車のおもちゃで遊んでいるときに、「ブッブー」と擬音語を加えます。くまの人形で遊んでいるときに、「だっこしてるのね。くまさん、いいこ、いいこ」と言いながら人形の頭をなでます。絵本を一緒に見ながら「あかいお花、きれいね」と言葉をかけます。このように、さまざまな場面で子どもがしていることを言語化したり、言葉をかけたりすることが、子どもの言葉を育てることにつながります。ままごとのなかで、「おいしいね」「どうぞ」「ありがとう」などの簡単な言葉のやり取りを動作と合わせてするのもよいでしょう。遊びのなかで一人ひとりに応じて言葉をかけ、やり取りを楽しみながら言葉を育てていきます。

保育者に自分の思いを受け止めてもらうことで思いが通じる喜びや楽しさを十分に経験し、子ども自身が伝えたいと思う関係を土台として言葉が育っていきます。

3 まねっこ遊び

人への関心が出てきた１歳児は、まねっこ遊びが大好きです。まねをする対象となるのは保育者です。保育者が手あそびや体操などをしているのを見て、同じようにやりたいという気持ちが湧いてきて、まねっこをします。

１歳児にとっては、手あそびや体操も楽しいまねっこ遊びです。飲むまねや食べるまねなど初めは仕草のまねっこだったものが、仕草の意味がわかるとイメージをともない、飲んでいるつもり、食べているつもりといった「見立て・つもり遊び」へと発展していきます。また、その場ではなく後になってまねっこが出てくることもあり、そのようなまねっこを「遅延模倣」といいます。１歳児からまねっこ遊びを十分楽しむことで､同じことをしたいという気持ちや想像力を育み、イメージをともなった遊びへと発展していきます。

写真８－３　お家ごっこの掃除道具

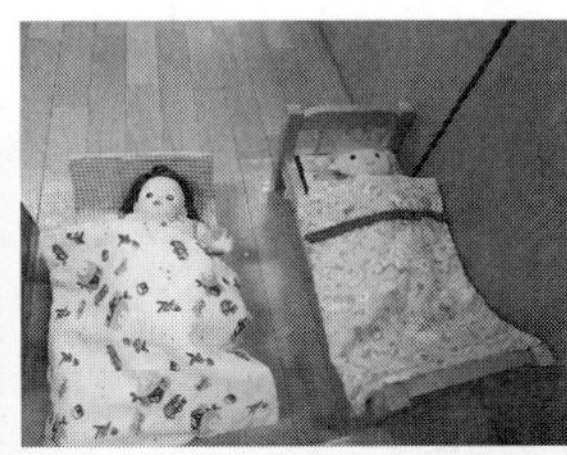
写真８－４　人形を使ったお世話遊び

写真８－５　お家ごっこのおふろ

4 安全管理

前述したように、１歳児は運動機能の発達が著しい時期です。運動機能の発達が著しいということは、運動機能が発達の途上にあり、まだ獲得していない運動機能が多い未熟な状態であるといえます。それだけに、保育者にはしっかりと安全管理をすることが求められます。

たとえば、バランスを崩して転び、手が出ないために顔をすりむくことがあります。カーペットの１センチの段差でつまずき転倒したり、テーブルの下にある玩具を取ろうとしゃがんだときにテーブルに額をぶつけたりします。砂遊びをしていて砂を投げ、友だちや自分の目に入るなど、思わぬところでケガをします。

また、玩具を口に入れることがあるので、誤飲の危険性が常にあります。絶対にケガをさせずに保育を行うことはむずかしいといってよいでしょう。しかし、保育者の配慮によって防げるケガもたくさんあります。たとえば、子どもが口に入れても飲み込めない大きさの玩具にしているか、遊ぶ場所に不必要な物は置いていないかなど、保育室の環境構成を安全性という視点から日常的に点検することが未然にケガを防ぐことになります[*3]。

＊３　安全について、詳しくは、第12章（p.121～）を参照。

また、戸外でも、ジャングルジムの高いところまで登ったり、興味があるものを見つけると周りの状況を見ずに行ってしまったりすることもあるので、子どもの行動を常に把握しておき、安全に遊べる配慮が必要です。

5　２歳児の遊び

1　好奇心を発揮して

好奇心とは、未知のものに対して興味や関心をもち、それが何なのか知りたくてかかわろうとする心をいい、誰でも生まれながらにもっているものです。

自分がやりたいことはなんでもやってみないと気がすまない、好奇心旺盛なのが２歳児の自然な姿です。保育者は、この好奇心が旺盛な時期に子どもに共感し、さまざまなものとの出会いを大切にしてあげたいものです。チョウの幼虫、ダンゴムシ、バッタ、木や草花など、自然とのかかわりのなかにも子どもの好奇心をくすぐる出会いがたくさんあります。

幼稚園や保育所等では、自然と触れ合う体験も必要です。保育者は一人ひとりの興味や関心を読み取り、好奇心を発揮できるように援助します。子どもが何に興味や関心があるのかを読み取ることは、子どもを理解することに通じます。子どもがなにかをじーっと見ている姿や繰り返しなにかをしている姿を見逃さないようにします。子どもの視線の先に、繰り返している行動のなかに、興味や関心が見えるはずです。保育者は子どもの好奇心に寄り添い、答えを教えるのではなく一緒に考え、試し、試行錯誤をして、好奇心を満たす援助をすることが大切です。子どもの好奇心はさらなる好奇心へと広がり、探究心へと深まっていきます。

2　友だちと遊びたい気持ちを育てる

２歳児は、パズルやひも通しなど一人でじっくり遊べるようになります。そして同時に、保育者を中心とした人とのかかわりを、友だちへと広げていきます。

前述したように、1歳児は友だちより友だちがしている遊びが気になるのですが、2歳児は遊んでいる友だち自身が気になり、同じことをして遊びます。

しかし、なかには、いつもひとりで遊んでいる子どももいるかもしれません。このような子どもには、保育者が一緒に遊んで楽しさを共有したうえで、子どもと保育者の遊びに友だちを誘うことが大切です。保育者が仲立ちとなって友だちと一緒に遊ぶ楽しさを知らせていくことによって、友だちと一緒に遊びたいという気持ちを育んでいきます。

まだ自己中心的な2歳児同士が遊ぶのですから、当然ぶつかり合いも出てきます。このような場合は、保育者が言葉で補いながら、お互いの気持ちを伝え合うようにします。同じおもちゃを使いたいというぶつかり合いも多いので、遊具や玩具の数を増やすことも2歳児の遊びの援助になります。

3 イメージをもった遊び

2歳児は、「自分が○○になったつもり」で遊ぶのが大好きです。そして、なりきって遊ぶ姿を見られるのが恥ずかしいという気持ちより、むしろ見てほしいという気持ちが大きいのが2歳児の特徴ともいえます。

たとえば、スカーフを置いておくと、それをマントやベルトにしてヒーローになって遊ぶ子どももいれば、腰に巻いてスカートにしたり、頭にかぶってお姫様になったりして遊ぶ子どももいます。それぞれが自分のイメージの世界のなにかになって遊んでいるのですが、子どもだけではお互いのイメージを言葉で十分に伝えきれないため、イメージを共有するのがむずかしいことがあります。保育者もそのイメージの世界に入って、一緒に遊びながらイメージの共有を援助することで、イメージをもった遊びがますます楽しくなります[*4]。

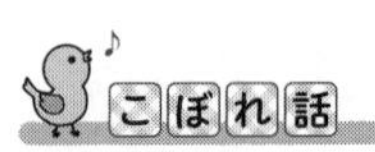

＊4　実際に、子どもがよく行くハンバーガーショップのマークを入れた帽子やハンバーガーショップの環境を用意することでイメージがわき、それらを通してイメージを共有して遊ぶ姿が見られたことがあります。

したがって、2歳児のイメージをもった遊びには、保育者がどんな環境を用意するのかということが大切になります。人的環境としての保育者の存在は重要です。

4 環境構成の工夫

子どもが主体的に遊びを展開していくためには、環境構成の工夫が不可欠です。2歳児のごっこ遊びでは、実際の生活を再現できる環境を用意することで、子どもは具体的なイメージをもち、共有することができます。たとえば、流し台にスポンジや洗剤の容器を置くことで、家庭で見ているように食器を洗うことが再現できます。キッチンには流し台や調理台だけでなく、冷蔵庫や電子レンジも必要でしょう。また、お世話あそび（お人形あそび）でも、お風呂にシャワーやシャンプーなどを置くことで子どものイメージが膨らみ、人形にしてあげることに実際の生活の再現が表れます。

2歳の子どもが好きなブロック遊びも、興味や関心に合わせて、積み木などの他の玩具や木の実などの自然物と融合させてみるような環境の工夫をすることで、子どもの遊びが展開していきます*5。また、保育室や共有スペースに飼育物や栽培物を置いておくことも、子どもの好奇心を引き出す環境になります*6。

写真8-6　ザリガニの飼育

写真8-7　観葉植物

写真8-8　ままごと

覚えておこう

＊5　4月につくった環境は、子どもの発達や興味、遊びの展開に合わせて再構成をしていきます。それが、発達の連続性を意識し、スムーズに3歳児クラスの環境に移行するための準備にもなります。

こぼれ話

＊6　環境構成を苦手・大変なことと感じている保育者は多いですが、子どもの姿をしっかり見て子ども理解を深めることで、どのような環境が必要なのか見えてくるはずです。また、保育者自身も人的環境として子どもと一緒に好奇心をもち、遊んで楽しさを共有し、子どもと応答的に環境の工夫をしていきたいものです。

POINT

- 1・2歳児は発達の著しい時期であるので、発達の個人差や一人ひとりの発達段階や興味、関心に応じた保育者の援助や環境構成、遊びの工夫が必要です。
- 「自分でできた」という達成感や満足感に保育者が共感し、認めることで、子どもは自信をもち、さらなる意欲や自己肯定感につながります。
- 1・2歳児は、保育者との関係をもとにさまざまな環境に身体や五感を使ってかかわり、心と体の感覚を豊かにする体験を積み重ねることが重要です。

演習問題

① 受容的・応答的なかかわりとは、どのようなかかわりでしょうか。具体的な事例をあげて考えてみましょう。

② 1歳児と2歳児のごっこ遊びにはどのような違いがあるか考えてみましょう。

③ 1・2歳児の発達をふまえた保育室の環境を考えて、環境構成図を描いてみましょう。

■写真協力

・三郷町立西部保育園
・尼崎市立武庫南保育所
・社会福祉法人堺暁福祉会 かなおか保育園

第9章 3・4・5 歳児の保育内容

保育者になると、さまざまな個性や性格をもつ子どもに出会います。個性や性格を大切にしながら、子どもが将来に向けて必要な資質・能力を身につけていけるよう、教育・保育の専門家としてどのような援助ができるでしょうか。本章では、3・4・5歳児の発達の特性を概観しながら、保育内容について考えていきます。

考えてみよう！

① 子どもを取り巻く環境について、近年変化していることを調べ、3つ書き出してみましょう。
② 3・4・5歳児の4月の様子を具体的に調べ、それぞれ書き出してみましょう。その際、単に自分の頭でイメージするだけでなく、参考書などを用いて根拠を示しましょう。

Keywords　3・4・5歳児の発達　育みたい資質・能力　5領域　保育者の援助

1　3歳児の発達と保育内容

① 3歳児の園生活と特性

1　3歳児の園生活

みなさんは、幼稚園の入園式の子どもの様子を想像したことがありますか。入園式での3歳児（年少組）は、普段に増して、表情も態度もさまざまです。大声で泣いて保育室に入れないA児、お母さんの手を離せず立ち尽くすB児、普段とあまり変わらない様子に見えるC児など、多くの3歳児にとって、初めて「幼稚園」という集団生活の場（社会）に足を踏み入れる瞬間は、特別なものであるといえるでしょう。

一方、保育所や認定こども園においては、少し様子が異なります。なぜなら、保育所や認定こども園の場合は、3歳未満からそこで多くの時間を過ごしてきた子どもがいるからです。そのため、担当保育者や保育室が変わるなど進級にともなう環境の変化への対応は、幼稚園に入園する子どもよりスムーズであることが多いでしょう。ただし、幼稚園と同様に、初めて「保育所や認定こども園」という社会に足を踏み入れる子どももいるということを忘れてはなりません[*1]。

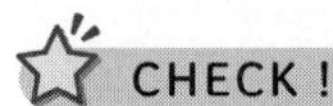

CHECK！

＊1　認定こども園においては、認定区分によって利用できる施設や入園手続きが異なることから、保育時間や保育経験など子どもが置かれている環境そのものがさまざまです。

2　３歳児の発達特性と保育

子どもは３歳という時期を迎え、運動機能の高まりとともに、**基本的生活習慣**が身につくことによって、生活のリズムが少しずつ安定し始めます。保護者以外の大人である保育者との関係を基盤とし、これまでにはなかった横の関係にも発展が見られるようになります。このような関係性の変化に伴い、知的好奇心が高まり、言葉も急速に発達していきます。しかし、自分の思いや意思が行動や言動と一致せず、**葛藤**を多く経験する時期でもあります。

教育・保育の専門家である保育者は、上記のような「３歳」という時期のもつ発達の特徴や子どもの「園」生活の多様化をふまえながら、保育内容について考え、実践することなどが求められます。ここでは、以下の事例をもとに考えてみましょう。

事例①：ひよこさんがいい！（３歳児）

保育者となって１年目のＳ先生は、６年目のＴ先生とともに３歳児（年少児）すみれ組を担当しています。

入園してきたばかりの４月、すみれ組は泣き声の大合唱で始まりました。５月に入ると、お兄ちゃんと一緒に通い慣れているため堂々と登園するＡ児、やっぱりママに会いたいと涙があふれるＢ児、なぜここにいるのかわからずに不安そうにしているＣ児など、子どもたちの表情は少しずつ変化を見せ始めました。登園時も、カレンダーを見て帳面にシールを貼り、かばんかけにかばんをかけるなど、Ｓ先生やＴ先生に声をかけられなくても、一連の朝の用意ができるようになってきました。まだ対話にはなっていませんが、困っている友だちに「今日のシールはここじゃないの」と、Ｄ児のように声をかける場面も見られます。

すみれ組の子どもたちに少しずつ成長が見られるようになった一方で、Ｓ先生とＴ先生には少し気にかかるＹ児がいました。Ｙ児にとって、幼稚園は生まれて初めての集団生活の場であるため、不安も大きかったのでしょう。入園したころのＹ児は、トイレの前に並んでいるときに順番を抜かされて泣いてしまったり、友だちがトイレのまわりで騒ぐのが収まるのをトイレのなかでじっと静かに待っていたりと、「泣く」という手段以外で自分の感情を表現することがむずかしい様子でした。Ｓ先生とＴ先生はそんなＹ児に対して、「Ｙちゃん、大丈夫だよ。みんな静かにひよこさんの前で待っているよ～」と、扉の向こう側の状況がイメージで伝わるように意識的に声をかけたり、扉の向こうのＹ児に聞こえるように大きい声でほかの子どもと話したりと、根気よく丁寧に援助を行ってきました。また、Ｓ先生とＴ先生の間

においても、Y児の日々の様子や変化を共有し、指導においてスムーズに連携がとれるよう努力を重ねてきました。

6月のある日、いつものようにS先生とT先生の声かけで、すみれ組の子どもはトイレへ向かいました。年少組のトイレには、先生の手づくりの「うさぎ」「ひよこ」「ぱんだ」の顔がそれぞれの扉に貼ってあります。先生がつくってくれた「ひよこ」が大好きなY児は、今日もひよこさんのトイレを目指します。すると、Y児は、ひよこさん前で待っているE児に対して、「Yちゃんも、ひよこさんがいい」と、小さい声ですが自分で思いを伝えたのです。E児は「Eちゃんもひよこさん。じゅんばんね～」とニコッと返答しました。S先生とT先生はYちゃんの成長の瞬間を見逃さず、「そうだね、順番ね。Yちゃん、自分でちゃんと言えたね。Yちゃんもひよこさん、大好きだもんね」と、自分の意思を言葉で表現できたことを認め、共感的にかかわることを心がけました。

S先生とT先生の言葉を聞いたY児の表情は、どことなく誇らしげに見えました。「Yちゃんも、ひよこさんがいい」というY児にとっての勇気ある一言は、その後のY児の行動や言動、仲間関係の構築を少しずつ変えていきました。

2 子どもを見る“まなざし”

事例①では、3歳児（年少児）すみれ組のY児が、初めての集団生活に戸惑いや不安を感じつつ、S先生とT先生を“**心の「安全基地」**”[*2]とし、Y児のペースで、周りにある「もの」や「ひと」を含む環境にかかわり、ゆっくりと成長していくプロセスの一部を紹介しました。

用語解説

＊2　心の「安全基地」
子どもは、家庭から離れて初めて一歩を踏み出す幼稚園や保育所等という社会において、保育者との信頼関係をもとに、仲間との関係を広げていきます。保育者は、子どもにとって、自分をありのままに受け止め、理解を示し、時に導いてくれる存在として、子どもとの信頼関係を築いていくことが求められています。

3歳という時期は、前述したように、生活のリズムが少しずつ安定し始め、保育者との関係を軸に友だちとの関係が発展し、知的好奇心が高まっていく時期です。このような時期の特徴をふまえ、教育・保育の専門家である保育者はどのようなまなざしをもって保育を考えればよいのか、以下の点に沿って見てみましょう。

1　発達の個人差

乳幼児期は、特に発達の個人差が大きいため、集団保育においてもその差に応じた**個別的配慮**が求められます。事例①では、S先生とT先生は、Y児のもつ気質や能力、2月生まれという月齢など、さまざまな差異に配慮しながら、見守る、声をかける、気づく、認めるなど、さまざまな援助を試みていたことがわかります。そして、S先生とT先生がY児にとっての“心の安全基地”となったことが、Y児が外の世界に踏み出す勇気につながったと考えられます。

このような意味で、特に3歳という時期は、保育者の子ども一人ひとりの発達に対する丁寧な読み取りに基づき、子どもの複雑な気持ちや思いを受容しながら、自立に向かっていけるよう、ねらいを立て、丁寧に保育内容の計画を立てることが重要となります*3。

2　子どもの経験の質や量

発達の個人差のなかでも、特に子ども一人ひとりの家庭での経験の質や量についての情報は、保護者と連携しながら、意識的に入手していく必要があります。入園前までの家庭での具体的な経験の質や量は、入園後の子どもに対する保育者の具体的な援助や指導の方向性に大きく影響します。Ｙ児の場合、すみれ組が初めての社会・集団生活の場ということもあり、不安や緊張の高さにつながっていたと読み取れます。

近年、未就園児保育*4や子育て支援における保育教室など、就園前になんらかの集団経験がある子どもも多くいます。保育者は、その時期や内容、場所、頻度などの具体的な情報をふまえて、それらが就園後の子どもの育ちにつながっていくよう保育を考えていくことが求められます。

また、このように子ども一人ひとりの経験を把握し、育ちのつながりを意識する過程は、子どもの育ちへの援助であると同時に、保護者の育ちの支援にもつながっていることを忘れてはなりません。なにげなく見える保護者との対話が子どもや互いの理解につながり､関係性の構築のきっかけになることも多いでしょう。

幼稚園教育要領において「**子育ての支援**」という文言が明記されるようになったことからも*5、保育者は、専門性の一つとして、子どもを取り巻く家庭を支える意識や態度を明確にし、それらを保護者に示していくことが大切だといえます。

覚えておこう

＊３　３歳児保育においては、複数担任制を用いている園も多いことから、子ども理解に対する保育者間の対話と共有についても、意識して実践する必要があります。

用語解説

＊４　未就園児保育
幼稚園や保育所等に通っていない３歳未満の子どもが園を体験することや保護者同士が交流することを目的に子育て支援の一つとして行われる保育をいいます。

CHECK！

＊５　幼稚園における子育て支援は多岐にわたります。園と地域の人々との連携や園と家庭が一体となって幼児とかかわる取り組みをよりいっそう進めるとともに、心理や保健の専門家等と連携・協同しながら、地域における幼児期の教育のセンターとしての役割を果たすことが期待されています。

2　４歳児の発達と保育内容

①　４歳児の園生活と特性

1　４歳児の園生活

４歳児になると、園生活にも随分と慣れ、友だち関係の広がりとともに、友だちそのものに対する意識も芽生え始めます。友だちとかかわったり、つながったりする機会が増えることで、葛藤、忍耐、不安、我慢、譲歩というような、これまでにはないさまざまな経験や感情に出会う時期でもあります。家庭でのきょうだい関係のなかで経験してきた内容や質とは異なる、同じ年齢の「友だち＝**横の関係**」における新しい種類の経験ともいえるでしょう。

日々、幼稚園や保育所等において、そのような経験を重ねるなかで、友だちに言葉で伝えること、決まりやルールを一緒に守ることなどの大切さを、体験とともに学んでいきます。また、興味や関心をもった事柄を追求したり、身近な環境に主体的にかかわったり、試行錯誤や工夫を繰り返しながら遊びや活動を発展させていく力も身につけていきます。3学期にもなると、「大きい組さんのお兄さん・お姉さんみたいになりたい！やってみたい！」といった年長児へのあこがれも増し、最高学年である年長組に対する意識も強く表れます。

2　4歳児の発達特性と保育

4歳という時期は、全身のバランス感覚や**運動機能**の発達とともに、心理的な側面の発達も著しく、集団で生活する意味がより色濃くなるともいえるでしょう。教育・保育の専門家である保育者は、上記のような「4歳」という時期のもつ発達の特徴や子どもの「園」生活の多様化をふまえながら、保育内容について考え、実践することが求められます。ここでは、以下の事例をもとに考えてみましょう。

事例②：ようこそ、だんごむしさん！（4歳児）

4歳児（年中児）ゆり組担任のK先生は、保育者となって12年目です。5月末ごろ、ゆり組の子どもたちは生き物に興味津々です。ある日、子どもたちは園庭でだんごむしを見つけると、そのまわりに集まって、なにやらひそひそ話しています。そんな子どもたちの興味の矛先や発展を、K先生はしっかりとらえていました。

次の日、子どもたちが園庭へ遊びに行く際、K先生は「今日はゼリーカップを持っていったらどうかな」と提案しました。早速子どもたちは、ゼリーカップを片手にだんごむしを探し始めました。1匹を拾ってゼリーカップに入れてじっと観察するA児、恐る恐るだんごむしを手に取ってみるB児、少し遠くからその様子を見つめるC児……。しばらくすると、D児はゼリーカップに砂や葉っぱ、お花、草を入れて、だんごむしの家に見立てて遊び始めました。だんごむしに触れることに抵抗のある子どもたちがそれを見て、「これならできそうだ！」と砂や葉っぱを集めて、D児のまわりに集まってきました。

一方、だんごむしに触れることにまったく抵抗のない子どもたちは、園庭のあらゆる場所へ行って、だんごむしを探しています。そこで、K先生は、「だんごむしは暑いところが好きなのかな～。涼しいところが好きなのかな～」と子どもたちの様子を見ながら、だんごむしの生態にかかわるヒントを投げかけます。K先生のヒントをしっかり聞いていたE児は、探しているうちに、葉っぱの下やジメジメした場所にだんごむしが潜んでいることに気がつきました。E児が大量のだんごむしを見つけたことで、だんごむしを何匹見つけられるかの競争が始まりました。子どもたちはチームに分かれ、だんごむしを見つけてはゼリーカップに入れ、数をかぞえ、競い合いを楽しんでいました。降園後、K先生は、だんごむしに関する絵本や図鑑を保育室の子どもたちの見えるところにそっと置いておきました。

次の日、真っ先にだんごむしの絵本や図鑑に気づいたのは、やはりE児でした。昨日のだんごむし探しや数かぞえの体験がよほど心に残ったのでしょうか。登園するなり「あ、だんごむしだ！」と図鑑を手に取り、ページをめくり始めました。だんごむしにはオスやメスがいることや触ると丸くなる理由、脱皮することなど、仲間とおしゃべりしながら、興味津々の様子です。

　だんごむしブームがしばらく続いたある日のこと、D児が「みんなでだんごむしさんをお部屋の仲間に入れてあげたい！」とK先生に伝えにきました。「じゃあ、みんなにも聞いてみようか」とゆり組会議が開かれ、全員一致でだんごむしをゆり組メンバーとして迎え入れることになりました。子どもたちは園庭で集めた数々のだんごむしを観察ケースに入れ、だんごむしの家づくりを始めました。「わたし、だんごむしさんが隠れられるようにトンネルつくるね」「ぼくは転がれるようにすべり台をつくる」、子どもたちはお菓子の空き缶や空箱、画用紙など思い思いの材料を使って、家の内装を整えていきました。

　みんなでだんごむしのことを考えているうちに、だんごむしに触れることに抵抗のあったF児も少しずつだんごむしに興味を持ち始めたようで、「だんごむしさん、おなかすいてるんじゃない？」と、K先生にエサを準備してほしいと相談にきました。「だんごむしさんって、なにが好きだったかな～」とK先生と一緒に図鑑を開いて、だんごむしのエサになりそうな食べ物を調べました。きゅうりやにんじんのような野菜が食べられることを確認し、早速、給食のおばさんからおすそ分けをしてもらい、だんごむしに与えてみることにしました。だんごむしがケンカせずに食べられるよう、きゅうりを小さくカットしてみたり、だんごむしのそばまでにんじんを運んで「こっちだよ～！」と声をかけてみたり、虫めがねを持ってきて注意深く観察してみたり、子どもたちなりの工夫があふれます。

　だんごむしがゆり組のメンバーとしてなじんできたころには、家から逃げ出すだんごむしもいました。でも、気づかないうちに子どもたちに踏まれてしまってぺったんこに……。「あーあ、しんじゃったー」と残念そうにはするものの、まだ「生命（いのち）」を感じるには少し時間がかかる様子です。

２ 子どもを見る“まなざし”

　事例②では、４歳児（年中児）ゆり組の子どもたちが、「だんごむし」との出会いを通して、一人ひとりがそれぞれのペースと方法で身のまわりにある身近な環境に主体的にかかわり、だんごむしという生き物のことや友だちと協力することなどについて学びを深めていくプロセスの一部を紹介しました。

　４歳という時期は、前述したように、興味・関心をもった事柄を追求したり、友だちと協力して活動を発展させていったりすることができるようになる時期です。このような時期の特徴に加え、子どもが一日を過ごす「園」生活の近年の多様化をふまえると、教育・保育の専門家である保育者はどのようなまなざしをもって保育を考えればよいのか、以下の点に沿ってみてみましょう。

1　環境構成

事例②では、K先生は、だんごむしに対するゆり組の子どもの興味・関心の方向、タイミングやペースなどを丁寧に観察し、子どもの実態に合わせて、活動の発展性を見据えた提案や問いかけをしたりしていることがわかります。これは、ヴィゴツキーの「発達の最近接領域」[*6]を意識した援助といえるでしょう。たとえば、子どもたちがだんごむしに興味を示し始めたばかりのころ、子どもたちが集めたいと思ったときにだんごむしを集め、じっくり見てみたいと思ったときに観察できるよう、K先生は手のサイズや持ち運びを考慮し、ダンボールでもなく、大きいバケツでもなく、「ゼリーカップを持っていったらどうかな」と提案しています。

ゼリーカップは、子どもが片手で持ち運ぶにも適したサイズであり、透明であるため、カップの外からだんごむしを観察することも可能です。子どもたちが友だちと協力したり動いたりしながら、だんごむしの活動を発展させていくには、最適の教材であったと考えられます。そして、このような環境構成の背景には、保育者としてのK先生の保育の「ねらい」と「願い」が込められていることが読み取れます。

2　友だちや先生とのかかわり

また、K先生は、「一人ひとりの子ども」の育ちのペースとタイミング、「ゆり組」としての育ちのペースとタイミングの両方を観察し、その都度その場で必要なかかわりが生まれるよう、意識的に問いを投げかけたり、環境を構成し直したりしています。子ども同士のかかわりはもちろんのこと、K先生や給食職員のような子どもを取り巻く人的環境を最大限に使って、子どもの興味・関心や活動が深まり発展していくよう、ねらいをもって環境を構成していることがわかります。

K先生と一緒に図鑑を開く場面や給食職員から「おすそ分け」してもらう場面は、子どもの生活において、とりわけ目立つことのない場面であるでしょう。しかし、教育・保育の専門家である保育者は、このようななにげない普段の時間の積み重ねを通して、子どもに「育みたい資質・能力」[*7]が育つよう、日ごろから子どもを観察し、計画的に必要な教材の準備や援助を試みていくことが求められます。

さらに詳しく

＊6　ヴィゴツキーの「発達の最近接領域」
　子どもが、保育者のような大人もしくは仲間の援助を受けてできるようになる領域を指します。保育者は、一人ひとりの子どものこの領域に的確に働きかけていくことが求められています。

＊7　育みたい資質・能力について、詳しくは、第2章（p.16）を参照。

3　５歳児の発達と保育内容

1　５歳児の園生活と特性

1　５歳児の園生活

最終学年ともなると、年長組になったという自信や自負が芽生え始めます。進級初日の始園式の子どもの自信に満ちた表情や姿は、それまでの４歳児の姿とはまったく異なるものといえます。このような自信や自負の芽生えは、保育者や保護者による言葉かけと同時に、子ども自身からみなぎってくるものでもあることを忘れてはなりません。子どもにとって、あこがれの年長組になったというこの瞬間は、大人が想像する以上に特別なことなのです。

2　５歳児の発達特性と保育

年長組になった子どもには、心身ともに新たにさまざまな経験が待っています。たとえば、クッキングのように５歳児のみが特別に経験できるものやお店ごっこのように５歳児がリーダーとなってその時間を動かしていくようなもの、遠足や親子体操などの恒例の行事も増えるでしょう。友だちとの経験が質や量ともに増加することで、目的に向かって集団で行動する力や言葉を用いて仲間とやりとりする力、見通しを立てる力などを身につけていきます。

そのような成長の一方で、「大きい組さんなんだから……」という独特のプレッシャーから、この初めての気持ちとどのように向き合えばよいのか困ってしまう子どももいます。このようなタイプの子どもにとっては、一人ひとりの成長のペースを保育者が見極め、一つひとつの行事や活動の**成功体験**を友だちや保育者と共有し、積み重ねていく意識的な援助が大切となるでしょう。このような５歳児ならではの感情は、友だちとの関係性や園という社会において求められる役割を自覚できるようになってきたからこそ表れるものであり、成長のプロセスにおいては非常に重要な意味をもっています。

教育・保育の専門家である保育者は、上記のような「５歳」という時期のもつ発達の特徴や子どもの「園」生活の多様化をふまえながら、保育内容について考え、実践することが求められます。ここでは、以下の事例をもとに考えてみましょう。

事例③：先生ももみじ組さんもだいっきらい！（５歳児）

５歳児（年長児）もみじ組担任のＮ先生は、幼稚園教諭となって４年目です。４月の初旬に４回目の始園式を迎え、心新たに新しいクラスの子どもたちと顔を合わせました。Ｎ先生が欠かさず心がけていることは、毎朝必ず一人ひとり

の子どもたちの登園時に、両腕でしっかりギューッと抱きしめ、目を合わせて挨拶をすることです。

もみじ組の子どもたちにとっても保護者にとっても、N先生とのそのようなかかわりが恒例の朝の風景となっていましたが、N先生には気になることがありました。ばら組から進級してきたM児です。M児は、1日も欠席することなく登園し、友だち関係も問題はないようですが、もみじ組の前まで来ても挨拶の声は小さく、笑顔もあまり見られず、N先生との「ギューッ」のときも身体のかたさが残ったままでした。そんなM児のことを、N先生は毎日気にかけて様子を見ていました。

4月下旬のある朝、N先生はいつもどおり、登園してきたM児をギューッと抱きしめようとすると、「先生ももみじ組さんもだいきらい！」。突然のM児の言葉にN先生は思わず表情がこわばってしまうほどでしたが、ふんばってこれまでと変わらないかかわりを続けました。

しばらくたったある日、N先生はM児と2人になる時間をつくってみることにしました。M児と廊下で2人になったN先生は、「Mちゃん、先生と一緒にばら組さんに行ってみるのはどう？」と伝えてみました。M児が「うん」とうなずいたので、手をつないで2人でばら組へ行くことにしました。M児は「お部屋に入りたい」というので、N先生は「いいよ」と返事をし、M児はばら組に入っていきました。

1か月ぶりのばら組は、担任の先生や友だち、おもちゃの配置や壁面など、人や物が変わっていました。しかしM児は、物おじすることもなく入っていき、ばら組で少しの時間を過ごしました。しばらくして、N先生がM児を迎えに行くと、M児は落ち着いて1人で遊んでいました。N先生がM児に、「Mちゃん、もみじ組さんのお友だちも待っているよ。そろそろ帰らない？」と尋ねると、M児は「うん」とうなずきました。

ばら組からもみじ組への帰り道、N先生はM児を膝の上に乗せて階段に座り、目を見てゆっくりと話しかけました。「ねえ、Mちゃん、N先生はMちゃんのこと大好きなんだけどな……」。するとM児は、「せんせい、Mちゃんね、ほんとはNせんせいも、もみじ組さんのみんなも大好きだった。でもね、いいたかったけど、ずっといえなかったの……」と、小さな心に抱えていた思いを打ち明けてくれたのです。N先生はあふれそうな涙をぐっとこらえ、M児を両腕でギュッと抱きしめて、「Mちゃん、お話ししてくれてありがとう。がんばって伝えてくれたんだね、先生もとっても嬉しいよ」と言いました。その後、2人で少し話した後、M児は友だちの待つもみじ組へと帰りました。

次の日からM児は、笑顔で登園し、大きな声で挨拶もできるようになり、N先生の恒例の「ギューッ」に対しても、身体のかたさは和らいでいきました。

２ 子どもを見る“まなざし”

事例③では、５歳児のＭ児が自分の思いとして表現した言葉と、実際に心のなかに抱いていた思いの「ズレ」に葛藤しながら、Ｎ先生とのかかわりのなかで、次第に自分の心を開いていくプロセスの一部を紹介しました。

このような「言葉として表現される思いや気持ち」と「実際に心に抱いている思いや気持ち」のズレは、大人になっても経験したことがあるのではないでしょうか。大人になると、自分の行動や言動を自分自身で振り返り、次の機会に活かすことができるでしょう。しかし、子どもの場合は、大人のように「自分自身で」ということがむずかしく、保育者を含む大人の援助や指導が必要となります。そして、教育・保育の専門家である保育者がねらいをもって援助や指導をする際、そこに保育者の専門性が表れるのです。

では、事例にあるＭ児の「だいきらい！」の言葉に隠された気持ちはどのようなものだったのでしょうか。体調が優れなかったのでしょうか、Ｎ先生に自分のことをもっと気にかけてほしかったのでしょうか、お母さんにしかられて気分が優れなかったのでしょうか、さまざまな心情が想像できると思います。言葉として表現しえない心情に対し、５歳という時期の特徴をふまえ、保育者はどのようなまなざしをもって援助を考えればよいのか、以下の点に沿って見てみましょう。

１　成長しつつある点と成長を待つ点

事例③におけるＭ児個人の成長しつつある点は、「だいきらい」という表現ではありましたが、Ｍ児は「言葉を使って相手に伝える」ということはできたといえます。そのような意味で、これがＭ児の成長しつつある点であるととらえることができるでしょう。

一方で、「いいたかったけど、ずっといえなかったの……」という言葉に表れているように、本当に思っている気持ちを的確に相手に伝わる言葉で言い表すことに対しては、まだ課題を抱えている様子が見てとれます。この点については、大人でも状況によってむずかしい場合が多々あることをふまえると、人とのかかわりにおけるさまざまな経験を重ね、その経験のなかで言葉や感情をコントロールする力などを身につけていくことが大切だと考えます。場合によっては、保育者の援助がもっとも必要な場面であるかもしれません。

２　集団における仲間とのかかわり

５歳児という年齢は、一人ひとりがそれぞれの自己や個性を発揮しながら、友だちとかかわる体験を重ね、関係性を深めていく時期です。この点をふまえると、Ｍ児個人のみではなく、もみじ組の友だちとの関係性において援助を考えていくことが必要です。

事例③においてはＭ児とＮ先生とのやりとりが多く示されていましたが、Ｎ先生の言葉にもあったように、実際はN先生を通して、もみじ組の友だちとのやりとりがありました。たとえば、M児が保育室にいない間に、「Mちゃん、どうしてお部屋にいないの？　はやくお部屋にもどってきたらいいのにね」「Mちゃんと明日もこの続きしようって約束したのにどこにいるんだろう」というように、もみじ組の友だちがM児を気にかけたり、心配したりする様子がありました。

前日までのM児の様子は、友だちに誘われると一緒に遊ぶけれど一人で遊ぶことも平気であるといったように、一定の友だち関係が生活の中心にあるという状況ではありませんでした。したがって、教育･保育の専門家である保育者が、「友だちと一緒に遊ぶ楽しさ」や「友だちと時間や場所を共有する喜び」という体験ができるように､その関係づくりを意識した援助を組み込む必要があるでしょう。保育者が遊びに一緒に入って体験を共有すること、あえて少し外側から様子を見守り、必要に応じて声をかけることなど、保育者のねらいをもった援助を通して、M児はもみじ組での居場所や友だち関係を見つけていくことができるようになります。

子ども集団の育ち合いが可能な時期だからこそ、個と集団の両者の育ちにつながるような援助や、「幼児期の終わりまでに育ってほしい姿」＊8を意識した援助を生み出していくことが求められます。また、保育者間での情報の共有も欠かせません。事例のように、もみじ組やばら組の保育者が日々細やかな打ち合わせを行うことにより、M児にとって最もよい環境を準備することができるのです。

＊8　「幼児期の終わりまでに育ってほしい姿」については、第2章（p.18）を参照。

POINT

・保育者は、3・4・5歳の発達の特性を理解し、それらをふまえた援助を行います。
・保育者は、「幼児期の終わりまでに育ってほしい姿」を保育者間で共有しながら、具体的な活動を計画します。

演習問題

①　あなたが保育者なら、事例①のＹ児への具体的な援助を考える際、保育内容のどの領域に重点を置いて考えますか。領域とその領域をあげた理由について記述しましょう。

②　あなたが保育者なら、事例②の「『生命（いのち）』を感じるには少し時間がかかる」様子にあるゆり組の子どもたちに、どのような環境や活動を取り入れたいと考えますか。「ねらい」と「具体的な活動」について記述しましょう。

③　あなたが保育者なら、事例③のM児に対してどのような援助をしますか。もみじ組の仲間とのかかわりを含めて、具体的な援助について記述しましょう。

第10章 小学校との連携と保育内容

幼稚園教育要領、保育所保育指針、幼保連携型認定こども園教育・保育要領と小学校学習指導要領の改正において、幼児期と小学校との連携が大きく着目されました。小学校教育への滑らかな接続に向けて、幼児期には先を見通した教育が求められています。それをふまえ、本章では小学校との連携を視野に入れた保育のあり方とそのために必要な取り組みについて学びます。

① 小学校との連携はなぜ必要なのでしょうか。
② 幼児期の教育と小学校教育の特徴や違いはなんでしょうか。
③ 育ちの連続性をふまえた保育とはどのようなものでしょうか。
④ 小学校入学に向けて幼児期に経験しておきたいことは、どのようなことでしょうか。

Keywords　小学校との連携　育ちの連続性　接続カリキュラム 

1 連携の必要性

幼児期の教育は、生涯にわたる人格形成の基礎を培う大切な教育です。しかし、幼稚園や保育所等については、幼い子どもを預かるだけの施設、子どもを楽しく遊ばせるだけの施設だと誤解されていることがあります。それは、幼児期の教育と小学校教育では、学び方や生活が大きく異なっているからでしょう。

そこで、保育者は、幼稚園や保育所等での教育・保育が小学校以降の学習につながっていることを自覚してその内容を理解し、幼児期の学びを小学校につなげていく必要があります。

1 小学校との接続が求められる背景

みなさんは、**小1プロブレム**という言葉を知っていますか。これは、1998（平成10）年ごろに生まれた言葉で、ニュースや新聞などで広く知られるようになりました。小1プロブレムとは、小学校に入学した子どもが、教師の話が聞けなかったり、授業中に歩き回ったり、教室から出て行ったりと、小学校での集団行動がとれない問題のことをいいます。原因は、幼児期の教育と小学校教育の「段差」にあると考えられました。幼稚園や保育所等での生活を終えて小学校に入学したものの、子どもが教育内容や環境の違いの大きさ（＝段差）についていけず、その結果、精神的に不安定な状態に陥っていると考えられたのです。

幼稚園や保育所等では、遊びを通して学ぶ生活であったのに対し、小学校に入学したとたん、決められた時間割のなかで学習する生活スタイルに変化します。これだけをとっても、子どもにとっては大きな変化です。このような「段差」をスムーズに乗り越えられず、小学校での生活に戸惑いや不安が大きい子どもが増えたため、幼児期の教育から小学校教育への滑らかな移行や接続の必要性が着目されるようになりました。

② 育ちの連続性

小学校との接続の意義は、小１プロブレムの解消だけではありません。人は生まれてからさまざまな経験を重ね、気づき、学習し、日々成長を続けていきます。そのような流れを意識し、一人ひとりの幼児期の育ちを小学校に引き継いでいくことは、子どもを理解して育てていくうえで重要です。幼児期にどのような経験をしてきたのか、心と体がどのように育ったのか、友だち関係はどうか、何を好み、何が苦手なのか、きらりと輝くところはどこなのか、今抱えている課題はなにかなど、幼稚園や保育所等での生活のありのままの育ちを小学校に引き継いでいくことは、一人ひとりの育ちに連続性をもたせることにつながります。

そして、子ども一人ひとりに対する細やかな理解は、子どもや保護者の安心感や保育者への信頼にもつながります。小学校との接続は、学ぶ子どもにとっても指導する保育者にとっても、大きな意義があるといえます。

③ 幼稚園教育要領・保育所保育指針と小学校学習指導要領に見る接続

2017（平成29）年に改訂された幼稚園教育要領および保育所保育指針では、小学校とのつながりをより重視した内容に改正され、あらためて連携の重要性が示されました。

幼稚園教育要領では、次のように示されています。

第１章 総則　第３ 教育課程の役割と編成等

5　小学校教育との接続に当たっての留意事項

⑴ 幼稚園においては、幼稚園教育が、小学校以降の生活や学習の基盤の育成につながることに配慮し、幼児期にふさわしい生活を通して、創造的な思考や主体的な生活態度などの基礎を培うようにするものとする。

⑵ 幼稚園教育において育まれた資質･能力を踏まえ､小学校教育が円滑に行われるよう､小学校の教師との意見交換や合同の研究の機会などを設け､「幼児期の終わりまでに

育ってほしい姿」を共有するなど連携を図り、幼稚園教育と小学校教育との円滑な接続を図るよう努めるものとする。

第1章 総則　第6 幼稚園運営上の留意事項
3　地域や幼稚園の実態等により、幼稚園間に加え、保育所、幼保連携型認定こども園、小学校、中学校、高等学校及び特別支援学校などとの間の連携や交流を図るものとする。特に、幼稚園教育と小学校教育の円滑な接続のため、幼稚園の幼児と小学校の児童との交流の機会を積極的に設けるようにするものとする。

保育所保育指針においても、小学校との連携が次のように示されています。

第2章 保育の内容　4 保育の実施に関して留意すべき事項 (2) 小学校との連携
ア　保育所においては、保育所保育が、小学校以降の生活や学習の基盤の育成につながることに配慮し、幼児期にふさわしい生活を通して、創造的な思考や主体的な生活態度などの基礎を培うようにすること。
イ　保育所保育において育まれた資質･能力を踏まえ、小学校教育が円滑に行われるよう、小学校教師との意見交換や合同の研究の機会などを設け、第1章の4の(2)に示す「幼児期の終わりまでに育ってほしい姿」を共有するなど連携を図り、保育所保育と小学校教育との円滑な接続を図るよう努めること。
ウ　子どもに関する情報共有に関して、保育所に入所している子どもの就学に際し、市町村の支援の下に、子どもの育ちを支えるための資料が保育所から小学校へ送付されるようにすること。

このように、小学校以降の学習を視野に入れ、幼稚園教育や保育所保育で育てたい内容をより具体的に明記することでよりスムーズな連携を図ることは、2017(平成29)年改訂の大きなポイントとの一つといえるでしょう。

それでは、同時期に改訂された小学校学習指導要領にはどのように示されているのかを見てみましょう。

第1章 総則　第2 教育課程の編成　4 学校段階等間の接続
(1)　幼児期の終わりまでに育ってほしい姿を踏まえた指導を工夫することにより、幼稚園教育要領等に基づく幼児期の教育を通して育まれた資質・能力を踏まえて教育活動を実施し、児童が主体的に自己を発揮しながら学びに向かうことが可能となるようにすること。また、低学年における教育全体において、例えば生活科において育成する自立し生活を豊かにしていくための資質・能力が、他教科等の学習においても生かされるようにするなど、教科等間の関連を積極的に図り、幼児期の教育及び中学年以降の教育との円滑な接続が図られるよう工夫すること。特に、小学校入学当初においては、幼児期において自発的な活動としての遊びを通して育まれてきたことが、各教科等における学習に円滑に接続されるよう、生活科を中心に、合科的・関連的な指導や弾力的な時間割の設定など、指導の工夫や指導計画の作成を行うこと。

上記から、特に小学校低学年での教育は、幼児期の教育をふまえて行うことが重視されていることがわかります。これは中学年以降の学習にも生かされるように示されています。これこそが、先に述べた育ちの連続性につながる部分です。保育者と小学校の教師はこのような育ちの連続性を互いに理解し合い、幼児期の教育と小学校以降の教育のよりよい連携や接続のあり方を工夫する必要があります。

2　小学校以降の学習につながる子どもの学びとは

1　幼児期の教育と小学校教育の違い

幼児期の教育と小学校教育は、**連続性**をもってつながることが大切です。

それでは、育ちの連続性を考えるうえで、幼児期にどのような教育・保育を実践することが必要なのでしょうか。まずは、幼稚園や保育所等と小学校、それぞれの教育の特徴や違いを見ていきます（表10-1）。

幼児期の教育とは、遊びを通した心の教育であり、これからの方向性を示すものです。それに対して、小学校教育では教科ごとに到達目標が定められ、それを理解し習得するための学習が行われます。

また、指導の方法も異なります。幼稚園や保育所等では、子どもを取り巻く環境を通して教育を行います。保育者は、そのための環境を構成しなければなりません。それに対し、小学校では、各教科に応じた教材を使い、時間ごとに設定された目標の達成に向けて、集団学習を効果的に行うことを基本とします。保育者と小学校の教師が、このような特徴や違いを互いに理解し合うことが大切です。

表10-1　幼児期の教育と小学校教育のちがい

	幼児期の教育	小学校教育
保育の計画の基準	幼稚園教育要領 保育所保育指針 幼保連携型認定こども園 教育・保育要領	小学校学習指導要領
	5領域 （健康・人間関係・環境・言葉・表現）	各教科
保育の計画の構成原理	生活や経験を重視した 経験カリキュラム	学問の体系を重視した 教科カリキュラム
	その後の教育・保育の方向性を 重視した方向目標	具体的な目標の達成を 重視した到達目標
指導方法	遊びを通した総合的な指導	教科の内容に応じて選択 された教材による指導

②　アクティブ・ラーニング

　では、連続性を意識して行うべき教育・保育とは、どのようなものでしょうか。幼児期の子どもに文字や計算などを事前に教える、いわゆる「先取り教育」でしょうか。また、幼稚園教育要領や保育所保育指針等に示されている「幼児期の終わりにまで育ってほしい姿」を追い求めればよいのでしょうか。いえ、そうではありません。

　幼稚園教育要領や保育所保育指針、幼保連携型認定こども園教育・保育要領および小学校学習指導要領には、幼児期の教育や小学校以降の学習はアクティブ・ラーニングを大切にすることが示されています。**アクティブ・ラーニング**とは、「主体的・対話的で深い学び」を意味します。つまり、知識や技術の習得に向けた一方通行の教育ではなく、子どもの主体性を重視し、周りの環境とのかかわりを通じて、みずから気づきや学びを得る教育です。

　しかし、そもそも幼児期の教育では、子どもが主体的に物や人など周りの環境にかかわり、そこで得られる気づきや学びを大切にすることに取り組んできました。よって、アクティブ・ラーニングは、これまで幼児期の教育で取り組んできたことそのものです。ですから、小学校の学習に向けて教育・保育のあり方を大きく変更したり、小学校の準備教育として大きくかじを切ったりする必要はありません。そうではなく、連続性を意識する教育・保育においては、今、目の前で行われている教育・保育において、遊びを通じて子どもが得た気づきや学びが、小学校以降のどのような学習につながっているのかを考え、理解することが大切なのです。

③　日々の遊びのなかの学びと環境

　子どもは毎日友だちと遊びながら学び、育っています。もちろん、子ども自身は学んでいるという自覚はありません。無自覚ながら確かに学び続けているのです。

　では、それはどのような学びなのでしょうか。それでは、5歳児の土山の遊びを例に考えてみましょう。

事例①：土山の遊び①（5歳児）

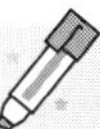

　子どもは感触を味わえる遊びが大好きです。暑い時期には裸足になって園庭に飛び出し、泥遊びや水遊びをして、土や砂のやわらかさや水の冷たさなどを存分に味わって遊びます。そして、子どもたちは、スコップを手に、力いっぱ

い土山を掘り進めて水路やトンネルをつくり始めます。

最初は思い思いの場所で、それぞれがやりたいように遊び始めますが、毎日遊ぶうちに「もっと水路を遠くまで伸ばしたい」「トンネルを掘り進めて、友だちとつなげたい」「たくさん水をためることができる大きなダムをつくりたい」などと、遊びのめあてがより明確になり、徐々に遊びがダイナミックなものになっていきます。

また、同じめあてをもつ友だち同士で協力して掘り進めたり、どうしたら崩れずにうまくダムができるかとその方法を考え合ったり、工夫し合ったりする姿が見られるようになりました。

写真10-1　友だちと掘った水路に水が流れて大喜び

事例①では、水路を掘り進め、自分の考えるように流したい、けれど思うように水は流れません。そこで水路の向きや深さを変えながら**試行錯誤**しています。こうして子どもは、水という液体を流すには高低差や角度が必要なことに気づいていきます。また、前日につくったダムにたまった水に足をつけたときに、その温かさに気づき、「温泉になってる！」と喜びます。そして、太陽の日差しで水の温度が上昇したことを体感し、知らず知らずのうちに理解します。これらはすべて理科の気づきや学びといえるでしょう。

また、「ここ掘るのを手伝ってよ！」「もう水を流してもいい？」「そのバケツ貸して」「ありがとう」と友だちと互いに声をかけ合い、自分の思いを伝えたり、相手の話を聞いたりして遊ぶ姿からは、言語の獲得や話し方、相手とのかかわり方を学んでいることが見て取れます。これは、小学校以降の国語科や生活科、道徳教育などにもつながっていると考えられます。

次に、事例②における物的環境にも目を向けてみましょう。

事例②：土山の遊び②（5歳児）

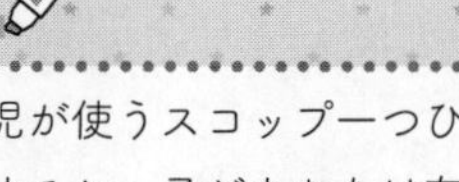

保育者は、この土山の遊びで5歳児が使うスコップ一つひとつにテープを巻き、1から順に数字をつけました。すると、子どもたちは存分に遊んだ後、スコップをカゴに入れて片づける前に、1か所に集めて友だちと数を確かめるようになりました。

毎回スコップがすべてそろっているとよいのですが、時には数が足りないことがあります。このようなときは、たいていの場合スコップは土山のどこかにうもれていたり、水たまりの底に沈んでいたりします。自分たちの大事な道具が足りないことに気づいた子どもたちは、「これは大変だ！」と慌ててみんなで探し始めます。ときには、すぐには見つからず、お昼ご飯を食べてから、また探しに土山へ駆け出す姿も見られました。

こうして苦労してスコップを見つけると、「あったよ！」と子どもたちはうれしそうな笑顔を見せて友だちと喜び合いました。そして再びみんなで嬉しそうに数を数え始めました。

写真10-2　大事なスコップ、数はそろっているかな

みんなで一緒に探すという活動も、子どもにとっては夢中になる遊びの一つです。集中してスコップを見つけ出し、友だちと喜ぶ姿は、まるで宝物を見つけ出したようで、見ていてほほえましいものです。そう、スコップは子ども同士の思いをつなぐ、大切な宝物なのです。そして、「ひとつ、ふたつ……」とみんなで声を出して何度となく数える経験は、やがて数の概念につながっていきます。これは、算数につながる基礎ともいえるでしょう。

このように、日々の生活のなかで、子どもは小学校の学習につながる学びを遊びを通じて獲得しています。保育者はそれらを理解したうえで、小学校以降の学習を視野に入れ、保育環境を工夫することが大切です。

4　小学生とのふれあいを通して芽生える育ち

幼稚園教育要領には、「幼稚園教育と小学校教育の円滑な接続のため、幼稚園の幼児と小学校の児童との交流の機会を積極的に設けるようにするものとする」と示されているように[*1]、幼児と児童が一緒に活動する交流の機会を設けることは、とても意味のある取り組みです。なぜなら、幼児と児童が互いをよく知ることで、そのかかわりとともに得られる育ちも深まるからです。したがって、両者の年間計画に**継続的な交流の機会**を位置づけることが重要です[*2]。

また、幼稚園や保育所等や小学校、地域など、さまざまな場所を行き来することが望ましいです。幼児にとっては、これから自分たちが通うことになる小学校のことを知り、場に慣れることにもつながります。就学への不安が薄れ、期待が膨らむでしょう。

では、小学生との交流の一場面を見てみましょう。

＊1　「幼稚園教育要領」第1章総則「第6　幼稚園運営上の留意事項」より。本章第1節（p.101）を参照。

CHECK！
＊2　できれば一度きりや一過性のものではなく、継続して実施することで、その意義は増していきます。

事例③：小学生との交流（5歳児）

この日は、園児が近隣の小学校を訪れ、小学5年生と体育館でジャンケン汽車をして一緒に遊びました。すでに何度目かの交流で、園児や児童の緊張もずいぶんほぐれてきた時期でした。

最初に小学5年生の司会で互いに挨拶を行い、説明を聞いて遊び始めました。そして音楽が止まるたびに相手を見つけてジャンケンをすると、その都度あちらこちらで歓声が上がり、子どもたちに笑顔が広がりました。

写真10-3　小学生のお兄さんにつながってドキドキ

さて、事例③にある写真（写真10-3）から気づくことはありませんか。よく見ると、前にいる2人の小学5年生（以下、「5年生」といいます）はかがんで歩いていることがわかります。園児にとって5年生はかなり大きな体です。しかし、5年生がかがんで高さを合わせてくれることで、園児は相手の肩に手を置き、スムーズにつながることができています。これは、かがむように指示されたわけではありません。園児と一緒に遊ぶうちに、5年生が自然にこの態勢になっていったのです。そして驚くことに、このような姿が体育館のあちらこちらで、ごく自然に見られました。

このとき、5年生の姿からは、園児への温かいやさしさを感じました。自分よりも年少者である園児と交流し、相手を思いやる機会があったからこそ、自然に芽生えたやさしさだったのでしょう。一方、園児も5年生の温かいかかわりを受け、安心して楽しむことができたでしょう。こうした経験は、年長者に対する信頼やあこがれ、小学校への期待につながります。そして、いつか自分たちが年長者になったときに、園児を温かく迎え入れてくれることでしょう。つまり、この交流においては、ジャンケン汽車という遊びを行ったことが大切なのではなく、園児が心の交流を通した育ちを得られたことが、なによりも大切なのです。

交流会の終了後、小学校の教師は、「今日の5年生の姿に驚きました。普段の小学校生活だけでは見られない一面を発見できました」「園児も物おじせずに思いを話せていましたね」と嬉しそうに話しました。このように、交流を振り返り、子どもの育ちを確かめて喜び合うことも大切です。幼児または児童どちらかのためではなく、両者に育ちが得られるからこそ、交流する意義があります。

3 幼児期の学びと小学校以降の学習をつなぐために

1 接続カリキュラム

幼児期の教育と小学校教育では教育課程の構成原理や指導方法に違いがあるため、互いの取り組みや意味が見えにくく、その結果、両者がわかり合えているとはいいがたい現状があります。そうしたことから、小学校教育との接続期の教育課程として、接続カリキュラムの研究や編成が行われています。

就学に向けて必要な経験を重ねていく時期の教育課程を**アプローチカリキュラム**といい、小学校生活が始まり、新しい環境に慣れていく時期の教育課程を**スタートカリキュラム**といいます（図10-1）。

アプローチカリキュラムとは、幼児期の学びがこの先どのように育っていくのかを見通して、内容を具体化し、実施していくためのものです。一方、スタートカリキュラムとは、幼児期の遊びを通して育まれてきたことが各教科等の学習に円滑に接続されるように考えて編成し、それを実施するためのものです。

これらのカリキュラムを作成する際には、２つのカリキュラムが滑らかに接続するように連続性と一貫性をもたせ、具体的な内容について工夫を重ねなければなりません。そして、カリキュラムの作成には幼稚園・保育所・認定こども園と小学校の両者の考えが反映されることが必要です。

2 保育者と小学校の教師とのつながり

小学校との連携を考えるうえでは、滑らかな接続のあり方を考えるのも交流を計画して実施するのも、保育者や小学校の教師の役割です。教育体制が異なる相手と意味のある連携を行うには、互いを理解し、育ちを喜び合う関係性が必要です。

互いを知るには、それぞれの行事やオープンスクールなどの機会に足を運んで取り組みを目にしたり、一緒に研究会に参加して学びを共有したりすることなどが有効です。接続カリキュラムについて、ともに検討し合うことも大切です。

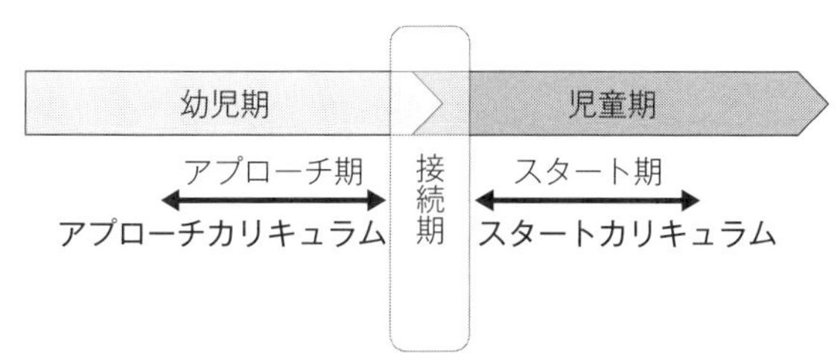

図10-1　アプローチカリキュラムとスタートカリキュラム

異校種間でつながりをもつことはむずかしいと思うかもしれません。しかし、同じ地域の子どもを育てるという点では立場は一緒です。互いの教育を尊重し、考えを交わしつつ、一人ひとりの子どもの育ちをつなぐ同志として、よりよい協力体制をつくるように努力する必要があります。

POINT

- **幼児期の遊びを通した学びが小学校のどのような学習につながるかを考え理解して、教育・保育を工夫することが大切です。**
- **保育者と小学校の教師が互いを理解し協力し合うことで、幼児と児童が互いに育ち合う交流や連携が生まれます。**

演習問題

① 幼児期の教育と小学校教育について、それぞれの特徴や違いについて具体的にあげてみましょう。

② 次の事例を読み、小学校の学習につながるのはどの部分か、それはどのような教科につながるのか考えてみましょう。

【事例】
　ヒマワリ組の5歳児は、自分たちが植えたジャガイモをこれまで大切に育ててきました。いよいよ収穫の日を迎え、泥んこになりながら喜んでジャガイモ掘りをしました。掘り出したイモを大きさごとに並べ、みんなで数を数えると、思いのほかたくさん掘れたことに驚きました。その後、ジャガイモは保育者にお願いして蒸かしてもらうと、3・4歳児も誘って一緒においしく食べました。

③ 就学に向けて、幼児期に必要な経験とはどのようなものでしょうか。アプローチカリキュラムについて調べ、考えてみましょう。

第Ⅳ編

さまざまなニーズを支援する
保育内容

本編では、近年問題となっている保護者への子育て支援や防災・防犯などのような子どもの安全にかかわる対策など、さまざまなニーズを支援する保育について学んでいきます。

子育て支援と保育内容

少子高齢化が進む日本では、労働人口が減少し、共働き家庭が社会的常識になってきています。さらに、核家族化や都市化により子育ての孤立が起こりやすい状況において、家庭での子育てには、幼稚園や保育所等における子育て支援がますます重要になっています。本章では、保育現場が行う子育て支援の役割と実態を見ながら、子育て支援の課題について考えます。

考えてみよう！

① あなたがイメージする子育て支援の取り組みは、どのようなものでしょうか。
① なぜ幼稚園や保育所等で子育て支援を行う必要があるのでしょうか。
② 地域では、どのような子育て支援が求められていると思いますか。
③ 幼稚園や保育所等が行う子育て支援の課題について考えてみましょう。

Keywords　家庭との連携　地域との連携　子育て支援の課題

1 子育て支援に関する基本的事項

子育て支援は、保育者が保護者とともにすべての子どもに対して心身ともに健やかな育ちを実現していくこと、自分らしさをよい形で表現できるよう保障することをいいます。そのため、幼稚園や保育所等は子育て支援の中心的な役割を担い、保護者や子どもを支援していく役割があります。

また、幼稚園や保育所等は子どもが毎日通う施設であるため、保護者に対する**子育て支援**も継続的に行うことができます。そのうえ、保育者や看護師、栄養士、心理士など専門性を有する教職員が配置され、子育て支援にふさわしい環境が整備されています。幼稚園や保育所等では、このような特性を生かして、保護者とともに子育てを喜び合えるよう支援を行っていきます。

1 保護者に対する基本的態度

では、幼稚園や保育所等において、保育者はどのように保護者の子育てを支援していけばよいのでしょうか。保育所保育指針には、子育て支援における保護者への基本的態度として、次の３点をあげています[*1]。

① 各地域や家庭の実態などをふまえ支援すること。

＊1 「保育所保育指針」第４章子育て支援「１ 保育所における子育て支援に関する基本的事項」(1)保育所の特性を生かした子育て支援より。

② 保護者の気持ちを受け止め相互の信頼関係を築くこと。

③ 保護者の自己決定を尊重すること。

子育て支援にあたっては、まずはそれぞれの家庭や子どもの状況をしっかり把握することが基本です。保育者は、常に保護者を尊重する気持ちをもち、ありのままを受け止める**受容的態度**で保護者の話を傾聴します。保育者自身が保護者に対して偏って見方をしていると、公平性に欠けたり誤った判断をすることになりかねません。保護者との**信頼関係**をしっかり築き、相談に寄り添っていきます。保育者は自分の考えや思いを直球で投げるのではなく、保護者の考えや行動に共感しながら、保護者が「子育ては楽しい」と感じられるよう意欲や自信を引き出していきます。

2 支援に対する基本的姿勢――関係機関との連携と守秘義務

事例①　関係機関との連携

A先生は、4月に入園したB児（3歳1か月）が多動で言葉が少なく気になっていましたが、あるとき保護者から「子どもと目が合わないのはなぜでしょうか」と相談を受けました。A先生は、B児が環境に慣れず、不安な気持ちでいるのではないかと伝えましたが、不安な保護者はA先生に毎日悩みを話し続け、ときには大泣きすることもありました。A先生は保護者の気持ちに寄り添いながら話を聴くことに徹していました。

5月に入り保護者に笑顔が見られるようになったので、A先生が園でのB児のありのままの姿を少しずつ話すようにすると、保護者は素直に受け入れてくれました。その姿をみて、園長が「心配なことを解決するためにも専門機関に行くのはどうだろうか」と提案したところ、保護者は了解し、A先生とともに専門機関に向かうことになりました。診断の結果、B児はしばらく通院することになったので、A先生は専門機関にB児とのかかわり方や発達に必要な環境整備について指導を受け、園に報告しました。園では全体でB児について共通理解を図り、様子を見守ることが決まりました。

次の日から、A先生はB児の落ち着く場所づくりや言葉のかけ方などを意識して保育を行いました。少しずつB児は穏やかに生活するようになり、友だちとも一緒に遊ぶ姿が見られるようになりました。これを見て、保護者は「この園に来てよかった」とA先生と園長に話しました。その後もA先生は、B児が進級するまで、専門機関から生活の仕方やかかわり方の助言を受けて保育を行っています。

事例①では、Ａ先生がＢ児に対する保護者の思いを丁寧に傾聴したことで、保護者が心を開き、笑顔が見られるようになりました。これは保育者と保護者に信頼関係が構築されてきたといえます。信頼関係が築かれてきたからこそ、保護者はＡ先生の話すＢ児のありのままの姿を受け入れ、それが専門機関の受診につながったのです。

このように、保育者は、関係機関の役割や機能を理解し、園だけで抱え込むことなく、子どもの発達状況に応じた関係機関を紹介することが大切です。保育者自身も園でのかかわり方や環境整備などについて指導を受ける機会をつくり、関係機関と協働しながら支援していくことが望まれます。園全体で理解の共有を図り、組織的に取り組むことが重要です。

また、相談内容については**守秘義務**があります。保護者が望むすべての情報を守ることが重要です。児童福祉法第 18 条の 22 には、プライバシーの保護や秘密保持が規定され、同法第 61 条の 2 には違反した場合の罰則が定められています。

なお、保育所保育指針には、子育て支援に関して留意するべきこととして、次のように記されています。

> 第 4 章　子育て支援　1　保育所における子育て支援に関する基本的事項
> ⑵　子育て支援に関して留意すべき事項
> ア　保護者に対する子育て支援における地域の関係機関等との連携及び協働を図り、保育所全体の体制構築に努めること。
> イ　子どもの利益に反しない限りにおいて、保護者や子どものプライバシーを保護し、知り得た事柄の秘密を保持すること。

2　幼稚園や保育所等を利用する保護者に対する子育て支援

子どもの成長と同様に保育は 24 時間流れているため、幼稚園や保育所等を利用する保護者に対する子育て支援には、**家庭との連携**が不可欠です。家庭での生活と園での生活の連続性を確保することが、子どもの育ちを支えます。そのため、幼稚園や保育所等を利用している保護者には、園の教育や保育に対して理解と協力を得ることが求められます。

①　保護者との相互理解

保護者と保育者が互いに理解しあい関係を深めるには、保育者は、保護者の状況を把握し、まずは考えや思いを受け止めることが大切です。はじめの段階で不信感をもたれると、それが悪循環をつくり出し、いわゆる「モンスターペアレント」を引き起こします。保育者は、送迎時の対話や連絡帳、電話や面談、家庭訪問などで家庭の実態を把握し、保護者の気持ちの受け止め、相互の信頼関係を築いていきます。一方、クラスだよりや園だより、ホームページなどを通して、園の教育や保育の意図を丁寧に説明していくことも求められます。また、保護者に保育活動へ参加してもらうことも大切です。これは**保育参加**といわれ、保護者の子育ての実践力を向上させます。

事例②　保育参加日

C児の母親は、目の前のC児の姿を受け入れられなかった様子で、C児を「うちの子はできない」「情けない子ども」だと言い続けていました。保育者が園での様子を連絡帳や送迎時に伝えるときに、C児のよいところを積極的にあげていましたが、母親の口から発せられる言葉に変化は見られませんでした。

C児の母親が保育参加した日、母親は「はい、これに砂入れて」「水入れてみたら」と、常にC児に指示をしています。しかし、C児はお母さんの指示には従わず、自由に遊んでいました。そこへ、保育者が「Cちゃん、おいしそうなプリンができたね。一つ食べていいかな」と話しかけました。C児は、「はい、どうぞ」と保育者に差し出します。その後、保育者とC児の間でいくつかの会話のやり取りが続き、C児は穏やかな表情で遊び続けていました。

その様子を見た母親は驚いて「C児と私では先生のような会話が成り立たないのですが、何が違うのでしょうか」と保育者に質問すると、保育者は「Cちゃんの気持ちに寄り添って話していますよ」と答えました。その後、母親のC児に対する送迎時の言葉かけに変化が見られ始めました。

事例②では、保育者が連絡帳でC児の積極的な様子を知らせていますが、母親は受け入れられません。しかし、保育参加した日、C児が保育者と楽しく会話する姿を見て、保護者は「何が違うのだろうか」と疑問をもち始めています。また、保育者と同じように子どもに寄り添う言葉かけを実践しようと、かかわり方に変化も見られました。保育参加は、保護者にとって子どもとのかかわり方を学ぶ機会にもなり、保育者や園との相互理解にもつながるのです。

② 保護者の状況に配慮した個別の支援

1　病児保育事業を通した子育て支援

病児保育事業とは、子どもが病気になり自宅での保育が困難な場合に、病院や保育所等において病気の子どもを一時的に保育する支援をいいます。たとえば、保育所を利用する保護者は仕事と子育てを両立しながら生活していますが、子どもが体調不良を起こすと、すぐにお迎えに行けない、病気の子どもを預ける人がいないなどで悩むことが多く見られます。病院や保育所等では、**病児・病後児保育**[*2]や**体調不良児対応型**[*3]を取り入れて、子育ての不安軽減を図っています。

用語解説
＊2　病児・病後児保育
地域の病児・病後児について、病院や保育所等に付設された専用スペースなどにおいて看護師などが一時的に保育する事業をいいます。

用語解説
＊3　体調不良児対応型
保育中の体調不良児について、一時的に預かるほか、保育所入所児に対する保健的な対応や地域の子育て家庭や妊産婦などに対する相談支援を実施する事業をいいます。

事例③　病児保育（体調不良児対応型）
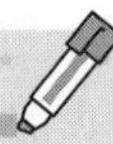

Ｋ児の母親はシングルマザーです。勤務中に、Ｋ児が通うＤ園より「38度のお熱があります。お迎えお願いできますか」と連絡がありました。しかし、この日、母親には重要なプレゼンがあり、どうしてもすぐに迎えに行くことができません。替わりに頼れる人も周りにいませんでした。母親は、Ｋ児の様子を確認すると、「少し食欲がありませんが、機嫌はいいです」と言われたので、重要な仕事があってすぐに行けないので夕方まで預かってほしいと頼みました。園からは「わかりました。急変したら早急にお迎えをお願いしますね」と言われ、引き続き預かってもらえることになりました。仕事の責任を果たせた母親は、仕事が終わるとすぐに迎えに来て「ごめんね」とＫ児を抱き、帰りに小児科医を受診しました。

事例③では、園は、発熱に対してぐったりした様子がないＫ児の姿を保護者と確認したうえで預かっています。保護者は責任ある仕事を終えて、Ｋ児に申し訳ない気持ちを言葉と態度で示しています。保育者は受け入れる体制やルールについて保護者に十分に説明し、体調の急変時における対応確認を行い、家庭と協力しながら、できる限り子どもの負担が少なくなる方法を選択することが重要です。

2　子どもに障害や発達上の課題が見られる場合の子育て支援

すべての子どもには、幼稚園や保育所等での生活や遊びを通して、ともに育ちあう権利があります。障害や発達上の課題が見られる子どもにも当然の権利です。園は家庭との連携を密にして、子どもの成長のみではなく、保護者を含む家庭への援助について計画や記録を個別に作成し、適切な対応を図ることが必要です。事例①で見たように、保護者に園と連携している医師や保健センター、児童発達支援センター、療育センターなどの**専門機関**を紹介することも大切です。保育者も保護者とともに助言を受け、障害や発達上の課題について正しく理解することが保護者に寄り添う子育て支援といえるでしょう。

3　特別な配慮を必要とする家庭に対する子育て支援

近年、保護者の両方またはいずれかが外国出身者である子どもや、ひとり親家庭、貧困家庭などの子どもが入園する数が増加傾向にあり、このような保護者に対して特別な配慮や支援が必要な場合があります。

事例④　外国にルーツをもつ家庭

ブラジル人の母親と日本人の父親をもつE児の家庭は、母親が、日本語が不得意なため、園だよりにある連絡事項を理解できません。そのため、E児は忘れ物が多く、生活するのに不自由していました。担任はお便りを平仮名で書いたり、わかりやすく図で示したり、丁寧に説明したりするなど、さまざまな工夫をしていますが、改善が見られませんでした。

そこで担任は、日本語がわかる父親に電話で説明しました。父親におたよりの内容や持ち物について説明し、母親に伝えてもらったところ、母親の意識が変化し、E児とのかかわりにも少しずつ改善が見られ始めました。

事例④では、ブラジル人の母親は、漢字はもちろん平仮名も読めないため、日本語によるコミュニケーションが取りづらい状況にあります。また、夫以外に子育てを頼る人もいない環境で、子育てに困難や不安を抱きやすくなっています。さらに、母親の子育てはブラジル文化を背景にして行われており、日本の子育て文化とは大きく価値観が異なることも予想されます。E児の園では、平仮名書きや図で示す方法を試しましたが効果が見られず、最終的には父親の協力を得たことにより、母親の子育ての意識が変化し、改善が見られるようになりました。

特別な配慮が必要な家庭に対しては、保育者は、入園の初めに、子どもの生育歴や家庭の状況をしっかり把握し、支援していくことが大切です。保育者は、保護者の不安に早く気づき、送迎時や懇談会等を通して丁寧なかかわりを行います。子どもが園で過ごす様子を保護者と共有していくことも大事です。そのうえで、保護者の意向や思いを理解しながら地域の関係機関につなぎ、個別に支援を行う必要があります。

3 不適切な養育が疑われる家庭への支援

近くに相談する人や助言を求める人がおらず、子育ての悩みや大きな不安を一人で抱えている保護者のなかには、殴る・蹴るなどの身体的苦痛や、食事を与えない・無視するなどの精神的苦痛を子どもに与えてしまう人がいます。

保育者は、直接家庭内の様子を見ることはできませんが、子どもの表情や食欲、体の傷などに常に気を配ることが子どもの命を守ることにつながります。保護者との気持ちのずれや対立に気をつけながら保護者に対応することも必要です。

園のみで解決できないむずかしい状況のときは、**児童相談所**などの関係機関と連携を行います。また、**虐待**の疑いがある場合は、園や保育者には児童福祉法第25条により通告する義務が課せられています＊4。常に子どもの実態に注意して、早期発見・早期対応を心がけて温かく支援していきます。

覚えておこう

＊4　虐待の通報には、虐待対応ダイヤル189（イチハヤク）や子どもの人権110番、24時間子どもSOSダイヤルなどがあります。

事例⑤　園生活の様子から虐待を疑う

Ｈ児は、園では活発で、どちらかというとリーダー的な存在です。しかし、ある冬の参観日に保護者が来たとき、異常に緊張し、普段とは様子が明らかに違っていました。保育者が保護者と話をしていると、おびえた表情で様子をうかがっています。Ｈ児が緊張して固まっている様子を見かねた父親が「もう帰るぞ」と怒鳴り、保育室の壁を殴り、保育途中にＨ児を連れて帰宅してしまいました。

その様子を見ていた園長は、行事が終わるとすぐに担任と家庭を訪問しました。すると、玄関前に上半身が裸で泣きじゃくるＨ児がいて、警察と父親が話をしています。父親は「しつけだ」「虐待ではない」と叫んでいました。近所の人の通報で警察が駆けつけたことによって、寒い時期に裸で外に放置されていたＨ児の命が守られたのでした。園長の訪問を見て両親は我に返った様子で、Ｈ児にタオルをかけていました。この日以来、園長は保護者面談を繰り返し行い、児童相談所と連携を取りながらＨ児とその家庭の様子を見ていくことになったのでした。

事例⑤は、Ｈ児はのびのびと園生活をしていますが、参観日の保護者の前ではおびえた表情で体が固まり、Ｈ児らしい遊びができなかった事例です。保育者がＨ児の様子に異変を感じ家庭訪問をしたことで、家庭での子育て状況を把握できました。保育者には、子どもの様子から察知できるアンテナを常に掲げ、子どもを守っていく責任があります。虐待の対応には園全体でチームとして行うことによって、保育者の負担が軽減することにもなります。すべての保育者が一貫した対応をとることで、チームとしての役割も果たせるのです。

3　地域の保護者等に対する子育て支援

不審者の問題や事件・事故などの影響、居住環境の変化により子どもが地域で自由に遊ぶことは少なくなり、またスマートフォンなどの情報端末の普及により直接顔を合わせて会話することも減少しています。このようなコミュニケーションの変化により、以前は親戚や近隣の住人に支えられていた子育ての文化が衰退しはじめています。そのため、幼稚園や保育所等では、保護者の子育てを支援するうえで、積極的に地域と**連携**することが求められています。

1　地域に開かれた子育て支援

1　専門性を生かした地域の子育て家庭への支援

保育所保育指針では、児童福祉法48条の4に基づき、通常保育に支障がない限りにおいて、地域の保護者に対して保育所保育の専門性を生かした子育て支援を積極的に行うよう努めることが示されています[*5]。また、幼稚園教育要領でも、地域の人に施設を開放して、幼稚園と家庭が一体となって子どもとかかわる取り組みを進め、幼稚園が地域における幼児期の教育センターとしての役割を果たすように努めることや、心理や保健の専門家、地域の子育て支援経験者との連携を強化することが示されています[*6]。

実際に、幼稚園や保育所等では、地域の親子に対して、基本的生活習慣の自立や言葉の発達に関する相談、園だよりやホームページなどによる情報提供、園庭開放や園行事の参加、保護者交流の機会の提供（親子登園や絵本クラブ）を行っています。通園している子どもとその保護者を支えるだけでなく、地域の子どもとその保護者を支えることも求められるようになり、地域における教育・保育センターの役割を担っています。

＊5　「保育所保育指針」第4章子育て支援の「3 地域の保護者等に対する子育て支援」(1)地域に開かれた子育て支援を参照。

＊6　「幼稚園教育要領」第3章教育課程に係る教育時間の終了後等に行う教育活動などの留意事項を参照。

2　地域の子どもに対する一時預かり保育

幼稚園や保育所等を利用していない家庭で、日常生活上の突発的な事情や社会参加などにより、保護者が子どもの面倒を見ることができないときや、育児疲れによる保護者の心理的・身体的負担を軽減するための支援として、幼稚園や保育所等で一時的に子どもを預けられるサービスとして、**一時預かり保育**を実施しています。

一時預かり保育では、通常保育の遊びや行事に参加する日もありますが、基本は、保護者が迎えに来るまで、子どもと保育者は家庭的な雰囲気のなかでともに過ごします。一時預かり保育では、安全面への配慮が大切です。ケガや事故の予防に努め、万が一事故が起きた場合の対応や連絡方法を明確にして、子どもの命を保障することが重要です。

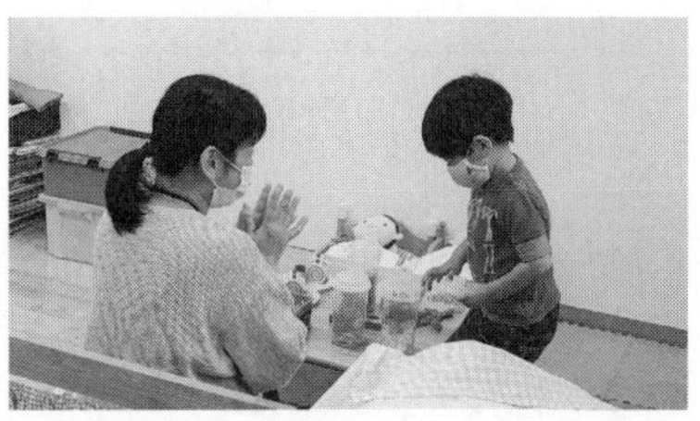
写真 11-1　まったりと遊ぶ時間を楽しむ子ども

写真 11-2　1日の様子を聞き安心する保護者

② 地域の関係機関や専門機関との連携

1　地域の人材との積極的な連携

小学校や中学校などでは、授業のなかで、幼稚園や保育所等に出向き、幼児とかかわる体験が組まれていることがあります*7。少子化できょうだいが少ない小学生や中学生にとって、幼児とのふれ合いは幼い子どもとかかわる貴重な体験になります。また、幼児にとってもお兄さんお姉さんとの温かいふれ合いは、あこがれたり気持ちが穏やかになったりするよい経験になります。幼児は、お兄さんやお姉さんをまねて、友だちにやさしくしたりできるようになります。

*7　小学生との交流については、第10章（p.105）を参照。

また、地域のお祭りや運動会などの行事に参加し、積極的に地域の人と触れ合う機会を計画することも大切です。地域に住む親子にも参加も呼びかけ、包括的に子育て支援を行っていきます。

事例⑥　地域の自治会とのつながり

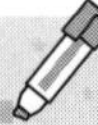

Ｈ園では、毎年、敬老の日に地域の高齢者を招待して、一緒に昔遊びを楽しむ行事を行っています。反対に、行事に参加したお年寄りから地域のもちつき大会や老人ホームのイベントに招待してくださることもあり、関係が深まっています。

ある日、地域の人から、「田んぼに水を入れる時期に泥遊びに来ませんか」と声がかかり、子どもたちは、園庭では体験することができない大胆な泥んこ遊びの機会をもちました。もちろん保護者や地域の親子も一緒に遊びます。このような地域と園が連携した行事は、地域の人や活動を知るよいきっかけになります。人と人との関係性が築かれることで、地域社会の活性化にもつながるのです。

写真 11-3　地域の人と泥田遊び

2　要保護児童への対応と子育て支援

保育者は、子どもの様子の変化に一番早く気づきやすい立場にあります。普段から子どもの兆候をいち早くキャッチできるように子どもの様子に注意を払い、虐待の兆候が見られたときは、速やかに専門機関に**通告**する義務があります*8。地域の家庭への子育て支援を通じて保護者の育児不安を解消することは、虐待を未然に防ぐことにつながります。虐待であるか確信がもてない場合でも園だけで抱え込まず、民生委員や保健所、病院、警察などに相談することが重要です。虐待を未然に防ぐことも子どもを守る子育て支援になるのです。

虐待があるか否かの判断は専門機関が行い、善意の相談は罪に問われません。相談した園の秘密も守られます。子どもの大切な命を守るという子育て支援は、保護者と子どもが本当に苦しんでいるときの「支援の手」といえます。

さらに詳しく

＊8　2000（平成 12）年に「児童虐待の防止等に関する法律」（児童虐待防止法）が成立し、児童虐待を発見した人は児童相談所等に通告することが義務づけられました。2004 年改正では、通告対象者が「虐待を受けた児童」から「児童虐待を受けたと思われる児童」に拡大され、児童虐待が疑われる場合であっても通告の義務が課されることになりました。

4　幼稚園や保育所等における子育て支援のこれからの課題

1　長時間保育の実施

長時間保育とは、教育・保育時間の前後に時間を延ばして子どもを預かる保育（**延長保育**＊9・**預かり保育**＊10）をいいます。早朝から夜遅くまで預かることで、保護者は不安なく働くことができます。しかし、保育時間が長時間にわたることから、保育者が留意すべき課題があります。

① 長い時間を幼稚園や保育所等で過ごす子どもの心身への負担の軽減を考え、温かい雰囲気づくりを行うことです。そのためには、保育者自身がゆとりをもって保育ができる雇用環境の整備も課題となります。

② 保護者と過ごす時間が短い子どもは保護者との関係が希薄になりがちであることの認識を促し、保護者に家庭での過ごし方をアドバイスする力量が必要です。

③ 保育者間の連携と保護者への連絡を密にすることです。保育者には、早出勤務、通常勤務、遅出勤務などさまざまな勤務体制があるため、連絡事項は次の保育者に引き継がれます。保護者を不安にさせないことはもちろん、子どもの育ちを考えた保育者間の連携のあり方を考える必要があります。

このように、保護者の子育て意識を高めながら、家庭的な雰囲気のなかで長時間保育を実施しなければなりません。そのほか、夜間保育や休日保育、電話による育児相談など、子育て支援のさらなる場の提供が必要とされる保育現場においては、質の高い子育て支援を行うための保育者のさらなる専門性の向上も課題といえます。

＊9　延長保育
保育認定を受けた子どもについて、通常の利用日・利用時間以外の日・時間において、保育所等で引き続き保育を実施する事業をいいます。一般的な保育所等は 7 時から 18 時まで開所し、後 4 時間の延長を実施する場合をいい、夜間保育所は 11 時から 22 時まで開所し、前 2 時間、後 4 時間の延長を実施する場合をいいます。

用語解説

＊10　預かり保育
幼稚園または認定こども園が、共働きで所定時間内に迎えに行けないなどのやむを得ない理由で、幼稚園などに在籍している 3 歳以上の幼児を対象に教育時間終了後や土曜日などに預かる事業をいいます。

② 子育て家庭の多様な実態に応じた支援

社会状況の変化により、子育てをする親の状況や家庭のありさまが多様になっています。たとえば、孤独な子育てにストレスを募らせている親、妊娠中からいわゆる「保活」*[11]に必死な親、早期に復職せざるをえない親、子どもを預ける場所がなく働くことが困難になる親、社会的養護を必要とする子どもをもつ親や雇用状況の悪化による貧困家庭やひとり親家庭など、現代の子育て家庭の実態にはさまざまな問題と厳しい状況があります。

保育者は､通園するすべての子どもに対する適切な発達環境を理解したうえで、各家庭の子育てを支援していくことが求められます。また、保育者は「子育てはこうあるべき」という既成概念にとらわれることなく、多様なライフスタイルを尊重する必要があります。保護者が安心して子育てと仕事を両立できる環境を保障し、子育て支援の役割を果たす「保育力の保持」も課題です。

幼稚園や保育所等では、子どもの成育歴や家庭の状況に応じた個別プログラムを考え、一人ひとりの子どもや保護者のニーズに合わせて支援しています。しかし、保育者不足の社会状況を鑑みると、それぞれの園が今後さらに充実した子育て支援の体制をつくることが、ますます大きな課題になっていくといえるでしょう。

用語解説

＊11 「保活」
「保活」とは、保育所に入園できる確度を高めるための一連の行動をいいます。情報収集や書類の準備、実際に園へ足を運んで見学を行うなど、やるべきことは多岐にわたります。待機児童にならないよう、育児休業の期間を調整したり、引っ越しをしたりするなどの積極的な活動をすることも含まれます。

POINT

- 保育における子育て支援とは、保護者の子育ての支援、保護者の育ちの支援、子どもの育ちの支援を行うことです。
- 家庭との連携は保護者との信頼を築いていくことが大切であり、地域との連携にはネットワークの構築が求められます。
- 子育て支援の課題として、長時間保育を質の良い充実したものにすることや、子育て家庭の多様な実態に応じた支援があげられます。

演習問題

① 子育てには、どのような大変なことがあると思うか書き出してみましょう。それをもとにグループで話し合い、解決方法や課題を考えてみましょう。

② 住んでいる町にある幼稚園や保育所等と連携している関係機関や専門機関にはどのようなものがあるか、どのような機能があるかを調べましょう。

■写真協力
・幼保連携型 こうのとり認定こども園
・幼保連携型認定こども園 姫路日ノ本短期大学付属幼稚園

安心・安全に関する保育内容

安心・安全な保育の基本は、子どもの生命と心の安定が保たれ、健やかな生活が確立されることです。危険の回避に努めることも大切ですが、子どもみずから健康で安全を保つ力を身につけていくことも重要です。本章では、子どもの健やかな生活の確立を目指して、心身を守るための配慮事項、事故防止や環境への配慮、感染症対策について学びます。

考えてみよう！

① 子どもの発育・発達状態を把握するには、具体的にどのような方法があるでしょうか。
② 事故が発生する場所や事故の原因となる子どもの行動はどのようなものでしょうか。
③ 子どもの感染症を予防するためには、どのようなことが大切でしょうか。

事故防止　衛生管理　感染症　保健計画 

1　子どもの心身を守るための配慮事項

(1) 子どもの健康な心と体

1　子どもが健康に育つために

保育所保育指針には、保育の目標の一つとして、「十分に養護の行き届いた環境の下に、くつろいだ雰囲気の中で子どもの様々な欲求を満たし、生命の保持及び情緒の安定を図ること」と示されています*[1]。乳児期の子どもが十分にスキンシップ受けることは、心の安定につながるだけでなく、子どもの身体感覚を育てます。子どもは肌とのふれ合いの温かさを実感することにより、人とのかかわりの心地よさや安心感を得ることで、みずから手を伸ばし、他者とのスキンシップを求めるようになっていきます。これらの行動は、親との信頼関係を求めたコミュニケーションのためのものと考えられています。

*1 「保育所保育指針」第1章総則「1 保育所保育に関する基本原則」(2)保育の目標のアより。

しかし、子どもが育つ生活環境や生活経験は激変しています。近年、子どもの心身の発達に未熟さやゆがみが見られたり、病気などが増加したりして(表12-1)、教育・保育が成り立たないことも起きています。子どもの心身の発達の基盤を形成するためには、これらはそれぞれの子どもの個別の問題として対応されるものではないと考えられます。

表 12-1　子どもの気になる状態

下肢	趾力　脚力が弱い　浮き趾の増加　土ふまずの未形成 趾・足・脚の左右差が大きい　歩容が悪い　転倒事故が多い
上肢	指力・握力が弱い　肩の左右の高さが違う　手が不器用 転倒時に防御の手が出ない　指しゃぶり　爪かみ
躯幹	背筋力が弱い　肺活量が低い　骨盤の高さに左右差がある 丸背など姿勢が悪い　体にバネがない　体が固い
頭部	かむ力が弱い　立体視力が低い　目の大きさや高さに左右差がある 首が左右どちらかに傾いている　虫歯が多い　歯並びが悪い　近視
動言	運動能力が低い　群れ遊びをしない　走る時に両腕を広げてバランスをとる 多動・集中できない　持続力がない　子ども同士の対話ができない 必要なことが正しく伝えられない
こころ	情緒が不安定　意欲や気力がない　興味や関心が低い 落ち着きがない　仲間ができない　依存的・わがまま　ルールが守れない 抑制力がない　　忘れ物が多い　仲間や保育者の話を聞かない

出典：原田碩三『子ども健康学』みらい　2004 年　p.15 より一部抜粋

2　子どもの心身の発達

私たちは、心身全体を働かせて活動するために、心身のさまざまな側面において発達のために必要な経験が相互に関連して積み重ねられていきます。つまり、乳幼児期は諸能力が個別に発達していくのではなく、相互に関連して総合的に発達します。たとえば、子どもの活発な遊びは、筋力や神経、心肺の機能を高め、寝つきをよくして就寝を適正なものにします。また、食欲を増進させ、排便を促進し、ストレスを発散するだけでなく、子ども同士の信頼関係を深めて遊びを継続し、発展させます。つまり、子どもは、心身の発達によって人間として生きるための**基礎的な能力**と**生き方の基礎**を体得していきます。

このような子どもの心身の発達を保障するためには、子どもを一人の人間として尊重し、その命を守る必要があります。また、情緒の安定を図りつつ、乳幼児期にふさわしい経験が積み重ねられていくようなきめ細かい支援が大切になります。

② 子どもの健康支援

保育所保育指針には、子どもの健康支援について次のように示しています＊2。

＊2 「保育所保育指針」第 3 章健康及び安全「1 子どもの健康支援」(1)子どもの健康状態並びに発育及び発達状態の把握より。

> ア　子どもの心身の状態に応じて保育するために、子どもの健康状態並びに発育及び発達状態について、定期的・継続的に、また、必要に応じて随時、把握すること。

子どもの**健康状態**の把握は、定期的な健康診断に加え、保育者による日々の子どもの心身の状態の観察、保護者からの子どもの状態の情報提供によって、総合的に行う必要があります。保育者による日々の健康観察では、子どもの心身をきめ細かく観察し、平常とは異なった状態に速やかに気づくことが大切です。

保育者は、子どもに接する場合、常にその子どもの**発育**[*3]と**発達**[*4]を念頭に入れて日々の保育を実践しています。発育・発達は出生後から定期的・継続的に把握する必要があり、それらをふまえて保育を行わなくてはなりません。

発育状態を把握する方法は、定期的に身長や体重などを計測し、前回の計測結果と比較する方法が最も容易で効果的です。この結果を個別に記録するとともに、保護者にも伝えることで、家庭の子育てにも役立ちます。一方、発達状態は、子どもの日常の言動や生活の状態などを観察して把握します。心身の機能の発達は、出生前や出生時の健康状態や発育、発達状態、生育環境などの影響もあり、個人差が大きいことにも留意する必要があります。保育所保育指針には、次のように示されています[*5]

> イ　保護者からの情報とともに、登所時及び保育中を通じて子どもの状態を観察し、何らかの疾病が疑われる状態や傷害が認められた場合には、保護者に連絡するとともに、嘱託医と相談するなど適切な対応を図ること。看護師等が配置されている場合には、その専門性を生かした対応を図ること。

保育中の子どもの心身になんらかの疾病が疑われるときは、保護者に連絡するとともに、状況に応じて嘱託医やかかりつけ医の指示を受け、適切に対応する必要があります。また、幼稚園や保育所等の看護師は、ケガや病気に専門的な知識をもって手当を行うほか、感染症が流行している時期の衛生管理や保護者からの健康に関する相談への対応など、専門的機能が発揮されることが望ましいとされています。

用語解説

＊3　発育
育つこと、成長することをいいます。身体の量的な増大を意味します。

用語解説

＊4　発達
肉体や精神が成長して、より完全な形態や機能をもつようになることをいいます。

＊5 「保育所保育指針」第3章健康及び安全「1　子どもの健康支援」(1)子どもの健康状態並びに発育及び発達状態の把握より。

2　事故防止と保育環境への配慮

①　環境および衛生管理

1　学校環境衛生基準

学校保健安全法第6条の学校環境衛生基準には、幼稚園や幼保連携型認定こども園の施設内外の適切な環境の維持に努めるとともに、子どもおよび全職員が清潔を保ち、職員は衛生知識の向上に努めることと記されています。季節や施設の立地条件よっては、冷暖房や加湿器なども活用しながら室温や湿度を調節し、換気を行うことが必要になります[*6]。さらに、部屋の明るさ、音や声の大きさなどに配慮し、**心身の健康**と**情緒の安定**が図られるように、環境を常に適切な状態に保持することが大切です。

2　衛生管理の具体的な方法

子どもの心身の健康と情緒の安定を図るため常に清潔な環境を保つことができ

覚えておこう

＊6　学校環境衛生基準では、室温は17℃以上、28℃以内、湿度は30％以上、80％以下、騒音は、窓を閉じているときは50dB（デシベル）以下、窓を開けているときは55dB以下であることが望ましいとされています。

るよう、日頃から清掃や消毒等を行い、常に点検と確認を怠らないようにする必要があります。具体的な方法は、次のとおりです。

① 登園後、戸外遊び後、食事の前後、排泄後などの手洗いを励行し、歯ブラシ、タオル、コップなどは個人用にし、共用しないように気をつけます。他児のものを触れたり、誤って使ったりしないように注意します。タオルは、毎日、清潔な個別タオルまたはペーパータオルを使い、食事用とトイレ用のタオルを区別します。

② 乳児がなめることが多いので、洗える玩具は毎日お湯や水で洗い、洗えないものは定期的に湯ふきや日光消毒を行います。感染症が流行しているときは、できるだけ洗えるおもちゃに取り替えます。

③ 保育室や調理室、トイレ（特に便器や汚物槽、蛇口、トイレサンダル）などは丁寧に清掃し、消毒します（塩素系消毒が望ましいです）。トイレの清掃、小動物の飼育施設の清掃および飼育後は手洗いをします。

④ 砂場は猫などが入らないようにし、動物の糞（ふん）便・尿は速やかに除去します。

⑤ 感染症が発生している場合は、石けんを用いて流水でしっかりと手洗いした後に消毒用エタノールなどで消毒します。

表 12-2　嘔吐（おうと）物の処理の注意事項

① 応援を呼び、他児を別の部屋に移動させる。
② 嘔吐（おうと）物を覆い、消毒液を使ってふき取り、嘔吐場所は消毒する*7。
③ 嘔吐物の処理に使用したものはすべて破棄する。
④ 換気をする。
⑤ 処理後は手洗い・うがいをし、状況により着替える。
⑥ 汚染された衣類は、二重のビニール袋に密閉し、家庭で処理してもらう。

さらに詳しく

＊7　嘔吐物処理に必要な物品は、使う捨て手袋、使い捨てマスク、使い捨て袖付きエプロン、使い捨て雑巾、ビニール袋（大・小）、消毒容器、次亜塩素酸ナトリウム（50～60 倍希釈液）などです。

② 子どもへの衛生指導

子どもはウイルスや細菌が付着したさまざまな物に触れ、その手を口元にもっていくことが多いです。そのため、正しい手の洗い方を指導することが大切です。動物を飼育している場合は、世話の後、**手洗い**を徹底させることが重要です。

子どもに衛生に対する意識を高めさせるためには、歌に合わせて手を洗ったり、絵や写真などの手順を手洗い場に貼り、視覚的に提示したりする工夫が必要です。また、毎日手洗いしていると、きれいに洗えていないのに、洗ったつもりになっている場合もあります。いつものように手洗いした後、目には見えない洗い残しを目で見て実感できる機器（手洗いチェッカー）を使用し、適切に洗うことを意識するようにすると、正しい手洗いを学ぶ機会となります。

3 事故防止および安全対策

子どもの事故は、発達と密接な関係にあります。たとえば、生後５か月ごろは目に見えるものをなんでも触り、口にもってくる時期です。たとえば、熱いアイロンがあれば触ってやけどをし、口に入るものがあれば誤飲するなどの事故が多くなります。生後６か月ごろには寝返りするため、一人でベッドの高いところなどに寝かせておくと、転落事故へと発展する可能性があります。このように、保育者は子どもの発達を理解したうえで、**未然に事故を防ぐ**ことが大切です。

事故を防止するためには、子どもの行動特性（表 12-３）と事故とのかかわりに留意したうえで、事故防止のためのマニュアルを作成することが大切です。安全対策は、保育施設内の設備[＊8]について、チェックリストを作成するなどして定期的に点検を行い、月１回以上は安全や機能など具体的な点検項目を明確にすることが必要です。その結果に基づき、問題のある箇所を改善します。

幼稚園や保育所等で安全指導と安全管理の両面を効果的に実施するためには、日頃から**安全体制**を整備することが大切です。学校保健安全法第 27 条に基づいて学校安全計画および危険管理マニュアルを作成し、全職員で共通理解をしておくとともに、全職員で常に見直し、改善することを怠ってはならないとされています[＊9]。

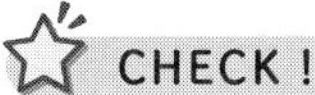

＊８　出入口、保育室、トイレ、廊下・階段、固定遊具、砂場、プールなどです

＊９　重大事故の発生防止のためには、あと一歩で事故になるところであったというヒヤリ・ハット事例（誤嚥、誤飲、食物アレルギー、保育室内の遊び、園庭での遊びなど）の収集および要因の分析を行い、職員間での情報を共有し、必要な対策を考えてすぐに実行することが必要です。

> 学校保健安全法
> 第 27 条　学校においては、児童生徒等の安全の確保を図るため、当該学校の施設及び設備の安全点検、児童生徒等に対する通学を含めた学校生活その他の日常生活における安全に関する指導、職員の研修その他学校における安全に関する事項について計画を策定し、これを実施しなければならない。

表 12-３　子どもの行動特性

① 注意しないで行動する（飛び出し、急いでいると何も考えず道路を横切る）。
② 自己中心的な行動をする
（相手のことを考えない、走って他の子どもと衝突する、ブランコやすべり台での衝突、交通事故）。
③ 想像の世界に没頭する
（現実と区別がつかない、アニメの主人公のつもりで高いところから飛び降りる）。
④ 気分によって行動する（情緒により行動する、怒られると猪突猛進する）。
⑤ 好奇心が旺盛である
（大人が考えない行動を行う、小さな穴に指を入れる、段ボール箱の中に入り込む、古い冷蔵庫に入り出られない）。
⑥ 危険な行動のまねをする（能力以上のことをする）。
⑦ 危険安全の判断ができない（考えずに何でもする、行動する）。
⑧ 応用力がない（普段と少し違うと判断できない、間違える）。
⑨ 一つのことしか考えられない（同時に複数のことについて判断できない）。
⑩ 親の行動を模倣する（ライターやマッチをいたずらする）。

出典：田中哲郎『保育士による安全保育』日本小児医事出版社　2019 年　pp.5-６

Column

園の防災・防犯対策

子どもが幼稚園や保育所等で安心・安全に過ごせるように、各園では必ず防災・防犯対策を行っています。ここでは、ある園の防災管理システムを紹介します。下の写真を見て、安心・安全である園の環境について考えてみましょう。

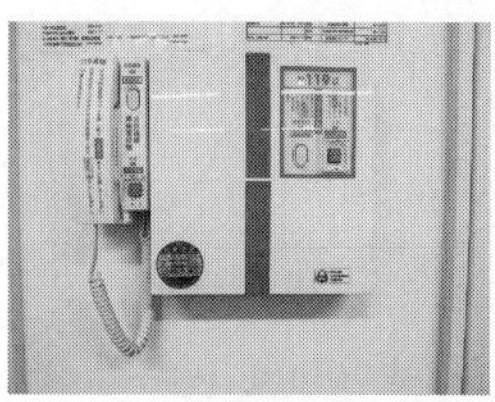

防災回線

この園は木造のため、火災時は早急に対応できるよう、受話器をとることで直接消防署に連絡がつながるようになっています。

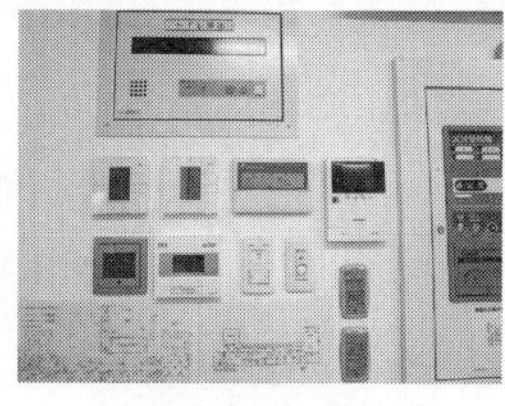

一元管理システム

これは照明・空調管理システムです。各部屋の照明や空調が職員室で一元管理できるようになっています。

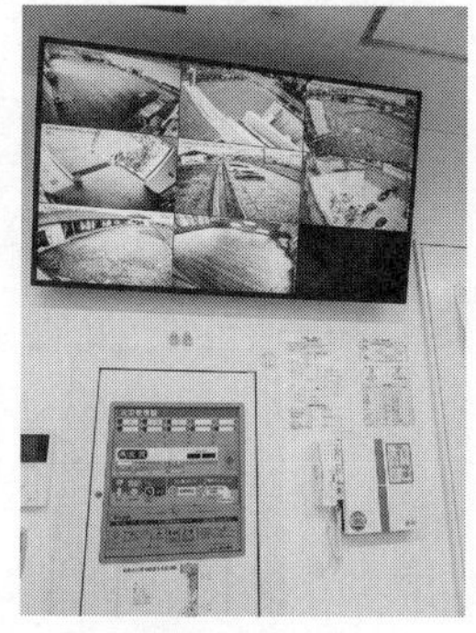

防災カメラ

防災カメラで玄関から裏門など人の出入りをチェックしています。

写真協力：社会福祉法人山善福祉会　ときのはこども園

3　保育施設における感染症対策――感染症対策ガイドライン

①　感 染 と は

感染とは、病原体（ウイルスや細菌など）が宿主（人や動物など）の体内に侵入して増え続ける状態をいいます。その結果、なんらかの臨床症状が現れた状態（発熱、咳、発しん、鼻水、嘔吐、下痢など）を、**感染症**の発症・発病といいます。

また、感染症の発生には、病原体を排出する「感染源」、病原体が宿主に伝播するための「感染経路」、病原体の伝播を受けた「宿主に感受性が存在する（予防するための免疫が弱く、感染した場合に発症する）こと」の三者がそろうと感染症が成立します。そのため、感染予防には、三者を成立させないことが大切です。

病原体が体内に入ってから発症するまでの期間を**潜伏期間**といいます。潜伏期間は病原体の種類によって異なるため、乳幼児がかかりやすい感染症について、それぞれの潜伏期間を知っておくことが必要です。発症前の潜伏期からウイルスなどを排泄し、他の人に病気を感染させることがあります。

保育施設で、集団で長時間を過ごす環境は、子ども同士の接触も濃厚であり、感染経路が成立しやすいので、感染源となる発症者が１人でも存在すれば集団で発生する場合があります。したがって、集団発生にならないよう子どもの発達過

表 12-4　保育施設で多く見られる感染症と配慮事項

◆医師が意見書を記入することが考えられる感染症

疾患名	配慮事項
麻疹 （はしか）	・空気感染で感染力が非常に強く、肺炎や脳炎などで重症化する場合もある。 ・感染拡大防止は困難で、ワクチンで予防する。入園前には母子健康手帳等で麻疹ワクチン接種歴を確認する。 ・1 歳以上で未接種の場合には、嘱託医と相談しワクチン接種を周知する。 ・0 歳児には、1 歳になったらワクチン接種を受けるよう周知する。 ・平常時から、全園児および全職員の予防接種や罹患歴を確認しておく。
インフルエンザ	・潜伏期間が 1 ～ 4 日と短く、短期間で蔓延する。急な発熱によって熱性けいれんを起こすこともある。 ・対策としてマスクの使用や手洗い、感染者との接触を避けることなどが有効である。 ・送迎者が罹患している場合には送迎を控えてもらうことが望ましいが、どうしても送迎が必要なときには、玄関での送迎などを配慮する。 ・抗ウイルス薬を服用すると解熱は早いが、ウイルスの排出は続くため、発症後 5 日を経過し、かつ解熱後 3 日の登園基準を守る。
水痘 （みずぼうそう）	・空気感染で感染力は非常に強く、集団発症を起こしやすい。 ・免疫力の低下している人は重症化しやすい。 ・かゆみのある水疱疹で、とびひ（伝染性膿痂疹：かき壊した傷に細菌が感染し、びらんした状態）になりやすい。。
風疹	・妊娠初期に罹患すると、先天性風疹症候群（難聴・白内障・先天性心疾患など）の子どもが生まれる可能性がある。 ・職員は感染のリスクが高いため。あらかじめワクチンを接種する。
流行性耳下腺炎 （おたふくかぜ）	・集団発生を起こしやすい。合併症として難聴（片側性が多いが、ときに両側性）、無菌性髄膜炎、急性脳炎などがある。 ・耳下腺、顎下腺、舌下腺の腫れが始まってから 5 日経過し、普段の食事がとれ全身状態がよければ登園できる。
咽頭結膜炎 （プール熱）	・夏季時に流行がみられるためプール熱ともよばれる。 ・プールのみで感染するものではないが、流行時にはプールを一時中止するなどの対策も必要である。 ・回復後も咽頭から 2 週間、便から数週間ウイルスが排出されているため、便の処理やプールの適切な塩素消毒、手洗いの励行を重視する。
百日咳	・生後 6 か月以内やワクチン未接種などは重症化（無呼吸発作からチアノーゼ、けいれん、呼吸停止など）しやすいので、注意が必要である。
腸管出血性大腸菌感染症 （O157、O26、O111）	・衛生的な食材・食器類の取り扱いと十分な加熱調理、手洗いの励行が必要である。 ・プールで集団発生を起こすことがあるため、適切な塩素消毒が必要である。 ・乳幼児では重症化しやすい。発生時には、速やかに保健所に届け、保健所の指示を受け適切な消毒を徹底する。

◆医師の診断を受け、保護者が登園届を記入することが考えられる感染症

疾患名	配慮事項
溶連菌感染症	・発熱やのどの痛みがあり水分摂取もできないことがある。 ・感染後数週間して急性糸球体腎炎を合併することがあるため、症状が治まっても抗菌薬の服薬（約 10 日間）ができているか、服薬終了後は尿検査をしているかを確認する。
伝染性紅斑 （りんご病）	・幼児や学童児に好発する。 ・まれに妊婦の罹患によって胎児水腫・流産が起こることがあるため、妊婦の送迎はなるべく避ける。 ・玄関での受け渡しの配慮やマスクの着用を促す。 ・発症前にはすでにウイルスは排出されており、発疹の症状が出たころにはすでに感染力は消失しているため対策は難しい。 ・日々の予防対策を意識する。
手足口病	・夏季（7 月ごろがピーク）に流行しやすい。 ・回復後もウイルスは呼吸器から 1 ～ 2 週間、便の中に 2 ～ 4 週間にわたり排出されているため、排泄物の取り扱いやなめるおもちゃは個別にするなど注意する。 ・水泡状の発疹が口腔、手にひらや足の裏などにでき、水分・食事が摂れないこともある。 ・ウイルスの型によって、爪がはがれる、髄膜炎など重症になることもある。
ヘルパンギーナ （夏かぜ）	・6 ～ 8 月ごろにかけ流行する。 ・回復後もウイルスは、呼吸器から 1 ～ 2 週間、便の中に 2 ～ 4 週間排出されているため、排泄物の取り扱いやなめるおもちゃは個別にするなど注意する。 ・突然の高熱とのどに白い水疱疹ができ、のどの痛みで食事や水分がとれないため脱水やけいれんに注意が必要である。
感染性胃腸炎・ ノロウイルス・ ロタウイルス・ アデノウイルス・ サルモネラ菌	・さまざまな感染経路（経口・接触・空気・食品媒介）をもち、ウイルスが少量でも感染し、集団発生しやすいため、嘔吐物の適切な処理と消毒（次亜塩素酸ナトリウム液）が必要である。 ・症状が治まったあとも、ウイルスは 2 ～ 3 週間便の中に排出されるため、便とおむつの取り扱いには注意する。 ・冬季に流行する多くの胃腸炎はウイルス性である。 ・ロタウイルスは 3 歳未満児の乳幼児が中心であるが、ノロウイルスはすべての年齢層に発症する。
RS ウイルス感染症	・非常に感染力が強く、施設内感染に注意が必要である。 ・特に 6 か月未満児が感染すると、肺炎や細気管支炎など呼吸困難を起こし重症になりやすい。 ・年長児や成人は感染しても、症状が軽くすむため感染していると気づかずに広げている場合もある。施設内で流行しているときは、乳児と幼児の合同保育は避け、特に 0・1 歳に関わる職員はマスクの着用、手洗いの徹底に努める。
突発性発しん	・6 ～ 24 か月ごろの子どもが罹患することが多い。 ・生まれて初めての高熱である場合が多く、まれに熱性けいれんを起こすことがある。

◆保育所において特に適切な対応が求められる感染症

伝染性膿痂疹 （とびひ）	・夏場に好発する。 ・湿疹や虫刺され、痕をかき壊すことで悪化するため、爪を短く切り、感染拡大を防ぐ。 ・アトピー性皮膚炎がある場合には重症になることがある。 ・湿潤部位はガーゼで覆い、治癒するまでプールは禁止する。早めに医療機関を受診し、医師の指示を仰ぐ。
伝染性軟属腫 （水いぼ）	・幼児期に好発しやすい。 ・プールの水で感染はしないが、タオルの共有は避ける。 ・かき壊し創がある場合には覆う。
アタマジラミ	・保育施設では子ども同士が頭を近づけ遊ぶことや午睡での伝播も多い。 ・家族内での伝播も多く、家族内での駆除も必要である。

出典：今井和子・近藤幹生監修　小林美由紀編『保健衛生・安全対策』ミネルヴァ書房　2020 年　pp.72-73（一部改変）

程に応じた感染症予防対策を行うことが大切です。保育者は感染症に対する正しい知識や情報に基づいた感染拡大の予防のための適切な配慮が求められます（表12-4）。

2 保育所における感染症対策ガイドライン

保育所における乳幼児期の特性をふまえた感染症対策の基本を示すものとし

表12-5　感染経路と感染予防策

名称	感染が成立する経路	代表な疾患と感染予防策
飛沫感染	感染している人が咳やくしゃみ、会話をした際に病原体が含まれた小さい水滴（飛沫（ひまつ））が口から飛び、これを近くにいる人が吸い込むことで感染する。飛沫が飛び散る範囲は１～２m。	・インフルエンザや百日咳、新型コロナウイルス感染症、麻疹、肺炎球菌などの呼吸器症状を起こす疾患に多く見られる。 ・感染している者から２m以上離れることや感染者がマスクの着用などの咳（せき）エチケットを確実に実施する。 ・症状が見られる子どもには、登園を控えてもらい、保育所内で急に発病した場合には医療室等の別室で保育する。
空気感染	感染者の口から飛び出した飛沫が乾燥しても病原体が感染性を保ったまま空気の流れによって拡散し、感染を引き起こす。飛沫感染とは異なり、感染は空調が共通の部屋間等も含めた空気内の全域に及ぶ。	・保育所内で気をつけるべき疾患は、麻疹、水痘および結核であり、感染力が強く隔離のみでは対策がむずかしい場合も多く、保健所と連携して対応を行う。また、予防接種が非常に重要である。 ・発症者の別室で保育する。 ・部屋を換気する。
経口感染	病原体を含んだ食物や水分を口にすることによって、病原体が消化管に達して感染が成立する。	・保育所内で気をつけるべき疾患は、ノロウイルス感染症、腸管出血性大腸菌（O157等）などの食中毒、ロタウイルス感染症など。 ・食事を提供する際には、調理中・調理後の温度管理に気をつける。 ・感染の可能性のある、嘔吐物・下痢などの処理を適切に行う。
接触感染 ・直接接触（病原体に直接さわる） ・間接接触（病原体に間接的に触れる）	病原体の付着した手で口、鼻または眼を触ることや、傷のある皮膚から病原体が侵入することで感染が成立する。体の表面に病原体が付着しただけでは感染しない。	・飛沫感染や経口感染を起こす疾患やダニなど皮膚感染症を起こす疾患で見られる。 ・重要な対策は手洗いなどにより手指を清潔に保つこと。使用中に不潔になりやすい固形石けんよりも液体石けんの使用が好ましい。 ・タオルの共用をせずに手洗いの時にはペーパータオルを使用することが好ましい。 ・飛沫感染予防でマスクをしている場合は、マスク表面を触らないように注意する。
血液感染	皮膚や粘膜から病原体を含んだ血液が体内に侵入して感染する。	・B型肝炎ウイルス、C型肝炎ウイルスなど。 ・血液や体液、傷口に防護なく触れない。 ・コップ、タオルは共有しない。

出典：厚生労働省「保育所における感染症対策のガイドライン（2018年改訂版）」をもとに筆者作成

て、2009（平成21）年8月に厚生労働省により「保育所における感染症対策ガイドライン」が定められました。保育所は、2018（平成30）年3月に改訂された＊[10]「保育所における感染症対策ガイドライン（2018年改訂版）」（以下、「感染症対策ガイドライン」といいます）に基づいて**感染対策**を行うことが必要です＊[11]。

乳幼児は、小学生に比べて抵抗力が弱く、身体機能が未熟です。子どもは、保育所での生活時間が長い、物をなめる、午睡等により隣り合わせに過ごす時間が長いことなどから、保育所の感染症対策はこれらに対応する必要があります。

1　感染経路

病原体が体内に侵入していく道すじを感染経路といいます。感染経路には、飛沫感染、空気感染、経口感染、接触感染、血液感染などがあり、感染経路に応じた対策をとることが重要です（表12-5）。

2　感染症回復時の登園基準

「感染症対策ガイドライン」における感染症回復後の登園基準は、学校保健安全施行規則第18条・19条により定められたものに準拠しています。

子どもの病状が回復して集団生活に支障がなくなったという診断は、身体症状やその他の検査結果などを総合的に勘案し、診察した医師の医学的知見に基づいて行うものとしています。また、「感染症対策ガイドライン」では、感染症後の子どもの登園を再開する際の取扱いについて、各保育所で独自に決めるのではなく、子どもの負担や医療機関の状況を考慮して、市町村の支援のもと地域の医療機関や医師会、学校などと協議して決めることが大切であるとしています。

3　予防接種

予防接種とは、弱毒化したウイルスや細菌でつくられた生ワクチンや不活化ワクチンなどを接種するもので、病気に対し免疫をつけるために行います。生ワクチン接種後は27日以上、不活化ワクチン接種後は6日以上の間隔で行います＊[12]。

予防接種法では、予防接種の意義を理解して積極的に受けるようにすすめている定期接種と、個人が任意で受ける任意接種とを分けています。**定期接種**は、接種が積極的に勧奨されるもので、接種期間や対象者について一定の決まりを設け、公費負担で行われます。**任意接種**は、接種を受けるか否かは保護者あるいは本人（成人の場合）に任され、その費用は自己負担または一部自己負担で行われます。

子どもは感染症にかかることで免疫をつけています。しかし、集団での生活においては、流行しないように配慮が必要です。保育においては、感染経路や個々の感染症の特徴を理解しながら、予防策を計画的に組み込んでいくことが必要です。

CHECK！

＊10　今回の改訂では、2017（平成29）年に改定された保育所保育指針をふまえ、保育者の衛生知識の向上が求められています。

さらに詳しく

＊11　厚生労働省「保育所における感染症対策ガイドライン（2018年改訂版）」は下のQRコードから見ることができます。

感染症対策
ガイドライン

さらに詳しく

＊12　生ワクチンの接種は、BCG（結核予防）、ロタウイルス、麻疹（はしか）、風疹、水痘（水ぼうそう）、流行性耳下腺炎（おたふくかぜ）で、その他の不活化ワクチンは、ジフテリア、百日咳、破傷風、ヒブ（Hib）、肺炎球菌、B型肝炎、日本脳炎、インフルエンザ、ヒトパピローウイルスワクチン（子宮頸がん予防ワクチン）、A型肝炎などです。

4　子どもの発育・発達の理解と保健計画

1　保健計画とは

幼稚園や保育所等では、子ども一人ひとりの健康や安全に努めなければなりません。そのためには、子どもの健康状態の把握や健康・安全・衛生管理などを計画的に実施していく必要があります。

保健計画とは、幼稚園や保育所等で、子どもが日々を健康に過ごすために作成される１年間の保健活動の計画をいいます。保健計画における保健活動には、子どもの発育・発達の特徴を理解して生活リズムを整えるなどの内容を盛り込みます。日々の保育のなかで、子どもがみずからの体や健康に関心をもち、適切な行動がとれるよう意識を高めていくことが大切です。

2017（平成29）年改定の保育所保育指針には、子どもの健康や安全の確保が生活の基本であるとの考えのもとに、発育・発達の把握や健康増進、感染症などの疾病への対応、衛生管理、安全管理などに留意して、施設長の責任のもとで保健計画を作成することが明記されました。幼稚園や保育所等には、保健計画を作成するにあたって全職員が健康と安全に関する共通理解を深め、健康および安全確保の体制が組織的に実践されることが求められています。

2　保健計画作成の手順

保健計画を作成するにあたっては、幼稚園や保育所等の現状を正確に把握し、前年度の全体的な計画や保健計画をふまえて行います。職員間で意見や要望を出し合い、保健計画の問題点や改善点を見直すことが大切です。保健活動は職員間の役割分担や協力体制のもとで実施し、全職員の共通理解に努めていきます。

また、具体的な保健計画の作成においては、幼稚園や保育所等の保健の情報を収集・分析することにより目標を設定し、保健活動の内容を決めていきます。たとえば、健康診断の場合は嘱託医（園医）に連絡をとるなど、関係機関との連絡や調整を行ったうえで保育計画を決定する必要があります。

3　保健計画の内容

保健計画において設定される項目として、保健目標や保健活動、留意点、保護者への保健指導のほか、保健に関する行事や健康教育などが考えられます（表12-6）。計画表の様式は法令などで定められておらず、幼稚園や保育所等によっ

表12-6　保健年間計画の例

	目標	行事	保健だより	留意点	保護者へのお願い
一期（4・5・6月）	・健康状態を把握する ・衛生的な生活習慣を身につける	・0歳児保護者会で説明（健康管理） ・ぎょう虫検査（全園児） ・手洗い指導（3歳児組） ・歯磨き指導（4・5歳児組）（歯の染め出し5歳児組） ・春の内科健診 ・耳鼻科・眼科健診（3・4・5歳児）・	・生活のリズムをつけていく（早寝・早起き・食事） ・環境の変化による疲れからくる疾病予防の注意 ・子どものかかりやすい感染症　・予防接種の勧め ・身体の清潔　・衣服、下着について ・安全について（服装、自転車の利用） ・ぎょう虫駆除と予防について ・手の洗い方　・鼻のかみ方 ・歯科の衛生週間　・梅雨時の健康（食中毒の予防） ・プール開きまでに（目、鼻、皮膚、その他の疾患の治療）	・新入園児の既往症、予防接種履歴、体質・偏食等の状況を把握 ・保護者会（薄着・虫歯予防、免疫力、生活リズム） ・清潔な環境づくりと事故防止に配慮 ・ごきぶり駆除　・鼻のかみ方 ・手洗いの仕方、つめ・頭髪の清潔 ・歯磨き（保育所と家庭の役割）	・予防接種状況記入確認 ・疾病時の連絡 ・健康カード確認印 ・身体計測値のグラフ記入 ・ぎょう虫採卵と駆除 ・爪・頭髪の点検 ・歯磨き確認 ・専門医の受診を勧める
二期（7・8・9月）	・体力の保持に努める	・安全指導（4歳児組） ・プールに関する準備 ・消毒方法の説明（各年齢会） ・歯磨き指導（3歳児組）	・水遊びの効果と注意について（プール遊びの配慮） ・活動と休息（真夏を元気に乗りきるために） ・夏の疾病予防（とびひ、夏かぜなど） ・熱中症　・水分の大切さ　・虫さされに注意 ・冷房の使用についての注意 ・夏の疲れをとる（生活リズムを取り戻そう） ・夏の休みの健康調査　・ケガの応急手当 ・睡眠と栄養（新鮮な野菜・果物を十分に取ろう）	・プールの衛生管理、水温・気温・水質・時間を確認 ・外気温の差から、体温の上昇と水分補給に配慮 ・部屋の湿度、換気の配慮 ・夏の疲れに注意し、体重減少、食欲不振、その他健康状態の把握	・つめ・頭髪の点検 ・プール時の健康観察と毎朝の体温測定 ・健康調査票記入
三期（10・11・12月）	・体力の増進に努める ・かぜの予防に努める	・視力測定（3・4・5歳児組） ・内科健診（全園児） ・歯科健診（全園児） ・むし歯予防指導（保護者） ・嘔吐・下痢時対応の準備 ・手当・消毒方法の説明（各年齢）	・目の愛護デー　・歯科健診について ・歯科健診結果・状況の報告　・薄着について ・かぜの予防　・手洗い・うがいの効果 ・視力測定結果・状況　・抵抗力を身につける ・冬の事故について（やけど）	・薄着・戸外遊びにより、皮膚・粘膜を鍛錬する ・目と歯の健康に注意 ・鼻のかみ方、咳の仕方 ・歯磨き再指導 ・感染性胃腸炎、RSウイルスに注意 ・部屋の温度、湿度、換気の配慮	・つめ・頭髪の点検 ・眼科受診を勧める ・歯科受診を勧める
四期（1・2・3期）	・寒さに負けない体力づくりに努める	・検尿（2歳児組以上） ・身体のつくりと健康について（5歳児組） ・むし歯ゼロ賞 ・新入園児の健診	・感染症疾患について（RSウイルス、感染症胃腸炎） ・インフルエンザについて　・かぜを予防するために ・衣服・肌着の大切さについて ・戸外遊びの必要性について　・冬の休みの健康調査 ・耳に関して（中耳炎など）　・就学前準備 ・1年を振り返って	・インフルエンザの早期発見 ・気温差・運動量に応じて衣服の調節 ・歯磨き再指導 ・個々の発育状態の再確認（規則正しい睡眠、食事、排泄、薄着の習慣）	・健康調査票記入 ・予防接種状況記入 ・つめ・頭髪の点検

・身体計測…体重・身長計測（月1回）・頭囲・胸囲計測…0歳児組（年2回4月・10月）・内科健診…0歳児組（月2回）1歳児組（月1回）3歳児組以上（年2回）・布団乾燥…月1～2回
出典：全国保育園保健師看護師連絡会編『保育現場のための乳幼児保健年間計画実例集』2019年　p.34

てさまざまです。

保健計画は1年を通して（新年度4月～3月）立案されますが、月（または期）ごとに保健目標を立て、目標に沿った保健活動や留意点、健康教育などが計画されます。具体的に保健計画の内容を立案するためには、子どもの実態や状況を十分に把握し、生活リズムや体力づくり、基本的生活習慣（食事や睡眠、排泄、衣服の着脱など）の確立、環境衛生など、子どもの健康や発達を総合的にとらえなければなりません。また、子どもの基本的生活習慣を確立するためには保護者の協力が不可欠であるため、「幼稚園や保育所等でできること」と「家庭でしてほしいこと」などを考慮して保健計画に盛り込み、保護者に対しても理解を求めていく必要があります。

保健計画の内容の実施においては、常に全職員間での共通理解や保護者との協力体制が重要になります。保護者会や参観日、保健だよりなども活用して周知と協力を呼びかけ、子どもの健康と安全を確保していくことが大切です。

POINT

- 子どもの健康支援において、どのような活動を行っているか理解することが大切です。
- 子どもの行動特性と事故の関係を理解することが事故防止につながります。
- 感染経路による予防法と感染者が集団生活を控えるべき期間を把握しておきましょう。
- 発育・発達の理解をふまえて、保健計画を作成する手順と方法を理解することが重要です。

演習問題

① 子どもの健康状態を把握する具体的な方法をあげてみましょう。
② 室内や屋外で事故につながる可能性のある事例をあげて、具体的な点検を考えてみましょう。
③ 感染症が発生したときの個人対応および集団対応について考えてみましょう。
④ 保育所の保健計画の一例を持参し、保健計画の優れているところについてグループで話し合いましょう。

第 V 編

保育内容の発展的理解

本編では、ICT や多文化共生など今日的な保育内容の課題やこれまでの保育内容の変遷、諸外国の保育内容について考えていきます。

保育内容の課題と展望

現代社会は多様な人々や文化が共生し、さまざまな課題が顕在化しています。そのなかで、子どもの経験やそのあり方は、乳幼児期以降も長期にわたって、さまざまな面で個人ひいては社会全体に大きな影響を与えるものとされています。本章では、子どもが相互に多様性を認め合い、自分らしく生きる力を身につける保育内容について学びます。

考えてみよう！

① 現代社会が抱える問題にはどのようなものがあるか整理してみましょう。
② 日本文化と外国文化、特にマナーや振る舞いについて調べてみましょう（例：アフリカ、中近東、インド、東南アジアなどでは、ご飯は手で食べる手食(てしょくぶんか)文化です）。
③ 保育の場におけるICTの活用について調べてみましょう。

Keywords　インクルーシブ保育　多文化共生　OODA(ウーダ)ループ　ICT保育

1　多様な配慮を要する子どもの保育内容

子どもの年齢や国籍の違い、障害の有無などにかかわらず、多様な背景のある子どもすべてを受け入れて行う保育を、**インクルーシブ保育**といいます。インクルーシブ（inclusive）には､「包括的な」「すべてを含んだ」という意味があります。つまり、「違い」を排除することなく受け入れ、子どもがともに育ち学んでいけるように、一人ひとりの成長・発達やさまざまな保育ニーズに寄り添って保育を行うことを意味します。

本節では、インクルーシブ保育のなかでも、①障害のある子どもの保育内容、②多文化共生の保育内容について学んでいきます。

1　障害のある子どもの保育内容

保育所保育指針には、障害のある子どもの保育について、次のように示されています。

第1章 総則　3 保育の計画及び評価　(2) 指導計画の作成
　キ　障害のある子どもの保育については、一人一人の子どもの発達過程や障害の状態を把握し、適切な環境の下で、障害のある子どもが他の子どもとの生活を通して共に成長できるよう、指導計画の中に位置付けること。また、子どもの状況に応じた保育を実施する観点から、家庭や関係機関と連携した支援のための計画を個別に作成するなど適切な対応を図ること。

　さらに、2007（平成19）年度より本格的に実施された特別支援教育では*1、発達上の特別な支援を必要とする幼児・児童・生徒に対して個別の教育支援計画を作成するなど、配慮を必要とする子どもの保育を指導計画に位置づけることとしました。子どもとのかかわりは、園生活において、個に応じたかかわりと集団のなかの一員としてのかかわりを大切にすることとされています。

　したがって、園全体としては、保護者や職員相互の連携を図り、組織的かつ計画的に保育を展開することが求められています。そうした実情をふまえて、障害のある子どもへの保育士・幼稚園教諭・保育教諭（以後、「保育者」といいます）の対応は、①専門的な知識を必要とするもの、②保育者としてのスキルを必要とするもの、③養護の知識を必要とするものがあります。そのために、障害のある子どもが抱える困難さなどを支えるための**合理的配慮***2 が提供されます。

用語解説
＊1　特別支援教育
　特別支援教育とは、障害のある幼児･児童･生徒の自立や社会参加に向けた主体的な取り組みを支援するという視点に立ち、幼児・児童・生徒一人ひとりの教育的ニーズを把握し、その持てる力を高め、生活や学習上の困難を改善または克服するため、適切な指導および必要な支援を行うことを目的としています。

用語解説
＊2　合理的配慮
　合理的配慮とは、それぞれの障害特性や困りごとに合わせて配慮することです。2016(平成28) 年4月1日より「障害者差別解消法」が施行されました。障害の有無によって分け隔てられることなく、相互に人格と個性を尊重し合いながら共生する社会の実現に向け、差別の解消を推進することを目的としています。

② 子どもの特性に対応した合理的配慮の実際

　障害名はその子どもの症状を知るうえで必要なときもありますが*3、子どものすべてがわかるものではありません。次の事例①では、「子どもが、困った行動をするとき」におきかえて、困難を抱えている子どもの特性に対応した合理的配慮の実際について見ていきます。

覚えておこう
＊3　漢字表記については、厚生労働省および政府広報の法律に合わせて「障害」にしていますが、「障碍」「障礙」「障がい」とも表記されます。

事例①：困った行動をする子ども（4歳児A児）

　幼稚園に通うA児（4歳児）は、言葉が未発達です。幼稚園の生活のなかで、自分の思いどおりにいかないことや気に入らないことがあると、感情の抑制が効かなくなり、突然押したりたたいたりなど、困った行動をしたりすることがしばしば見受けられます。

①　日常的に行う活動への配慮

事例①のA児は、次に何をしてよいかわからないので困った表情で、保育室をうろうろしていることが多くあります。たとえば、毎朝登園してきたら行う朝顔の花への水やりの場面では、ジョロをもったまま水道と朝顔のプランターを行っ

たり来たりして、花に水をやるという行動に移ることができません。保育者はA児の行動を見守りますが、A児が同じ動作を繰り返しているような場合には、次の行動に移れるように「朝顔にお水をあげようね」などと言葉かけをして、一緒に水やりをするようにします。

②　語彙を増やすための配慮

また、A児は、理解している言葉が少ないため、簡単な会話に出てくる具体物がわからないことが多く見られます。そのとき、イライラがつのり、友だちを押したりたたいたりすることがあります。保育者は、A児が語彙を増やせるような援助をしていきます。

A児の語彙を増やす手段として、保育者はさまざまな場面を示した絵カードを作成します。絵カードには、場面を示した絵の下に簡単なひらがなの単語や文を記し、絵とひらがなが対応していることをわかりやすく示します。そして、家庭でも練習ができるように保護者に絵カードを貸し出して、A児とスムーズにコミュニケーションが図れるように配慮します。

③　見通しをもつための配慮

上記②に関連して、保育者はA児に、行動の手順を視覚的にわかりやすく提示します。その順序は、次のとおりです。①わかりやすいように1日のスケジュールを示します。②イラストなどもつけ加えます。③必要に応じて時計に印をつけます。④全体指示の後に個別に指示をします。

④　ICT[*4]を活用した支援

A児は言葉かけだけでは保育者が言うことを理解しにくいところがあるので、言葉かけと一緒にタブレット型端末を活用して、イラスト、写真、音などを提示して指導するようにします。その際の配慮として、保育者は、苦手なことを伝えるためにA児にタブレット型端末を使用することについて、他の子どもに説明しておくことも必要になります。

⑤　園全体での支援内容の共有

A児に気になる行動や困っている様子が見られる場面は、担任の保育者だけでなく職員全体でA児の行動を見守ります。また、A児の気持ちに寄り添った支援について、全職員で情報を共有し、対応を一貫させるようにします。

このように、①から⑤を実践することによってA児の気持ちに寄り添った合理的配慮を行うことで、A児は活動を広げることができるようになります。

＊4　ICT
ICT（Information and Communication Technology）とは、情報通信技術のことで、パソコンやスマートフォン、タブレット型端末などを使った情報処理や通信技術の総称として使われています。

3　多文化共生の保育内容

1　外国籍の子どもの保育内容

日本は人口減少による人手不足が深刻化しており、その人手不足を補うため、

外国人の受け入れを進める政策がとられています。社会の変化のなかで、外国からの滞在者が増えるのにともない、日本語を母語としない幼児・児童・生徒が増え、子どもや保護者の実態は多様化しています。保育所保育指針には、「外国籍家庭など、特別な配慮を必要とする家庭の場合には、状況等に応じて個別の支援を行うよう努めること」と明記され＊5、外国籍幼児・保護者の文化的差異に保育者がどのように向き合っていくのかが、重大な関心をもって論じられるようになってきました。

＊5 「保育所保育指針」第 4 章子育て支援「2 保育所を利用している保護者に対する子育て支援」(2)保護者の状況に配慮した個別の支援より。

全国幼児教育研究協会が行った幼稚園を対象とした調査（2019 年）[1)]では、外国籍の子どもが在籍する園は、267 園（有効回答 494 園の 54%）あります。都府県別では、外国籍の子どもが在籍する割合が高いのは、東京都（81.5%）、愛知県（60.2%）、神奈川県（55.6%）の都市圏に集中しています。つまり、ほとんどの幼稚園が外国人を受け入れ、2 園に 1 園は外国籍の子どもが在籍しています。

2　外国籍保護者への対応

表 13-1 は、外国籍の子どもの困り感をカテゴリー別に分けたものです。具体例から考えられるのは、異文化や言葉を理解できないために、「先生の指示がわからない」「絵本の読み聞かせは言葉がわからないのでおもしろくない」「歌がうたえない」「保育者や友だちともコミニケションが取れない」など、外国籍の子どもが園生活を充分に安心して楽しんでいないことです。しかし、外国籍の子どもは、入園後半年くらいで、言葉は通じなくても一緒に遊ぶなかで、当初気になっ

表 13-1　入園当初の外国籍幼児の姿（例）

カテゴリー	具体例
言葉の理解・応答	・反応が少なく、理解が不明である。 ・言葉がオウム返しである。 ・言葉が通じないのですぐ手が出る。 ・話そうとするが伝わらず怒る、母国語で怒って泣く。 ・同国の子が集まり、母国語で話しかたまってしまう。
集団行動・態度	・集団行動の意味がわからない。 ・話が理解できないので、皆と座っていられない。 ・友だちと積極的にかかわるが、相手が嫌がる様子を一緒にふざけていると思ってやめない。 ・怪我（けが）をしても傷を見せたがらず、どのような状況であったかが把握できにくかった。
園生活	・使った物を片づけない、上履き下履きの区別がない。 ・うがい、手洗い、歯磨き、トイレ後の手洗いをしない。 ・保護者が幼稚園の生活を理解できず困ったことが多い。 ・保護者に伝達事項が伝わらず、忘れ物などが多い。
食生活	・弁当を食べない。 ・日本食が苦手で食べられない。 ・宗教による食文化の違いがある。

出典：全国幼児教育研究協会編『幼児教育の実践の質向上に関する検討会――外国人幼児の受入れにおける現状と課題について』2019 年　p.8

ていたことなども安定し、周囲の子どもも多様性を受け止め、子ども同士が影響し合えるようになったとの報告もあります。

また、表13-2から、外国籍保護者が日本の幼稚園や保育所等で直面しているのは、言語と関連するコミュニケーションの問題とその結果生まれる孤立感であることがわかります。外国籍保護者の「聞く」「話す」「読む」「書く」は、能力差があるため、支援やサポートもさまざまになってきます。

一般の保護者と同じように外国籍保護者に対しても、日常の送迎時の対話や連絡帳、電話、面談など、さまざまな機会をとらえて個別に支援していきます。その際に、日本語が不自由な外国籍保護者に自己責任を求めるのではなく、必要に応じて公的な言語学習支援（たとえば、市町村等の関係機関への通訳などの依頼）につなげます。さらに、①外国籍保護者が子どもの遊びに参加し、子どもの遊びの世界や言動の意味を理解する機会、②園の行事から日本文化（節気など）を知るきっかけ、③食育を通して、異文化交流や日本独自の食文化を知る機会を設けます。このような場を提供していくうえでは、音声翻訳機能を使った学校連絡用アプリの開発や普及など、国をあげての環境整備が不可欠といえます。

異文化に出会ったときは、それぞれの文化に誇りをもちながら、違いを認め合い、受け入れるところと合わせるところを調整していく心もち（心の姿勢）が大切です。そのために保育者は、民族や文化の違いを正しく知り、尊重する心を育てる必要があります。また、自己と他者への尊敬と公平性を追求する力や違いを超えてともに暮らすためのやり方や考える力を培っていくことが、言葉の力を育てることにつながっていきます。

表13-2　外国籍保護者の気になる行動の具体例

カテゴリー	具体例
保護者への連絡事項	・丁寧に個別に言ったりして対応しないと伝わらない。 ・休みや遅刻の連絡がない。 ・日本語特有の言い回しは理解しにくかった。 ・配布物の理解ができているか連絡を取る必要がある。 ・保護者自身が園に伝えたいことが伝わらない。 ・必要に応じて外国人教師が対応する。 ・小学校入学に際し、小学校からの説明会のプリントをもとに再度説明し、幼稚園教諭が一緒に確認した。
外国籍保護者の思いや個別性	・あまり決まりを守ってもらえない。 ・初めての日本で自分はがんばっているとわかってほしいという主張が多い。 ・文化の違いを感じている。 ・3か月ほどで園に来なくなり、連絡が取れなくなった。
保護者同士のかかわり	・ほかの保護者が積極的に話しかけ等をしてくれた。 ・母親も子どもも日本語は理解するが、母親はほかの保護者のなかには入らなかった。

出典：全国幼児教育研究協会編『幼児教育の実践の質向上に関する検討会――外国人幼児の受入れにおける現状と課題について』2019年　p.15

動画を見てみましょう 

多文化共生の保育（認定こども園の事例：B児 2 歳児クラス、青色の服の男児）

　B児は、父親がキューバ人、母親が日本人です。家庭ではスペイン語と日本語を使っており、生活習慣・価値基準などはハイブリッドの家庭の子どもです。生活習慣や宗教を含めて国籍が違っていても、B児はイメージを広げて遊びを継続させたり、新たな発見をしたりして、自分で思い思いの遊びを広げながら友だちと遊びを共有しています。

動画スタート

　多文化をもつ子どもや保護者に対して、相手の文化を尊重する深い配慮のある保育者のかかわりによって、周囲の子どもが学ぶことのできている事例です。

2　保育内容の多様なニーズに対する展開

「この子は障害のある子ども」「あの子は外国人」などと、社会的弱者であるために子どもが先入観をもたれることが多々あります。保育者として多様な配慮を要する子どもの保育内容に対応していくためには、さまざまな知識や技術を身につけることが求められます。目の前の子ども、さらに保育を実践している保育者の困り感に視点をあて、それらをどのように解決していけばよいのか手立てを考えます。

1　保育内容の実践力を磨く――OODA Loop（ウーダ・ループ）

　最近は、多様な子どもとのかかわりなどの人間関係が問題になっています。教育・保育を円滑に行い、組織的・継続的に改善を促す技法として、**PDCA サイクル**がよく用いられます。PDCA サイクルとは、Plan（計画）→ Do（実行）→ Check（評価）→ Action（改善）をいい、一連の流れが終了したら、最初の Plan（計画）に戻って循環させることを意味するものです。循環的にシステムを行うことを保育の質の向上につなげて目的・目標の設定を明確にし、定期的に教育・保育をチェックします。そして、目標の進捗状況を分析してまとめ、経験から学んでいきます。

　PDCA サイクルは計画から始まるために準備が必要ですが、現場では臨機応変に対応できないこともあります。子どもがとる行動には必ず意味があり、その意味を確実に把握し、それらに対応して支援することが求められますが、この点で、PDCA サイクルでは解決しにくい要素があります。

　そこで、PDCA サイクルを補強する手立てとして、子ども一人ひとりを観察する **OODA**（ウーダ）**ループ**があります[*6]。ここでは、OODA ループを用いた事例として、保育室になかなか入れなかったり、行事に参加できなかったりする気になる子ども[*7]のC児（4 歳児、男児）について、表 13-3 から考えてみましょう。

 用語解説

＊6　OODA ループ
　意思決定と行動に関する理論をいいます。4 つの行動の頭文字で Observe（観察）、Orient（状況判断、方向づけ）、Decide（意思決定）、Act（行動）です。ジョン・ボイド（John Boyd、米国）によって提唱されたフレームワークです。

 用語解説

＊7　気になる子ども
　気になる子どもとは、「発達上の問題」「コミュニケーションの問題」「落ち着きがない」「乱暴」「情緒面での問題」などの症状が見られる子どもをいいます。

表 13-3　OODA ループでの読み取り（C 児の場合）

OODA	意味	概要	解釈と行為
O (Observe)	観察（みる）	行動に直結、必要な情報が集まる。	気になる子どもC児の行動などを観察して、本人が「なにをおもしろいと思っているか」などを見る。
O (Orient)	方向づけ（わかる）	思考や行動が無限	C 児の居場所（ほっこりスペース）が、保育室の隅の狭いスペースであることがわかる。
D (Decide)	決意（きめる）	「ひらめき」の多様性、情勢に即した判断	保育室の隅の狭いスペースにC児が安心していられる空間の場所を設定する。
A (Act)	実行（動く）	全体を改善、上昇させる行動につながる。	その場で過ごしながら、C児が自分の関心・興味のある活動に参加する機会を増やしていく。

出典：豊中市こども未来部『教育保育環境ガイドライン』2019 年をもとに筆者作成

このようにOODA ループは、なぜそのような行動をとるのか一人ひとりの保育者が一人ひとりの子どもを観察することが起点になっています。つまり、環境の見直しをしつつ、変化に応じて迅速に順応した保育を可能にします。さらに、調整しながらOODA ループを何度も素早く行うことで問題解決能力が向上し、保育の質を高めることができます。

② 教育・保育の場におけるICT 化

情報化時代における私たちの生活や価値観が目まぐるしく変化するなかで、保育の場においてこれからの時代を生きぬく力をどのように育んでいくのか、問い直す必要があるでしょう。現在の日本の保育現場では、オーディオ、ビデオ・DVD、デジタルカメラなどのメディアが多く使われていますが、最近は、ICTを取り入れる園や研究も多く見られるようになってきました。

1　教育・保育と ICT

2019（令和元）年に公表された教職課程コアカリキュラムでは、保育内容の指導法における到達目標の一つを「各領域の特性や幼児の体験との関連を考慮した情報機器及び教材の活用法を理解し、保育の構想に活用することができる」こととしています[2)]。さらに、2017（平成 29）年に改訂された幼稚園教育要領には、ICT について、「幼児期は直接的な体験が重要であることを踏まえ、視聴覚教材やコンピューターなど情報機器を活用する際には、幼稚園生活では得難い体験を補完するなど、幼児の体験との関連を考慮すること」と示されています[*8]。

＊8 「幼稚園教育要領」第1章総則「第4 指導計画の作成と幼児理解に基づいた評価」の「3 指導計画の作成上の留意事項」(6)より。

2018（平成 30）年の堀田らの調査によると、保育者が保育でタブレット型端末を利用または利用の検討をしているのは 14.6%、子どもが保育でタブレット型端末を利用または利用の検討をしている園は3.2%でした[3)]。保育の場においては、事務作業にコンピューターを利用することを除き、ICT活用はほとんど進んでいない現状があります。

幼児教育では、小学校以上の教育とは異なりICTが国の施策に組み込まれていないことや、幼児期にはほかに重要な教育があるためICTを用いた保育活動まで行う必要はないという考え方が主流で、保育現場でのICTの活用には消去的で否定的な面もあるといえます。一方、タブレット型端末を活用している園では、その利点として、①知識が豊かになる、②歌や踊りが楽しめる、③小学校以上の学習に役立つことなどがあげられています。

2　ICT活用の実際

ある保育所では、玄関ホールの壁にかけられた大型のディスプレイで、保育者の写真と担当クラス、本日の昼食の献立などを見ることができます。子どもの1日の生活の様子を視聴することもでき、迎えに来た保護者が子どもとその日の出来事を共有し、ほほえんでいる姿が見られることもあります。登降園システム（ICT）によって、登降園の管理や指導計画・保育要録の作成など各種の事務業務が一気に業務改善がなされたという園も数多く見受けられるようになりました。

また、前述したように、障害のある子どもに対する合理的配慮を行うとき、ICTを活用することで簡単に行えることも多くあります。たとえば、タブレット型端末で文字や絵の大きさを拡大したりして子どもの理解を助けます。このように、子どもの困り感などに対して容易に支援することができ、子どもが活動しやすくなる可能性があります。さらに、外国籍の家庭への対応においても、エスニシティー（民族的バックグラウンド）や母語が異なる場合、同様の方法でいっそう手厚く配慮を行うことができます。

3　保育政策におけるICT

さらに、保育政策についても、ICTを積極的に活用することでさまざまなデータの収集ができます。たとえば、子どもが受けた保育とその後の学力の関係などについての追跡調査を行い、データとして把握することも可能です。

表13-4は、堀田らの調査をもとにまとめたタブレット型端末の活用事例です[3)]。これらは、保育者が想定するねらいや内容をふまえて、保育現場での遊びのなかでメディアを活用することを想定して、幼稚園教育要領に定められた5領域に基づいて提案されています。また、タブレット型端末などを遊具の一つとして位置づけ、コミュニケーションの場や保育活動を充実・発展させることを目的に取り入れています。

表13-4　保育現場におけるメディア活用事例

① 先生や友だちと触れ合いながら、さまざまな活動のひとつとして親しみ、楽しんで取り組む。
② 友だちといろいろな遊びを楽しみながら工夫したり、協力して、物事をやり遂げようとする気持ちをもつ。
③ 仕組みに興味や関心を持ち、興味をもってかかわり、考えたり、試したりして工夫して遊ぶ。
④ 体験を通じて、見たり、聞いたり、感じたり、考えたりなどしたことを自分なりに言葉で表現する。
⑤ 感じたこと、考えたことを動きなどで表現したり、感動したことを伝え合う楽しさを味わう。
⑥ 操作を繰り返すことで、スキルを習得したり、小学校でのタブレット端末の活用につなげる。
⑦ みずから試行錯誤するなかで新たな発見をして、友だちに伝え、広める楽しさを味わう。
⑧ 遊びをとおして、さまざまな工夫を自ら試し、創作力を豊かに、潜在能力を引き出す。

出典：堀田博史・松河秀哉ほか「タブレット端末を活用した保育での取り組み内容の調査」『日本教育工学会第30回大会講演論文集』2014年　pp.557-558

また、先進的な保育政策で注目されるニュージーランドでは、保育施設が学校と同じ教育省の所管で一元化され、保育分野におけるICT活用のあり方が早い時期から検討されてきました。教育･保育のICT活用の一環として活用が促され、2005年には、国が保育分野におけるICTの活用のあり方に関する枠組みを示しました。その結果、現在ではICTが子どもの保育内容、国の情報収集、保育者の研修、保護者への情報提供などにおいて広範に活用されています。

日本においても、これからの保育者は、具体的な情報機器や教材活用を想定して、保育を構想する（可視化する）方法を身につけることが求められるようになってきています。

動画を見てみましょう 

ビオトープの保育実践（幼稚園の事例）

子どもたちは半年かけて「ハート池」をつくりました。つくった池には雨水が溜まりました。しかし、「雨の水は、ろ過しないとアカンらしい……」ということわかり、雨水のろ過装置をつくることになりましたが、ろ過の方法がわかりません。子どもたちは、「どうしたらいいの」「どうすればいいの」と試行錯誤の連続です。

そこで、ICT（Zoom）を通じて、疑問点などを大学の地質学の先生に質問して相談しました。大学教員のアドバイスや取り組みを参考に、子どもたちは保育者と計画的に「ハート池」の改善に取り込み、その変化を記録し、活動を広げていきました。その結果、あめんぼやおたまじゃくし、蓮の花などが生息できる「ハート池」ができあがりました。ICTを利用した活動は、好奇心と自発性を発揮させることができ、より学びを豊かにしてくれました。

3　幼児教育の重要性

ノーベル経済学賞を受賞したヘックマン教授*9は、「ペリー就学前プロジェクト」として、アメリカの貧困層の子どもを対象に幼児教育の影響力を 40 年以上にわたって調査した実験結果から、子どもが将来社会で成功するためには、社会情動的スキル（非認知能力）*10を身につけることが大切であり、そのためには幼児期の教育・保育が最も重要であると述べています。

「ペリー就学前プロジェクト」の実験結果によると、幼児期によりよい教育的な介入を受けている子どもはそうでない子どもと比べて、特別支援教育の対象者が少なく、学校の出席率や大学進学率が高いことがわかりました。また、スキルの必要な仕事に就いている比率は高い一方、10 代で親になる比率は低く、犯罪行為に手を染める比率も減っています。さらに、30 代での IQ（知能指数）が平均してより高くなり、その後も高いままであることがわかっています。

これらにより、人生の最初の数年は非常に重要な役割を果たすため、幼児期の適切な教育・保育が潜在能力の基礎を広げる可能性があるといわれています。つまり、自尊心や自己制御、忍耐力などの社会情動的スキル（非認知能力）を乳幼児期に育むことが、大人になってからの生活にも好ましい影響を及ぼすことが明らかであるためです。

したがって、幼児期の教育・保育を担う幼稚園や保育所等の教育・保育の質を高めることが、今後の社会にとっても重要になります。保育者は、子どもの成長・発達や個人差など多様性に配慮するとともに、違いを認め合い、互いを尊重する心を育てる保育内容になっているかを考えて保育を行う必要があります。

CHECK！

＊9　ジェームス・J・ヘックマン（Heckman,J.J.）
シカゴ大学教授（米国）。経済学者。2000 年にノーベル経済学賞を受賞しています。

＊10　社会情動的スキルについて、詳しくは、第 2 章（p.19）を参照。

POINT

- 障害のある子どもの保育は、一人ひとりの発達過程や障害の状態を把握し、生活を通してともに成長できるように支援する方法を理解することが大切です。
- 異文化理解は、互いの文化や風習について相互の学びを促す視点を大切にします。
- 保育の ICT 化や ICT の導入の利点・注意点などを理解する必要があります。

Q 演習問題

① 障害のある子どもにどのように向き合えばよいのか考えてみましょう。
② 日本の文化と外国の文化の違いについて話し合い、外国籍の子どもが楽しく園生活を送るにはどのような手立てがあるのかについて考えてみましょう。
③ ICT を保育実践にどのように活かすことができるか考えてみましょう。

第14章 保育内容の歴史的変遷

わが国の保育は、明治初期にドイツの教育者フレーベルの手法を導入して始まりました。本章では、当時の保育の内容や方法を明らかにしていきます。明治・大正期の幼稚園や保育所では、どのような人によりどのような保育が行われていたのか、またそれはどのように変化して現在の保育に至っているのかについて学習します。

考えてみよう！

① 日本の幼稚園と保育所は、どちらが早くできたのでしょうか。
② 日本の初期の幼稚園では、どのような内容の保育が行われ、どのような子どもが在園していたのでしょうか。
③ 日本初の保育園は、どのような社会的背景のなかから生まれ、どのような子どもが在園していたのでしょうか。

Keywords　恩物中心主義　倉橋惣三　保育要領

1　明治・大正期の保育内容

① 東京女子師範学校附属幼稚園の保育内容

1　東京女子師範学校附属幼稚園とは

フレーベルによって世界最初の幼稚園である**一般ドイツ幼稚園**（Der Allgemeine Deutsche Kindergarten）が設立されたのは、1840 年のことです。わが国では、1872（明治５）年に**学制**が発布され、近代学校制度がスタートしますが、当時は小学校の整備に重点が置かれ、幼稚園の設立や制度の整備はほとんど進みませんでした*[1]。

わが国最初の本格的な幼稚園は、1876（明治９）年に東京で創立された**東京女子師範学校附属幼稚園**（以下、「同幼稚園」といいます）です*[2]。同幼稚園は、上流階級の子どもがお付きの人と馬車で登園して来るような園でした。その初代監事（園長）には、関信三が就任します。関はイギリス留学中にフレーベルの幼児教育に関心を寄せており、東京女子師範学校の英語教師を経て同幼稚園に着任しました。また、その初代首席保母となった松野クララ（クララ・チーテルマン）には、ドイツでフレーベル教育の実践経験があったため同幼稚園の保育内容には

さらに詳しく
＊1　1875（明治８）年に京都上京に第 30 区第 27 番組小学校（後の柳池小学校）がつくられ、「幼穉遊嬉場」という幼児教育施設が附設されましたが、１年半ほどで廃止されました。

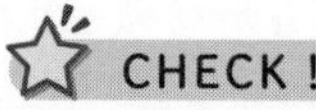
＊2　現在のお茶の水女子大学附属幼稚園です。

フレーベルの保育方法が採用されました。では、同幼稚園で実施された保育内容とは、どのようなものだったのでしょうか。東京女子師範学校附属幼稚園規則（以下、「同規則」[*3]といいます）をもとに、その概要を確かめていきます。

2　東京女子師範学校附属幼稚園の保育内容

同規則では「幼稚園開設ノ主旨」（ねらい）が明治期のむずかしい言葉で述べられていますが、これを現代の言葉に直すと、「知的感覚、健全な心身、社会性や望ましい行動様式などの育成」となります。園児は男女を問わず３歳以上６歳以下とし、事情に応じて２歳でも６歳以上でも在園できました。クラスは、現在でいう年長組（一ノ組）、年中組（二ノ組）、年少組（三ノ組）の３学級編成でした[1)]。その保育内容は、第一物品科、第二美麗科、第三知識科に分かれており、第一物品科は、身のまわりの日用品や動植物に関する活動、第二美麗科は、絵画やその色彩に関する活動、第三知識科は、恩物（おんぶつ）[*4]を中心とする保育玩具を使った活動です。

表 14-1 で、１週間の保育日程を見てみましょう。活動Ａは、朝会にあたり毎朝実施されていました。３クラスの幼児が遊戯室に集まり、出欠確認の後、クララ主席保母のピアノ伴奏に合わせて歌ったり、先生の話を聞いたりするものです。活動Ｂは、月曜と木曜を除いて恩物を使った保育です。また、活動Ｃもすべて「恩物」、活動Ｄも水曜の「歴史上の話」を除いて「恩物」となっており、同幼稚園では**恩物中心**の保育が行われていたということができます。ただし、恩物を使った保育は教師による一斉指導であり、子どもが楽しく自由に保育玩具で遊ぶ時間ではありませんでした[2)]。

このように、わが国初の幼稚園における保育内容はフレーベルの恩物中心主義であり、この保育方法は、当時の文部省から示されたような公的な基準ではなかったものの、これが全国の多くの幼稚園で取り入れられていきます。

さらに詳しく

＊3　同規則に記載された内容が最初の保育内容といえるもので、その後日本各地で設立される幼稚園保育の手本として全国に普及していきました。

＊4　恩物

恩物とは、子どもの想像性や表現力を培うためにフレーベルが考案した保育玩具です。第１恩物から第 20 恩物までの 20 種類があり、第１から第 10 を「恩物」、第 11 から第 20 は「手技工作」と呼ばれています。

表 14-1　保育時間表（第一ノ組　小児満５年以上６年以下）

活動	A：30 分	B：30 分	C：45 分	D：45 分	E：1 時半
月	室内会集	博物修身等ノ話	形体置キ方	図面及紙片組ミ方	遊戯
火	同	計数	形体積ミ方	針画	同
水	同	木箸細工	剪紙及同貼付	歴史上ノ話	同
木	同	唱歌	形体置キ方	畳紙	同
金	同	木箸細工	形体積ミ方	織紙	同
土	同	木片組方及粘土細工	環置キ方	縫画	同

注：活動と活動のＡ～Ｅの表記は、筆者が便宜上つけたものです。
出典：文部省編『学制百年史』帝国地方行政学会　1972 年　p.201

② 幼稚園保育及設備規程

こぼれ話

＊5　幼稚園の名称は、1879（明治12）年に出された教育令で初めて使用されました。「学令以下ノ幼児ヲ保育センガ為ニ幼稚園ヲ設クルコトアルベシ」（66条）と規定されています。

明治中期になり幼稚園[*5]の数が次第に増加してくると、幼稚園に関する公的基準の整備が求められるようになります。そこで、1899（明治32）年、幼稚園保育及設備規程（以下、「同規程」といいます）が制定され、幼稚園に関する公的基準が成立しました[3)]。同規程には、次のような内容が含まれていました[3)]。

① 保育時数は1日5時間以内とすること。

② 保母1人の保育する幼児の数は40人以内とすること。

③ 幼稚園の幼児数は100人以内（特別の場合150人）であること。

④ 保育内容を遊戯・唱歌・談話・手技の4項目とすること[*6]。

⑤ 建物は平屋造りとし、保育室、遊戯室、職員室などを備えること。

⑥ 保育室は、幼児4人につき一坪（3.3m^2）より小さくならないこと。

⑦ 園庭は幼児1人につき一坪（3.3m^2）より小さくならないこと。

⑧ 恩物、絵画、遊戯道具、楽器、黒板、机、暖房器具などを備えること。

さらに詳しく

＊6　童謡などを歌う唱歌、自由遊びである随意遊戯と歌に合わせた身体運動である共同遊戯からなる遊戯、童話や寓話など先生のお話である談話、恩物を扱う手技の4項目です。

これらの内容は、文部省令である小学校令の施行規則に盛り込まれており、現在の幼稚園教育要領のような幼稚園用の独立した基準ではありませんでした。

なお、同規程により遊戯が**保育4項目**のなかに位置づけられた後も、手技を重視する従来の恩物中心主義が続いていきました。女子高等師範学校附属幼稚園と名称が変わった同幼稚園では、1900（明治33）年に着任した**東基吉**[*7]が恩物よりも自由遊戯を重視すべきだとし、1906（明治39）年に着任した**和田実**[*8]も、自由遊びを通じて子どもの個性・能力を引き出すことを重視し、「指導する保育」ではなく「誘導する保育」であるべきだと考えていましたが、法的基準である幼稚園保育及設備規程における保育内容は恩物中心にとどまっていました。

CHECK！

＊7　東基吉（1872～1958）は、日本で最初の体系的保育論とされる『幼稚園教育法』を著しています。

CHECK！

＊8　和田実（1876～1954）は、「幼児教育法」を著しています。

③ 新潟静修学校附設保育所と二葉保育園の保育内容

1890（明治23）年、赤沢鍾美（あかざわあつとみ）が新潟市内に新潟静修学校を設立します。当時、貧しい家庭の子どもは両親が働いている間、弟や妹の子守りをすることが多く、赤沢の妻仲子が空き教室を利用して、同校の受講生が連れてきた弟や妹の世話をするようになります。その後、学校近隣の家庭の子どもも引き受けるようになって、わが国最初の保育所[*9]が誕生することになりました[4)]。

一方、東京女子師範学校附属幼稚園や華族女学校附属幼稚園で勤務していた**野口幽香**と**森島峰**は、貧しい地区の子どものための幼稚園をつくりたいと考え、1900（明治33）年、東京の麹町で二葉幼稚園の経営に着手します。ここでは、乳児の保育も含め一日7～8時間の保育を実施していたため、1916（大正5）年に、園の名称を二葉保育園に変更します。また、二人は貧困にあえぐ家庭や地域社会

こぼれ話

＊9　後に同園は守孤扶独幼稚児保護会（しゅこふどくようちじほごかい）と命名され、赤沢夫妻は生徒が減少した学校を閉じて、本格的に保育園経営に取り組みます。同園は現在も赤沢保育園として運営されています。

の生活向上に尽力するとともに、園内では衛生、道徳、勤勉の習慣づくりをめざす保育内容を重視しました。

4 大正自由保育と倉橋惣三の誘導保育論

大正時代になると、**児童中心主義**の保育や教育が重視されるようになります。「20 世紀は児童の世紀」と唱えたスウェーデンの女性思想家エレン・ケイや、教師による指導ではなく子どもが「自ら経験して得る学び」の過程を重視したアメリカの教育学者デューイの思想が、新しい時代の保育・教育の潮流となっていきます。**倉橋惣三**は、東京女子高等師範学校附属幼稚園と名称が変わった同幼稚園の主事として 1917（大正 6）年に着任すると、東基吉や和田実の考えを受け継ぎ、フレーベルの恩物中心主義に批判的な考えを強めます。そして、教師による恩物*10 の指導ではなく、子どもが中心となって活動できる「子どもの生活に根付いた保育」を提唱しました。

また、倉橋は**誘導保育論***11 を唱え、子どもの自由な遊びが生活の中心になるべきだと考えて、これを「さながらの生活」と呼びました。もし子どもの「自己充実」が十分にできない場合、その程度に応じて保育者の手助けが必要だとし、このことを「充実指導」と呼びました。また、子どもの遊び（生活）は断片的なものですぐに気が変わったりするため、これを真の生活へ向かわせるような系統づけとしての援助が必要だと考え、これが「誘導」であるとしました。最後に、必要に応じて付け加えをする教えを「教導」と呼んでいます。このように、保育における「さながらの生活」－「自己充実」－「充実指導」－「誘導」－「教導」という一連の流れが誘導保育論の考え方なのです[5)]。

さらに詳しく

＊10　倉橋は、恩物を、保育項目 4 項目のなかの「手技」だけではなく「自由遊戯」の遊びの一つとして開放しました。

覚えておこう

＊11「生活を、生活で、生活へ」という倉橋の名言は、「さながらの生活」を「自由と幼稚園の生活環境」で「真の生活となる方向」へ導くことだといえます。

こぼれ話

＊12　これまで幼稚園に関連する規定は小学校令の一つでしたが、幼稚園令は初めての単独での法令となります。ここでは、保育内容に「観察」が加えられました。

2 昭和前期の保育内容

1 幼稚園令・幼稚園令施行規則

児童中心主義の教育・保育がさかんになった大正期ですが、最後の年となる 1926（大正 15）年に**幼稚園令**と**幼稚園令施行規則**が発令されます*12。

具体的な保育内容は、幼稚園令施行規則において「幼稚園ノ保育項目ハ遊戯、唱歌、観察、談話、手技等トス」とされ、**5 項目***13 となりました。また、これまでの幼稚園保育及設備規程では、保育時間は「１日５時間以内」でしたが、幼稚園令施行規則では、府県知事の認可を得れば園の判断で時間を決めてよいとされ、朝から夕方まで行う長時間の保育も可能となりました。

さらに詳しく

＊13　新たに加わった「観察」も、経験主義の流れをくむもので、「実験」とともに重視されるようになった内容だといえます。さらに、「等」が付加されたことで、保育内容に各園の裁量の余地が生まれました。

② 昭和前期、戦時下の保育内容

昭和期に入ると、世界恐慌、日中戦争の勃発、太平洋戦争への突入など、暗い世相や国家主義の台頭に幼児教育もいやおうなく巻き込まれていきます。

幼稚園の保育でも、立派な兵隊になることや戦争への協力が求められました。保育内容の５項目[*14]は変わりませんでしたが、唱歌と談話に関しては戦時色が強く反映された内容が実施され、保健やしつけが重視されるようになります。当時、幼稚園でよく歌われていた「お山の杉の子」という童謡にも、「忠君愛国」の世相があらわれています。

CHECK！

＊14 「保育の５項目」を小学校の教科のように指導する園もあったため、「生活の中で出会う子どもの経験や内容が整理されたもの」である点が強調されました。

3　戦後の保育内容

① 保育要領

1947（昭和22）年、**教育基本法**と**学校教育法**が制定され、「幼稚園は学校であること」が明記されます（学校教育法第１条）。また、同年に**児童福祉法**が制定され、保育所が児童福祉施設として位置づけられると、幼稚園と保育所による、いわゆる「保育二元化」が始まります。

翌年３月、文部省より「昭和22年度（試案）保育要領―幼児教育の手引き」（以下、「**保育要領**」といいます）が刊行されます。この編纂の中心的な役割を担った人物が、倉橋惣三でした。保育要領は、幼稚園や保育所での保育従事者のみならず、家庭で子育てにあたる母親を対象とし、幼児の特質とそれに応じた適切な保育を行うための手引き書として刊行されました。

当時は、連合国軍総司令部（GHQ）の占領統治下にあったため、新しい保育内容はアメリカの経験主義の流れを反映しており、**12項目**[*15]にわたる生活上の経験となる活動が、表14-２のように示されていました。

＊15 「見学」は園外での自然体験を取り入れた活動をいいます。「リズム」と「音楽」が区別されているのは、「リズム」は音楽に合わせた身体表現運動を指すからです。「休息」は遊びに熱中する子どもに身体的・精神的に重要な項目とされ、「休息」と「健康保育」が現在の「健康」に該当します。「年中行事」は、ひな祭りや七夕などの園内行事を指します。

表14-２　保育要領の保育内容（12項目）

1．見学	2．リズム	3．休息	4．自由遊び	5．音楽
6．お話	7．絵画	8．制作	9．自然観察	
10．ごっこ遊び・劇遊び・人形芝居			11．健康保育	12．年中行事

② 児童福祉施設最低基準など

前述のとおり1947（昭和22）年に児童福祉法が制定され、従来の**託児所**が**保育所**となって児童福祉施設の一つに位置づけられると、翌年の12月には児童福祉施設最低基準（厚生省令）が公布されます。これには、入所児数に応じた保育

所の規模、保育室の面積や遊具・備品などのほか、保育時間を原則1日8時間[＊16]とすることが規定されました。

また、1950（昭和 25）年に**保育所運営要領**、1952（昭和 27）年に保育指針（保育所保育指針とは別の規定）が出されると、保育所の役割や保育内容などが明確になりました[6)]。保育所運営要領によると、保育の内容は、保健指導、生活指導、家庭環境の整備に大別されています[＊17]。

覚えておこう

＊16　保育時間の「原則8時間制」は、この法令に基づく規定で、現在も「児童福祉施設の設備及び運営に関する基準」と名称を変えて運用されています。

4　幼稚園教育要領とその変遷

1　幼稚園教育要領の刊行

1956（昭和 31）年に保育要領が改定され、**幼稚園教育要領**として刊行されます。保育要領は、前述のとおり母親ための保育の手引き書でもあったため、幼稚園では、より系統的で指導計画編成の基準ともなる専門性の高いものが求められるようになったからです。これにより、これまで 12 項目あった保育内容は、健康、社会、自然、言葉、音楽リズム、絵画製作の **6 領域**[＊18]となりました。

さらに詳しく

＊17　保育の内容では、「乳児の保育」を「睡眠、授乳、排泄・おむつ、整容、清拭、入浴、日光浴、空氣浴、乾布摩擦、乳兒体操、お遊び・玩具」とし、「幼児の保育」を「健康狀態の觀察、個別検査、自由遊び、休息、午睡、間食、書食（給食）」としていました。

2　幼稚園教育要領の第 1 次改訂

1964（昭和 39）年に、幼稚園教育要領の第 1 次改訂が行われます。この改訂で、カリキュラムの訳語である「教育課程」という言葉が初めて登場します。また、目標のなかに「豊かな情操を養い、道徳性の芽生えを培うようにすること」が示され、「道徳性」という用語が初めて登場しました。

さらに、学習指導要領（小学校・中学校・高等学校）にならって、幼稚園教育要領は「文部大臣の告示」に変わりました。これにより、単なる手引書ではなく「法的拘束力をもつ公的基準」となりました。また、この改定で「ねらい」が精選され、領域の性格がはっきりと明示されます[＊19]。

CHECK！

＊18　ここで初めて「領域」の名称が登場しますが、これは幼児の望ましい活動を分析し分類したもので、小学校の教科とは性格が異なると説明されました。しかし、多くの幼稚園や保育所で教科的な指導計画をつくるなどの誤解が見られました。

覚えておこう

＊19「領域」とは、幼児の具体的な経験や活動を通して達成されることとなる「ねらいの束をまとめたもの」と説明されるようになりました。

3　幼稚園教育要領の第 2 ～ 3 次改訂

1980 年代には、教育の過熱化という現象により、保護者の教育熱が幼稚園にまで及んだため、園児への早期教育（幼稚園での英語、算数、国語指導など）をうたい文句にする園が多数出現しました。このような現象に対し、本来の幼児教育の視点から見て不適切な指導が行われているのではないかという批判が 1989（平成元）年の第 2 次改訂の背景となっています。

この改訂で、保育内容はこれまでの 6 領域（健康、社会、自然、言語、音楽リズム、

絵画制作）から**5領域**に変わり、健康、人間関係、環境、言葉、表現*[20]となります。また、「教師主導の保育」から「子どもが中心となる保育」への転換が進み、「指導から援助へ」の言葉も生まれました*[21]。1998（平成10）年には、「幼稚園教育要領」の第3次改訂が実施されて、「生きる力」が強調されるようになりました。

さらに詳しく
＊20 「音楽リズム」と「絵画製作」が「表現」にまとめられ、「社会」が「人間関係」、「自然」が「環境」、「言語」が「言葉」に変わりました。また、5つの領域ごとに「ねらい」と「内容」が示されました。

4 幼稚園教育要領の第4～5次改訂

2008（平成20）年の第4次改訂の背景には、2006（平成18）年の教育基本法改正や2007（平成19）年の学校教育法改正があります。このころ社会問題化したのが**小1プロブレム***[22]でした。これに対応して、遊びを中心とする保育と教科学習を中心とする学校教育との間に、指導方法やカリキュラムの円滑な接続が求められるようになります。幼児と児童の交流授業を計画したり、保・幼・小の職員の意見交換会や合同研究会の機会が設定されたりして、その連携の強化が図られました。また、運動能力やコミュニケーション力、規範意識、自尊感情などの改善をめざす保育内容も示されました。

2017（平成29）年には、幼稚園教育要領、保育所保育指針、幼保連携型認定こども園教育・保育要領の同時改訂（第5次改訂）が実施されます。この3つの改訂（改定）では、3歳児以上の教育内容の共通化が図られるとともに、「育みたい資質・能力」「幼児期の終わりまでに育ってほしい姿」が示されました。

さらに詳しく
＊21 教師が指導を控え、子どもの主体性を重視する流れに変わると、逆に園内の「自由放任」が危惧されるようにもなりました。

＊22 小1プログレムについては、第10章（p.99）を参照。

5 保育所保育指針とその変遷

1 保育所保育指針と第1次改訂

1965（昭和40）年、保育所保育の基本となる**保育所保育指針**が発刊されました。前述のとおり、1956（昭和31）年に文部省から保育要領の改訂版として幼稚園教育要領が出されていたため、全国の保育関係者から「保育所保育に関する国の指針」の作成が要望されていたのです。

保育所保育指針の総則では、保育所とは「養護と教育が一体となって、豊かな人間性を持った子どもを育成するところ」であるとされ、「養護と教育の一体性」が保育所保育の特性であることが明確に示されました。保育内容については、1歳3か月未満、1歳3か月～2歳、2歳、3歳、4歳、5歳、6歳の7段階で年齢区分がなされ「発達上の主な特徴」「保育のねらい」「望ましい主な活動」「指導上の留意事項」も示され*[23]、4歳以上の領域は幼稚園教育要領の6領域との整合性が図られました。

さらに詳しく
＊23 1歳3か月未満と1歳3か月～2歳までが「生活・遊び」、2歳が「健康・社会・遊び」、3歳が「健康、社会、言語、遊び」、4歳と5歳と6歳が「健康、社会、言語、自然、音楽、造形」とされました。

保育所保育指針は、1990（平成2）年に第1次改訂が行われ、これまでの「望ましいおもな活動」が「保育の内容」となって、3歳児から6歳児の領域が、健康・人間関係・環境・言葉・表現の**5領域**に変わりました*[24]。また、この改訂により、環境による教育、遊びを通した保育、ねらいや内容、指導計画について、幼稚園教育要領との共通化が図られています。

CHECK！
＊24　保育内容は6か月未満から6歳児までの8段階に区分され、年齢ごとに「発達の主な特徴」「ねらい」「内容」「配慮事項」が示されました。3歳児未満児の保育内容については、領域は設定されていません。

② 保育所保育指針の第2次改訂

1999（平成11）年の第2次改訂では、年齢による発達過程別に示されていた内容が第3章にまとめられたうえで、保育士の業務として「保護者の支援・指導」が追加され、第13章「保育所における子育て支援及び職員の研修など」が新設されました。

また、児童福祉法の改正や子どもの権利条約の批准に対応して、第1章総則に異文化理解と尊重、性別による差別意識の排除などの記述が追加されています。さらに、保育士の専門性が明記されるとともに、保育現場での課題である児童虐待や食物アレルギーへの対応や配慮も取り入れられました*[25]。

さらに詳しく
＊25　このほか、乳幼児突然死症候群（SIDS）の予防に関して、第3章「6か月未満児の保育内容」の「配慮事項」や、第12章の「健康・安全に関する留意事項」で記述されています。また、児童福祉法施行令の改正により、「保母」が「保育士」に変更されました。

③ 保育所保育指針の第3次改定

2008（平成20）年の第3次改定では、保育所保育指針が厚生労働大臣による告示となり、幼稚園教育要領と同じように法的基準性を備えることになりました。

保育内容は、年齢区分が1つにまとめられ、「養護のねらい・内容」と「教育のねらい・内容」が分けて記載されました*[26]。また、小学校との連携のため、保育要録が小学校へ送付されるよう明記されました[7)]。

児童虐待や育児不安が問題化するなか、保育所が果たす「地域の子育て支援の拠点」を充実させるために、第1章総則では「保育所の役割」や「保育所の社会的責任」が示されました。また、「保育所の役割」として、保護者や地域の子育て家庭への支援を担うことについても明示されています。

CHECK！
＊26「養護のねらい・内容」では「生命の保持」、「情緒の安定」が、「教育のねらい・内容」では5領域に関するねらいと内容が、領域ごとに「心情」「意欲」「態度」で示されました。

④ 保育所保育指針の第4次改定

2017（平成29）年の第4次改定では、1歳以上3歳未満児においても領域の視点が初めて取り入れられ、「ねらい及び内容」に5領域が示されました。また、年齢別の項目では「乳幼児」「1歳以上3歳未満児」「3歳以上児」に3分され、発達に応じた「ねらい」と「内容」が新設されました。

「３歳以上児の保育に関わるねらい及び内容」では、これまでにはなかった次の２項目が「環境」に追加されました。それは、「日常生活の中で、我が国や地域社会における様々な文化や伝統に親しむ」と「国旗に親しむ」です。また、「内容の取扱い」が新設され、各項目の留意すべき事項がわかりやすくなりました[8)]。

6　幼保連携型認定こども園教育・保育要領

2006（平成18）年、「就学前の子どもに関する教育保育等の総合的な提供の推進に関する法律」（通称：認定こども園法）が公布され、認定こども園が新設されました。また、2015（平成27）年４月より「子ども・子育て支援新制度」が発足し、保育所と幼稚園の機能をあわせもつ「幼保連携型認定こども園」がつくられました[9)]。2017（平成29）年には、保育や教育が０歳から18歳という大きな流れのなかでとらえられるようになり、学習指導要領（小・中・高）の改訂と合わせて、幼稚園教育要領、保育所保育指針、幼保連携型認定こども園教育・保育要領が同時に改訂（改定）されました。そのとき、３歳以上の幼児に関する３つの基準（幼稚園教育要領、保育所保育指針、幼保連携型認定こども園教育・保育要領）の保育内容について共通化が図られています＊27。

覚えておこう

＊27　3つの基準すべての「総則」に「育みたい資質・能力」と「幼児期の終わりまでに育ってほしい姿」があげられています。また、「3歳未満の乳幼児」の保育内容で保育所保育指針と幼保連携型認定こども園教育・保育要領の共通化が図られました。

また、乳児保育に関する「ねらい及び内容」は、身体的発達に関する視点、社会的発達に関する視点、精神的発達に関する視点の３つに分けて示されました。これは、乳児保育が大人になるための「学びの出発点」であるという考えや、３歳までの非認知能力を育成する環境を重視する理由によるものです。

近年、特に変化の激しい時代にあって、子どもが大人になり社会に出た後も通用する力をつけるために、「育みたい資質・能力」「幼児期の終わりまでに育ってほしい姿」を教育・保育のなかに適切に位置づけながら、保・幼・小の連携やその後の教育へのつながりを見据えて保育を進めていく必要があります。

・明治期の保育内容は、形式的な恩物中心主義でした。
・大正期の保育内容が遊び中心に変わったのは、倉橋惣三によります。
・戦後の保育内容は、幼稚園教育要領が先駆的役割を果たしてきました。

演習問題

① 明治期の保育内容はなぜ恩物中心になったのでしょうか。その理由も考えてみましょう。
② 倉橋惣三の目指した保育内容とその理由を考えてみましょう。
③ 幼稚園教育要領は、保育所保育指針にどんな影響を与えましたか。

第15章 諸外国の保育内容

社会状況が大きく変化している今、世界各国では、「子どもが幸せに生きていくために必要なこと」を見つめ、幼児教育や保育改革のさまざまな取り組みがなされています。本章では、質の高い教育・保育に向けての各国の取り組みを国際比較しながら、諸外国の保育内容や子ども観、子育て観、教育・保育制度について学びましょう。

考えてみよう！

① 諸外国の教育・保育改革の取り組みを知りましょう。
② 諸外国のカリキュラムの特徴を探ってみましょう。
③ 保育内容や子ども観・子育て観などを国際比較してみましょう。
④ 諸外国の歴史や文化と教育・保育の関連性をまとめてみましょう。

ドキュメンテーション　森のようちえん　テ・ファリキ　ヌリ課程 

1 OECD における教育・保育の取り組み

① OECD による取り組み

2000（平成 12）年以降、世界では、社会経済のグローバル化や科学技術の進歩による IT 革命、所得の格差、貧困率の上昇、環境問題など、社会情勢が急速に変化し、多くの課題や問題が浮き彫りになっています。

日々刻々と世界情勢が変容するなかで、**OECD**（経済協力開発機構）[*1]は、2001（平成 13）年から、「人生の初期に力強いスタートを切ることのできる子どもたちは成長してからも良い成果に恵まれる」をスローガンに、国際比較を意識しながら共通の視点をもち、自国における保育の課題を改善する試みや保育研究プロジェクトを発足しています。

用語解説

＊1　OECD（経済協力開発機構）
　OECD は、民主主義を原則とする 36 か国の先進諸国が集まる国際機関であり、グローバル化の時代にあって経済・社会・環境の諸問題に取り組んでいます。

② OECD 調査による報告書

OECD は、世界の教育政策の調査報告書のなかで、子どもの将来を予測し、人生における成功や社会進出への貢献を考えたとき、**認知的スキル**（認知能力）と社会情動的スキル（非認知能力）[*2]の 2 つをバランスよく身につけることが必

＊2　社会情動的スキルについて、詳しくは、第 2 章（p.19）を参照。

要であると述べています。また、過去に蓄積したスキルのレベルが高いほど、将来さらに高いレベルのスキルを身につける傾向にあり、社会情動的スキルを身につけている人ほど将来の認知的スキルが向上する傾向にあるとしています。こうした結果を受け、乳幼児期の教育の重要性が新たにクローズアップされたことで、**ECEC**（乳幼児期の教育とケア：Early Childhood Education and Care）という乳幼児期の教育・保育の質の向上や実際的な解決方法を世界的レベルで調査・研究するプロジェクトが立ち上がりました*3。

CHECK！
＊3　ECECの質向上プロジェクトは、乳幼児期の教育・保育にかかわる人に「質の向上に寄与する政策」や「現実的な解決法」を提示しています。アクションを支える3つの原理は、①経済的・社会的な見返り、②親支援の結果としての女性雇用の促進、③子どもの貧困と教育上の不利益に対する措置です。

乳幼児期の教育・保育では、特に可視化しにくい社会情動的スキルの育成がその後の子どもの発達におおいに影響を及ぼすとされています。世界では、これらを受けて、どのような保育カリキュラムを展開しているのか探っていきましょう。

2　イタリア「レッジョ・エミリア・アプローチ」

①　伝統的な幼児教育と今日のアプローチ

イタリアで初めて設立された幼児教育施設は、1831年にイギリスのロバート・オーエン*4が構想した幼児学校（インファント・スクール）に影響を受けた施設でした。この施設は、貧しい家庭の子どもや親のいない子どもを収容するために善意で建てられたものです。19世紀の終わりには、マリア・モンテッソーリ（Maria Montessori）が開設した「子どもの家」*5が世界に広く知られていきます。

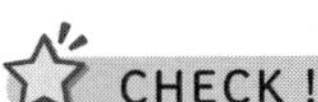

＊4　ロバート・オーエン（Owen, R. 1771～1858）
イギリスの社会主義者の父。長時間労働に酷使されていた子どもを救おうと1800年に性格形成学校、1816年に幼児学校（インファント・スクール）を開設し、子どもの自発性を尊重し、他人とともに幸福になることを目指しました。フレーベルの幼稚園の創立に先だったのが幼児学校であるといわれています。

用語解説
＊5　子どもの家
ローマのスラム地域で昼間仕事をしている母親の子どもを預かる施設でした。社会生活への準備を目的とした活動もあり、食事の準備や食器洗い、ボタンかけなど子どもが自分で身のまわりのことをできるようにする活動を重視しました。

第二次世界大戦後の1945年、教師のロリス・マラグッツィ（Loris Malaguzzi）が、農民や労働者とともに子どもたちのための新しい幼児教育施設「アジーロ・デル・ポポロ」をレッジョ・エミリア市近郊に設立しました[1)]。親や協力者がお金を出し合ってつくった自主管理の小さな学校でした。その後、レッジョ・エミリア市は「幼児学校」や「乳児保育所」などを設立しますが、そこで行われた教育実践が「世界で最も先進的な初期教育」として大きな注目を集めます。レッジョ・エミリア市で行われたこの教育手法を、**レッジョ・エミリア・アプローチ**といいます。

②　レッジョ・エミリア・アプローチの3つの特徴

レッジョ・エミリア・アプローチには3つの特徴があります。

1　プロジェクト活動

レッジョ・エミリア・アプローチの理念は、「個人」ではなく「グループ」単位で知識の探究を行い、知識を深めていくことにあります。子ども同士が知識やアイデアを交換し、話し合い議論することを通して学ぶというコミュニケーションに重点をおいたアプローチです。

プロジェクト活動とは、数か月から１年などの長期間にわたり、子どもが主体となって、１つのテーマを保育者や保護者とともに掘り下げていく活動をいいます。たとえば、展覧会に向けて何をどのようにつくるのかなど、少人数のグループで子どもが保育者と対等な立場で話し合いを進めます。

プロジェクト活動を重ねることで、子どもは自分の考えを主張する自主性や他者と話し合い進める協調性を身につけていきます。また、これにより、自分たちで目的を見つけ出す探究心や自分の役割を見出し理解する力が育まれていきます。

2　子どもの創造性を育む環境設計

レッジョ・エミリア・アプローチでは、子どもの想像力や感性を育むために、子どもが自由な芸術活動を行うことも特徴の一つです。園には保育者以外に、美術専門家である**アトリエスタ**と教育専門家である**ペダゴジスタ**と呼ばれるスタッフが配置されており、子どもの創造的活動の支援を行います。

たとえば、光のプロジェクトは、レッジョ・エミリア市が長年支援してきたプロジェクトです。光は子どもを魅了する素材です。写真 15-１はオーバーヘッドプロジェクターを使用して光を感じ、遊んでいる様子です。光のプロジェクトでは、２歳以上の子どもたちやアトリエスタ、保護者がともに光に夢中になって、さまざまな方向から探究したり実験したりしていきます。いろいろな種類の光が感覚や感情、論理を使って探究され、子どもから大人、アトリエスタまでもが相互に影響を受け合いながら、新しい見方を感じ取っていきます。

また、園の中心には**ピアッツア**、保育室内には**アトリエ**といった空間があります。ピアッツアは異年齢の子どもや大人と子どもが交流できる共同広場であり、アトリエは子どもがいつでも自由に造形活動ができる空間をいいます。アトリエには、多くの種類の道具や材料、自然の植物などが置かれています。アトリエでの子どもの探究はアトリエスタの支援によってグループで繰り返し行われますが、事前に計画はされません。アトリエは、「屋外・園庭も含めて手が勝手に動きまわる場所、実験室、探究のできる場」なのです[2)]。

写真 15-１　光と色との対話

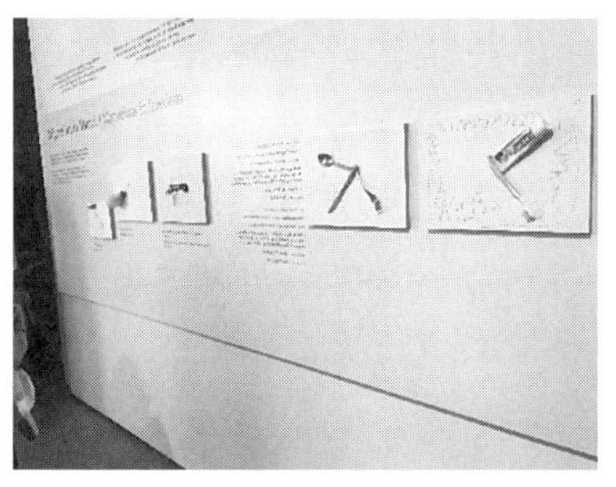

写真 15-２　時計の針のような歯磨き粉と歯ブラシ

3　ドキュメンテーション

ドキュメンテーションとは、子どもの行動や保育活動の様子を記録し、パネルにして掲示する取り組みをいいます。これらは、保育者の業務記録や保護者への伝達ではなく、子どもたち自身が活動内容やその成果を振り返り、次の学びに活かすことを目的としたものです。地域や保護者にも見える形で掲示されることで、より広いコミュニケーションが生まれる効果もあります。

レッジョ・エミリア・アプローチでは、保育室に**ミニアトリエ**とよばれる小さな空間が設けられており、保育者やアトリエスタは相互の技術を伝えながら子どもと一緒に活動します。レッジョ・エミリアの保育者の視点では、子どもが多くの物を使って作品をつくることは、認知的で象徴的な表現全体においては必須であるととらえています。

また、レッジョ・エミリア・アプローチには、「地域文化やコミュニティを意識して専門家とともにプロジェクトを進めていくことで、地域中心の子育ての重要性を園内外に発信していく説明責任」があります。つまり、子どもとともにわくわくするような情動経験を共有し、専門家としての手ごたえや楽しさに応えていくことで、コミュニティの連帯感覚が生まれてくるということです。地域に根ざし、コミュニティのなかで子どもを育むすばらしさを伝えるプロジェクトも、レッジョ・エミリア・アプローチの一つの魅力といえるでしょう。

3　ドイツ「森のようちえん」

1　森のようちえんの起源と理念

森のようちえんとは、五感を使った自然体験によって保育を行う幼稚園の形態をいいます。1968年にドイツで、ウルスラ・スーベ（Ursula Sube）という女性によって森のようちえんの活動がはじまりました。その後、1993年に2人の教育者、ケースティン・イェップセン（Kerstin　Jebsen）とペトラ・イェーガー（Petra Jager）が、デンマークの実践に感銘を受け「フレンスブルク森のようちえん」を開園し、ドイツ国家によってはじめて認可されました。

森のようちえんでは、共通する理念である次の**12の要素**を提示しています。それは、①四季のリズムを感じる、②多彩な運動を経験する、③子どもの五感を大切にする、④心理的発達を促す、⑤こだわりを受容する、⑥想像力を発達させる、⑦全体的な教育になるようにする（リズムと音楽的教育）、⑧静けさを体験する、⑨火、土、水、空気とかかわりをもつ、⑩社会性が発達するように配慮する、⑪健康を増進し、免疫力を高める、⑫自己と他者・他の物への畏敬の念を育てる、です。

つまり、森のようちえんは、年間を通じて森へ出かけ、四季のリズムを感じ、五感を使って活動し、子どもの自主性を重要視するという大きな理念があるのです。

② 森のようちえんの 1 日の流れ

ドイツの森のようちえんの一日の流れを見てみましょう。

8：00－8：30　登園……保護者が交代で車で送迎します
8：30－8：45　森へ出発準備（写真 15－3）
9：00－9：30　朝のサークル活動（写真 15－4）
9：30-11：30　自由遊び・散歩・運動
11：30-12：00　昼食……お弁当を食べる早さは自由です
12：00-12：30　自由遊び（写真 15－5）
12：30-12：45　帰りの会……読み聞かせ、帰りの歌
12：45-13：00　降園

上記以外にも芸術イベントやさまざまな経験をします。

写真 15－3　準備

写真 15－4　朝の活動

写真 15－5　森の中を遊ぶ様子

③ 森のようちえんの決まり

森のようちえんでは、子どもの安全や森への環境へ配慮された決まりがあります。安全面、健康面、環境面に分けて解説していきます。

【安全面】

① 大人の目、声の届くところにいること。
② 名前を呼ばれたら返事をすること＊6。
③ 森の境界を越えたいときは、保育者と一緒に行くこと。
④ 全員がたどり着くまで、決まった地点で待つこと。
⑤ 木の枝を持って走り回らないこと。
⑥ 木の枝、石を持っているときには、十分に注意すること。
⑦ のこぎりを使うときは、保育者のもとですること。

＊6　森の中で返事をしないということは、森で迷子になっていることを意味し、子どもが危険な状況にあることを知らせる強制的な規則です。

⑧ 落下の恐れがあるので、乾いた木には登らないこと。

【健康面】

① 溜まっている、または流れている水は決して飲まないこと。
② 冬に服を脱ぐ際は、保育者に一声かけること*7。
③ 許可なしに葉、植物の一部、実を食べないこと。

＊7　ドイツは森の中にかかわらず、冬は車が凍るほど寒く、子どもの考えだけで服を脱いでしまうと、死の危険につながる可能性があります。

【環境面】

① 森には少しのゴミも捨てないこと。
② ゴミを見つけたら、みんなで森の外に持っていくこと。
③ 保護されている植物は、そのままにしておくこと。
④ 観察のために動物を捕ったときは、可能な限り早く捕った場所に戻すこと。
⑤ 太陽のもとでガラスと動物を並べないこと。

用語解説

＊8　ESD (Educational for Sustainable Development)
「持続発展教育」「持続可能な開発のための教育」です。環境、経済、社会の総合的な発展を目指し、持続的な発展のための知識、価値観、行動等を学ぶ教育をいいます。

ドイツでは特に環境問題への関心が高く、幼いころから環境を保護する習慣が身についています。「生活になくてはならないものを一つあげるとしたら何ですか」と質問をされたら、みなさんはどう答えますか。日本では「携帯電話」と回答する若者が多いなか、ドイツの若者の多くは「森」と回答するそうです。保育者は自然と共生するライフスタイルが求められる時代になってきたことを意識し、幼児期から**環境教育**やESD（持続可能な社会をつくる教育）*8の実践を行う必要があるでしょう。

4　ニュージーランド「テ・ファリキ」

1　保育政策の考え方

ニュージーランドは、太平洋諸国系、ヨーロッパ系、アジア系の人々や先住民であるマオリ族が暮らす多民族国家です。そのため、複数の文化が混在し、子どもの発達・教育についても、多様な価値観が存在している**多文化共生国**です。

保育政策においては、多文化共生を意識しながら、保育の質の向上と公平性の維持を前面に出して教育・保育の推進を行っています。また、経済改革や義務教育とは一線を画して保育政策を行った結果、他国に類を見ないほど、教育とケアの統合に成功したと評価されています。

2　保育の変遷

1880年代以降になって初めて、独自の幼児教育サービスが地域と宗教団体の援助を受けて設立されました。1903 年に全日型で保育を行う保育所が誕生し、1970 年代には、女性の労働市場への参加をきっかけに保育所への就学率が高くなります。同時期に、マオリ語とマオリ文化の存続を重視した幼児教育センターがつくられ、1986 年には、幼保の一元化（education and care）が図られました。

1996 年に、独自のカリキュラムとして、**テ・ファリキ**が公布されます。テ・ファリキは、社会文化的アプローチに基づいた斬新的な幼児教育カリキュラムとして国際的にも注目を集めました。それは、ヨーロッパ系移民の文化と先住民族のマオリ文化の両方の目的と原理を尊重し、**二文化カリキュラム**において初めて、教育の平等性と利便性を達成したからです。

テ・ファリキの編成にあたっては、マオリ族の文化や教育理念を取り入れ、民族としての歴史的な伝統習慣や独自性を尊重しています。また、「就学前教育による社会的な先行投資の価値」として、非認知能力の育成にも踏み込んだ取り組みを行っています。

3　テ・ファリキの内容

前述したように、1996 年、テ・ファリキがナショナルカリキュラムとして策定されました。これは、多様性・独自性を尊重した 0 歳から 5 歳までの幼児教育カリキュラムを指します。カリキュラムが年齢にふさわしいものであるように、乳児（誕生～ 18 か月）、歩行期（1 ～ 3 歳）、幼児（2 歳半～就学年齢）の 3 つの年齢に分けてつくられています。また、子どもや家庭、特別なニーズのある状況、

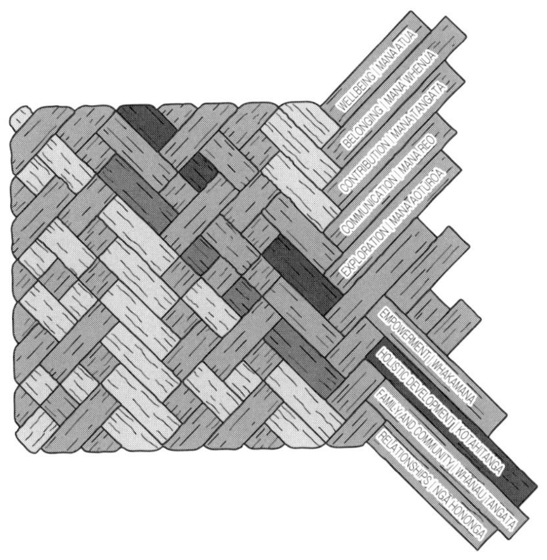

図 15-1　テ・ファリキの概念図

出典：The ministry of education, “Te Whāriki”, Newzealand government, 2017　p.11

地域社会など、必要に合わせて自身で作成し、修正することのできるものです。個別のスキルの獲得ではなく、互いに連関する経験と意味が入り組んだパターンを織りなすという意味で、テ・ファリキ（織物マット）と名づけられました。

テ・ファリキのカリキュラムの枠組みは、次の４つからなります。①カリキュラムの原則、②５つの領域（保育の目標）と４つの原理[＊9]、③乳幼児期の諸目標、④乳児教育と学校教育および学校用カリキュラムの接続です[＊10]。この領域と原理が互いに関連づけられて保育実践が行われます。

個々のカリキュラムには、先住民の文化に対する基礎知識と尊重を促すためにマオリの言語と文化についての諸側面を含む必要があり、テ・ファリキは２つの言語を使い、マオリの文化と言語を保護しています。また、それぞれの実践に対しては、ラーニング･ストーリー[＊11]というアセスメントを取り､｢学びの構え」（学びの成果）を読み取るという、子どもの学びのプロセスを明確化する記録も開発されています。

CHECK！

＊9　５つの領域は、①ウェルビーイング、②所属感、③子どもの貢献、④コミュニケーション、⑤探求・探索をいいます。また、４つの原理は、①エンパワメント、②全人格的な発達、③家庭と地域社会、④人・物・場との関係性をいいます。

5　韓国「ヌリ課程」

1　保育政策

韓国では、人道主義に基づき、すべての市民の個性形成の支援と、民主的な市民として必要な自律した生活スキルや資質の育成を重視した教育を行っています。2008年には、人間的な生活の保障や民主的な国家の発展への貢献、人類の公的な理想の実現をめざして、**ナショナルカリキュラム**が作成されました[＊12]。

このカリキュラムは、創造性の育成や知識･スキルの修得との応用を図ること、進歩的知識や理解力をもちキャリアを開拓すること、文化的な遺産を基盤にして新しい価値観を創造することなど、教養のある人を育成することを目指しています。同年、乳幼児教育を含むすべての教育予算が地方自治に移管され、教育事務局が地域のニーズに効果的に対応しはじめています。

こぼれ話

＊10　ニュージーランドでは各教育段階での主要な能力を明確にして教育をしています。たとえば、テ・ファリキでの能力が、小学校カリキュラムでは他者との関係やかかわりの育成につながり、小学校以降の教育が社会集団への参加やかかわりにつながるなど、生涯学習者としてのありかたを明確にしています。

＊11　ラーニング・ストーリー
テ・ファリキに基づく保育評価で子どもの学びの姿を物語として、文章と写真でつづるものをいいます。

2　幼児教育の推進化計画

教育・保育の具体的施策として、2009年に２つの総合的中期計画が始まりました。これは、保護者が負担する子育てコストの軽減と乳幼児への質の高い教育とケアの提供を図ろうという趣旨の計画です。

質の高い教育の提供には、教育科学技術部による「幼児教育の推進化計画」があります。これは「乳幼児が幸せに過ごせる未来志向の就学前教育機関の設立」というビジョンをもち、子どもと保護者に質の高い幼児教育を提供することを具体的な目標として明示したものです。

韓国は、日本と同様に合計特殊出生率が低いため、幼児教育・保育整備の強化を急速に行い、就学前教育への在籍率を高める必要がありました。保健福祉部では質の高い**チャイルドケア**として「子ども愛（I-Sarang）プラン」を計画し*13、チャイルドケアに対する国の責任を重視しています。

CHECK！

＊12　韓国におけるナショナルカリキュラムは「3～5歳児年齢別ヌリ課程」のことで、詳しくは後述します。幼保一元化のもと、韓国のすべての子どもが、教育・保育サービスを受けることができる権利が保障されたカリキュラムです。

3 ヌリ課程の内容

2012年に制定された「5歳児ヌリ課程」は、質の高い教育とケアを保障するために、幼稚園と保育施設にいる3歳から5歳児を対象にした共通カリキュラムとして拡大され、2013年3月に「**3～5歳児年齢別ヌリ課程**」として実施されました。一方、0～2歳児は、「標準保育課程」によって保育を受けています。

ヌリ課程は、幼稚園と保育施設の2つの施設のカリキュラムを1つに統合したカリキュラムです。すべての子どものために、どの施設で保育を受けても、教育や保育サービスの質の公平性を確保するように編成されています。子どもの**ウェルビーイング***14、安全・遊びの活動、市民性に力点が置かれており、運動技能と健康、コミュニケーション、社会的関係、芸術、科学の5領域が含まれています。さらに、全体的な発達を通して子どもの創造性を養い、小学校低学年の教育課程との整合性をもつことをねらいとしています。

さらに詳しく

＊13　韓国の乳幼児サービスのなかでも、「子ども愛（I-Sarang）プラン」では、「子どもと親が幸せな世の中」「親が子どもを育てるむずかしさより、やりがいと喜びを感じられる社会」を目指して、保育サービスの基盤が計画され、実施されました。支援対象者の幅が広く、子育て家庭から保育施設、保育者までを焦点にしたプランです。

用語解説

＊14　ウェルビーイング

ウェルビーイング（well-being）とは、身体的・精神的・社会的に良好な状態にあることを意味し、「幸福感」を意味します。

POINT

- OECDは調査報告書のなかで、認知的スキルと社会情動的スキルをバランスよく身につける必要があると述べています。
- レッジョ・エミリア・アプローチは教育と芸術の融合による創造性を重視した保育、森のようちえんは自然との共生を重視した保育を行っています。
- テ・ファリキは民族の歴史や伝統を大切にしながら子どものウェルビーイングを追求し、ヌリ課程は保育サービスの質の公正性の確保を目標としています。

演習問題

① 諸外国の保育内容やプロジェクト活動を調べたうえで、日本の保育活動との相違について自分の考えを述べてみましょう。

② 諸外国の保育内容を参考に、「子どもが幸せに生きていくために必要なこと」について、グループで話し合ってみましょう。

模擬保育

<体験してみよう>

模擬保育では、実際に幼稚園や保育所等で実践された保育内容にしたがって保育現場を体験し、保育者の役割と子どもの思いを体験してみましょう。

1．花と遊ぼう
2．ドングリと遊ぼう
3．不思議？ なぜ？ から始まる「水遊び」
4．絵本から生活経験を活かした「劇ごっこ」

1 花と遊ぼう

公園の木々、花壇の花々、道ばたに咲く野の花、季節ごとにさまざまな場面で色とりどりの花に出会います。子どもにとっては、そこで見つけた花びら一つひとつが、大切な宝物だったり、楽しさを生む遊びの素材だったりします。

実際に花を手に取り遊ぶことで、子どもが遊びながら何を感じ、何を味わっているのか、一人ひとりの心や育ちを探っていきます。

保育展開Ⅰ	花を探しに行こう
ねらい	身近な自然に気づき、見たり触れたりして遊ぶ楽しさを味わう。
準備物	ビニール袋（小）、かご（小）
配慮事項	最初は袋やかごを全員分、用意します。

◎ 遊びの展開

① 園内のあちらこちらに出かけ、花や花びらを探しに行きます。
② タンポポなどの野の花を摘んだり、花壇わきに落ちている花びら、風で散った樹木の花など、さまざまな花や花びらを拾ったりします。
③ 集めた花や花びらは、ビニール袋やかごなどに入れながら、集めます。
④ それぞれ集めたものを、保育者や友だちに見せます。

◎ 保育者の援助

・ 摘んでもよい花か、そうでない花なのか、その都度、子どもと一緒に考え、確かめます。
・ 子どもと一緒に探しながら、見つけた喜びを一つひとつ大切に受け止めます。
・ 保育者自身が、自然物に愛情をもち、大切に扱います。

遊びの援助について、意味を考えてみましょう

このように集めることを存分に楽しむと、次はそれをさまざまに取り入れて遊ぼうとする姿が見られるようになります。

保育展開Ⅱ　集めた花を水に浮かべてみよう
ねらい　自然の美しさや楽しさを友だちと感じて遊ぶ楽しさを味わう。
準備物　プリンカップなどの空き容器

◎ 遊びの展開

① 容器に水を入れ、集めた花を浮かべます。
② 友だちと見合ったり、一緒に飾ったりします。

◎ 保育者の援助

・子どものつぶやきに耳を傾け、それぞれが感じた思いを受け止め、共感するようにします。
・友だちと思いを表し合う機会を大切にするように援助します。

そして、この遊びの経験が、次の色水づくりの遊びへと発展していきます。

保育展開Ⅲ　花の色水をつくろう
ねらい　自分なりに試しながら、花の色が出る喜びを味わう。
準備物　花カゴ、ボウル、カップ容器、すり鉢、すり棒、ペットボトル、じょうご

◎ 遊びの展開

① 友だちと花びらを集めてカゴに入れたのち、必要な道具を選びます。
② 花びらをカップやすり鉢に入れ、水を足しながら力を入れてつぶします。
③ 花びらや水の量を調節して、色水をカップやペットボトルに移します。
④ 友だちとできた色水を見合ったり、飾ったりします。

◎ 保育者の援助

・机やイスなどの場所を、友だちと見合えるように配置を工夫します。
・色を出そうと繰り返し試す姿を見守り、励まします。
・少しずつ色づく喜びに共感します。
・つくった色水を友だちと飾ったりする場や見合う機会をつくります。

友だちと一緒に心を躍らせる経験を重ねながら、少しずつ遊びが発展していくように保育の計画を考えることが大切です。

ふりかえりシート

―花と遊ぼう―

学習日　　　年　　　月　　　日（　）

学籍番号　　　　氏名

保育展開Ⅰ　花を探しに行こう

① この遊びで、子どもはどのような思いを味わうことができるでしょうか。

② 子どもの思いを受け止めるために、保育者はどのような援助や言葉かけが大切だと思いましたか。具体的に書いてみましょう。

③ この後、集めた花を使い、どのような遊びへと発展できるでしょうか。さまざまな可能性を考えて、遊びを複数あげてみましょう。

★ 子どもがこの遊びで得られる気づきや学びは何でしょうか。

保育展開Ⅱ　集めた花を水に浮かべてみよう

① この遊びを経験して、保育者自身は何を感じ取りましたか。

② ねらいにある、美しさや楽しさを友だちと感じるためには、どのような環境の工夫が加えられるか考えてみましょう。

★子どもがこの遊びで得られる気づきや学びは何でしょうか★

保育展開Ⅲ 花の色水をつくろう

① この遊びの楽しさのポイントは何だと思いますか。

② 子どもたちの意欲を引き出し、高めるためにはどのような援助や言葉かけが大切だと思いますか。具体的に考えてみましょう。

③ この後の遊びの展開について、考えてみましょう。

★ 子どもがこの遊びで得られる気づきや学びは何でしょうか。

★★ 最後に、このシートを友だちと見合い、互いに考えを伝え合うことで気づいたことを書いてみましょう。

2 ドングリと遊ぼう

子どもは自然物を遊びに取り入れて遊ぶことにより、自然を身近に感じ、自然と自分とのつながりに気づいていきます。自然との豊かな出会いが自然環境を大切に思い、持続可能な社会づくりの基礎を培う態度につながっていきます。

ドングリ拾いに行ったときの子どもたちの気づきを大切にしながら、ドングリを身近に取り入れた保育の展開を考えていきましょう。

ねらい	ドングリに目当てをもって創意工夫してかかわることを楽しみ、命ある自然物としての理解をしながら扱うことの大切さを知る。

―ドングリとのそれぞれの出会い―
どのようなつぶやきが出るか考えてみましょう

この穴なんだろう?

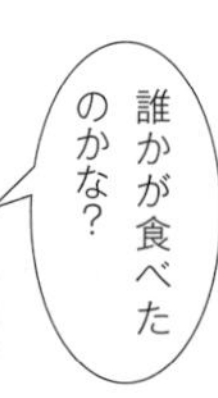

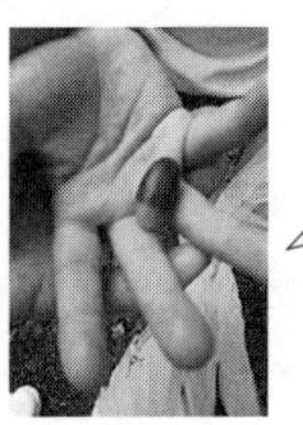

たくさん集めたい

ドングリを見つけたとき、どんな発見があるでしょうか。自分自身の発見や気づきを子どものつぶやきとして考えて、友だちと話し合ってみましょう。そして次に、保育者としてそのつぶやきの意味を読み取っていきます。一人ひとりがさらに探究したいという思いを見極めて、それぞれに保育の展開を考えましょう。

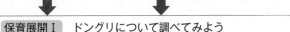

保育展開Ⅰ　ドングリについて調べてみよう

準備物　観察しやすいい容器に入れたドングリ、ドングリに関する図鑑や絵本、タブレットなど

配慮事項　結果を急がず、みずからが確認できるような環境づくり

しばらくするとゾウムシの仲間の幼虫がドングリの中から出てきます。「もしかして、この穴から出てきたのかな？」「育ててみよう」「ドングリは種だって図鑑に書いている」「ドングリが大きくなるとドングリの木になるんだな」「木になるまでどのぐらいかかるのかな？」「ドングリっていろいろな種類があるんだな」など、子どもの気持ちになって調べてみましょう。

保育展開Ⅰ　ドングリ転がしゲームをつくろう！

準備物　板、積み木、樋、ロール芯、空き箱、容器、牛乳パック、接着剤など

まずは、一人で自分なりの目的を決めてつくってみましょう。

保育展開Ⅱ

ゾウムシの幼虫を育てよう

準 備 物　　飼育ケース、土、落ち葉など

◎**予測する**　成虫はどのような姿か、何を食べ、いつ成虫になるのかなど

保育展開Ⅱ

ドングリを植えてみよう

準 備 物　　植木鉢、土、腐葉土など

◎**予測する**　芽が出てくるのか、葉はどのようなものか、木になるまでどのくらいかかるのかなど

保育展開Ⅱ

遊びながらつくろう

作品として扱うのではなく、ドングリの種類を変えたり、素材を工夫したり試しながらつくり変えていきます。

保育展開Ⅲ　**発表会をした後、遊びをつなげよう**

自分の考えた遊びとそのなかで学んだことや予測し調べたことなどを発表し合いましょう。そして、友だちの遊びと自分の遊びをつないで新しい遊びに発展させましょう。

長く転がすに
はどうしたら
いいかな

早く転がすに
はどうしたら
いいかな

ドングリ転がしゲームでは傾斜の違い、ドングリの形や大きさの違いなどによって転がり方が変わります。友だちから刺激を受けたり、考えを出し合ったりしながら目的に向かって協力することが楽しくなってくるはずです。また、ドングリのなかに生き物がいること、ドングリ自体が植物の種であることがわかったことで、ゲームを楽しみながらも、ドングリの扱い方が変化していくことでしょう。

評価の観点

子どもは同じものと出会っても興味や関心はさまざまです。一人ひとりの満足感をもった遊びがつながり合い、新たな考えが生み出されていきます。

① それぞれの遊びのなかで何が育まれたでしょうか。

② 遊びがつながり合ったことで、さらにどんな力が育まれたでしょうか。

③「持続可能な社会づくりの基礎」につながる部分はどこにあるでしょうか。

保育指導案――ドングリと遊ぼう〈４歳児〉

活動のきっかけ	ねらい
・園外でドングリ探しを楽しんだことが活動のきっかけとなる。 ドングリを使って個々に遊びを考え出した姿のなかから子どもたちが一番興味をもったドングリ転がしの遊びをクラスで広げていくことにした。	・秋の自然物から自分なりにイメージを広げて遊ぶ楽しさを味わう。 ・友だちと一緒に遊びをつくり出す楽しさ味わう。
子どもの実態（――…次の活動のきっかけとなる姿）	**本日までの活動の経過（○具体的な保育者の援助　［　　］保育者の願い）**
場面１　ドングリみつけた	［自然のなかで感じたことや気づいたことを表現する楽しさを味わってほしい］
・ドングリを探し、それぞれが感じたことや不思議に思ったことを伝え合う。 ・ドングリをたくさん集めることを楽しむ。	○園外でのドングリとの出会いでは、一人一人がどのようなことに心を動かしているのか読み取る。
・ドングリに穴が開いているのを発見し、興味をもつ。	○ドングリの穴の発見や「どうしてこんなにドングリが落ちているのか」という気づきは、自然とのつながりを感じられるきっかけとなる気づきだと思われるので、後の指導計画にタイミングよく取り入れていくようにする。
場面２　この虫、誰だろう？	［ドングリやドングリ虫（ジキゾウムシの幼虫）に興味をもってかかわってほしい］
・園外から持ち帰ったドングリから虫が出てきたことを発見する。	○ドングリからドングリ虫が出てくることが予想される。子どもたちがドングリ虫を発見できるように園に持ち帰ったドングリを見えやすい容器に入れ替える。 ○子どもたちがどのようにドングリ虫と出会い感じるのかを読み取り、その姿に共感する。
・ドングリから出てきた虫を飼育する。	○ドングリ虫について知りたいことや不思議に感じたことを調べることができるような図鑑や絵本を準備しておく。
場面３　ドングリと遊ぼう	［イメージを広げて自分なりに遊びをつくる楽しさを味わってほしい］
・ドングリを使って遊ぶ。 （ごちそうづくり・人間に見立ててごっこ遊び・ドングリを転がして遊ぶなど）	○それぞれがドングリとかかわり、イメージを広げて遊びをつくろうとする姿を見守り、楽しさを共感する。
・それぞれがいろいろな廃材を用いてドングリを転がすコースをつくることを楽しむ。	○自分なりにじっくり遊べる場と時間を保障する。また、個々に工夫する姿を認める。
場面４　合体しよう！	［友だちと一緒に遊びをつくる楽しさを味わってほしい］
・友だちとコースを合体させることを考える。 ・ドングリを長く転がすために工夫し合う。	○自分なりにじっくりつくって遊ぶことを楽しんだ姿から、次は友だちのコースに興味をもって遊ぶ姿が見られた。友だちと一緒につくることや遊ぶことを楽しめるような雰囲気づくりを心がける。
・ドングリがうまく転がらず、遊びが停滞する。	○遊びが停滞したときには、クラスで考え合う場をつくったり、次のきっかけとなる提案をする。
	［友だちと一緒に遊びのルールを考え合う楽しさを味わって欲しい］
・園庭の築山にドングリコースを移動させる。 ・築山の高低差を利用することによってドングリがよく転がることに楽しさを感じる。 ・ゴールにドングリが入る楽しさを感じる。 ・ドングリコースのゴールを考え合う。	○築山の高低差をうまく活用できればと考え、園庭の築山にドングリコースを移動させる。
・「どんぐりころころ」を歌いながら遊ぶ。	○子どもと一緒に遊びながら次はどんなことに目当てをもっているのかを探っていく。
・ドングリコースに池をつくるアイデアを考える。 ・ドングリが池にはまると歌を歌うことを考える。	○個々の考えやアイデアを伝え合えるような場をつくる。
・３歳児組が遊びに来る。 ・お客さんが来てくれたことでルールを考え合う。	○３歳児が遊びに来てくれたことからお客さんが楽しめるよう考え、ルールをつくり出す姿を十分認める。

協力：富田林市立喜志幼稚園　綿織誠子氏

ふりかえりシート

―ドングリと遊ぼう―

学習日　　　　年　　　月　　　日（　　）

学籍番号　　　　　氏名

① **子どものつぶやき**　どのようなつぶやきを想定できましたか。

② **保育展開Ⅰ**　想定したつぶやきを活かして、保育展開を考えてみましょう。

a）　つぶやき（自分のつぶやき・友だちのつぶやき）

b）　受け止め・読み取り

c）　保育展開

③ **保育展開Ⅱ**　自分なりの目的をもって取り組みましたか。

④ **保育展開Ⅲ**　友だちの発表を聞いて学んだことを書きましょう。

⑤ **保育展開Ⅲ**　友だちの遊びと自分の遊びをつなぐことでどのような発展がありましたか。

評価の観点

子どもは同じものと出会っても興味や関心はさまざまです。一人ひとりの満足感をもった遊びがつながり合い、さらに新たな考えが生み出されていきます。

① それぞれの遊びのなかで何が育まれたでしょうか。

② 遊びがつながり合ったことで、さらにどんな力が育まれたでしょうか。

③ この一連の遊びのなかで「持続可能な社会づくりの基礎」につながる部分はどこにあるでしょうか。

◎ **持続可能の社会づくりのための課題解決に必要な「７つの能力・態度」**[1)]

①批判的に考える力、②未来像を予測して計画を立てる力、③多面的・総合的に考える力、④コミュニケーションを行う力、⑤他者と協力する力、⑥つながりを尊重する態度、⑦進んで参加する態度

3 不思議？ なぜ？ から始まる「水遊び」

子どものモノとの出会いのなかで思わずつぶやく言葉には「もっと、知りたい」「なぜ？」という探究心の芽生えが潜んでいます。

動画スタート

拾った子どものつぶやきをキーワードに知的好奇心を満足させ、粘り強く取り組んでいくための保育計画を立ててみましょう。

ねらい	水の感触を存分に味わい、不思議と感じたことに、好奇心や探究心をもってじっくりかかわり、みずからの遊びに取り入れていく楽しさを味わう。

保育展開Ⅰ	いろいろなものを水に浮くか、沈むかを試して遊んでみよう
準備物	水を貯めたケース、石、木製のスプーン、金属製のスプーン、クリップ、発泡スチロールの皿、スーパーボール、ビー玉、ネジ、野菜など（浮く・沈むの違いがはっきりとわかり、子どもの身近にあるもの）
配慮事項	自由に扱える十分な教材の数、安全でのびのびと遊べる空間、余裕のある時間の保障、友だちの遊びが見える工夫など

友だちと数人のグループをつくり、一人ひとりが考えて準備物を整えます。子どもの気持ちになって、それぞれの思いで試してみましょう。想像していたことと違ったり、普段見落としていたことなど「あれ？」と思うことが必ず出てきます。子どもはそれを思わずつぶやきとして発することでしょう。

「浮くものに沈むものを乗せるとどうなるか？」「バランスよく乗せるには？」「重いのに浮いて軽いのに沈む。なぜ？」その疑問をどう解決していくかが問題解決能力につながっていきます。**主体的な学び**です。

保育展開Ⅱ	なぜ？ を考えてみよう
準備物	科学絵本、図鑑、タブレットなど
配慮事項	疑問をどのように解決していくかをそれぞれに考えてみましょう。

よく知っていそうな人に尋ねることもあってよいでしょう。また、友だちと一緒にインターネット検索や図書館に行って関係図書を探すのもよいかもしれません。**対話的な学び**になります。

また、自分が納得するまでそのものにかかわり、答えを見つけ出す方法もあります。むしろ子どもにとっては自分の考えを生み出す経験となりますので、その時間を存分に取りたいものです。

正解を求めるのではありません。そのプロセスを大切にすることに意味があります。

保育展開Ⅲ　自分で気づいたことを友だちに発表しよう

それぞれの取り組み内容をグループ別に発表してみましょう。

配慮事項　　自分なりの発見や意見を、自信をもって述べ、友だちの意見を取り入れて取り組みを振り返ります。

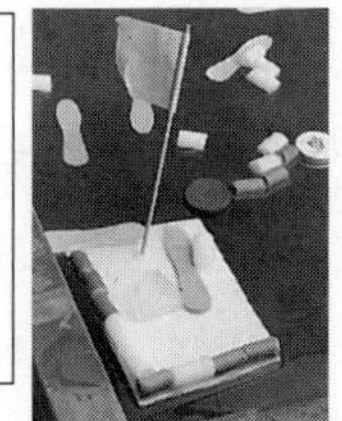

共通のイメージから生まれた舟づくり

友だちの思いや考えに触れる機会として、保育現場でも子ども同士の話し合いを行います。そこで納得し合ったり、さらに新たな疑問が生まれたりして、もっと水への興味や関心が広がったり、表現活動につながっていくきっかけとなります。これが**深い学び**です。

保育展開Ⅳ　いろいろな表現活動を考えてみよう

（例）舟づくり、水中ロケットなど

◎ もっと水と遊んでみよう

配慮事項　　子どもの先行経験を活かした遊びや保育者提案の遊びを提示しながら、粘り強く遊びにかかわれるようにしましょう。

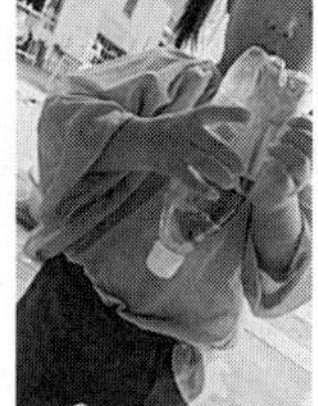

保育者提案の浮沈子

評価の観点

何ができるようになったかではなく、遊びのプロセスのなかでどんな力が身についたかを評価します。

① この遊びを通して子どものどんな力が育まれたかを「幼児期に育みたい３つの資質・能力」に沿って振り返ってみましょう。

② 保育者主導の投げかけでつくる舟づくりと今回のように試行錯誤して子どもみずからが舟をイメージして行った舟づくりとでは何が違うと思いますか。

保育指導案──不思議？なぜ？から始まる「水遊び」

○子どもの実態（３歳児）

園生活に慣れ、保育者と一緒に過ごすことで安心感を覚え始めた子どもたち。楽しい活動や保育者からのワクワクする投げかけ、安心できる人的・物的環境のなかでの日々の生活を通して「楽しい、おもしろい、できた、嬉しい、やりたい」などの心地よい感覚を味わい、積極的に生活を楽しむ姿が見られるようになってきた。

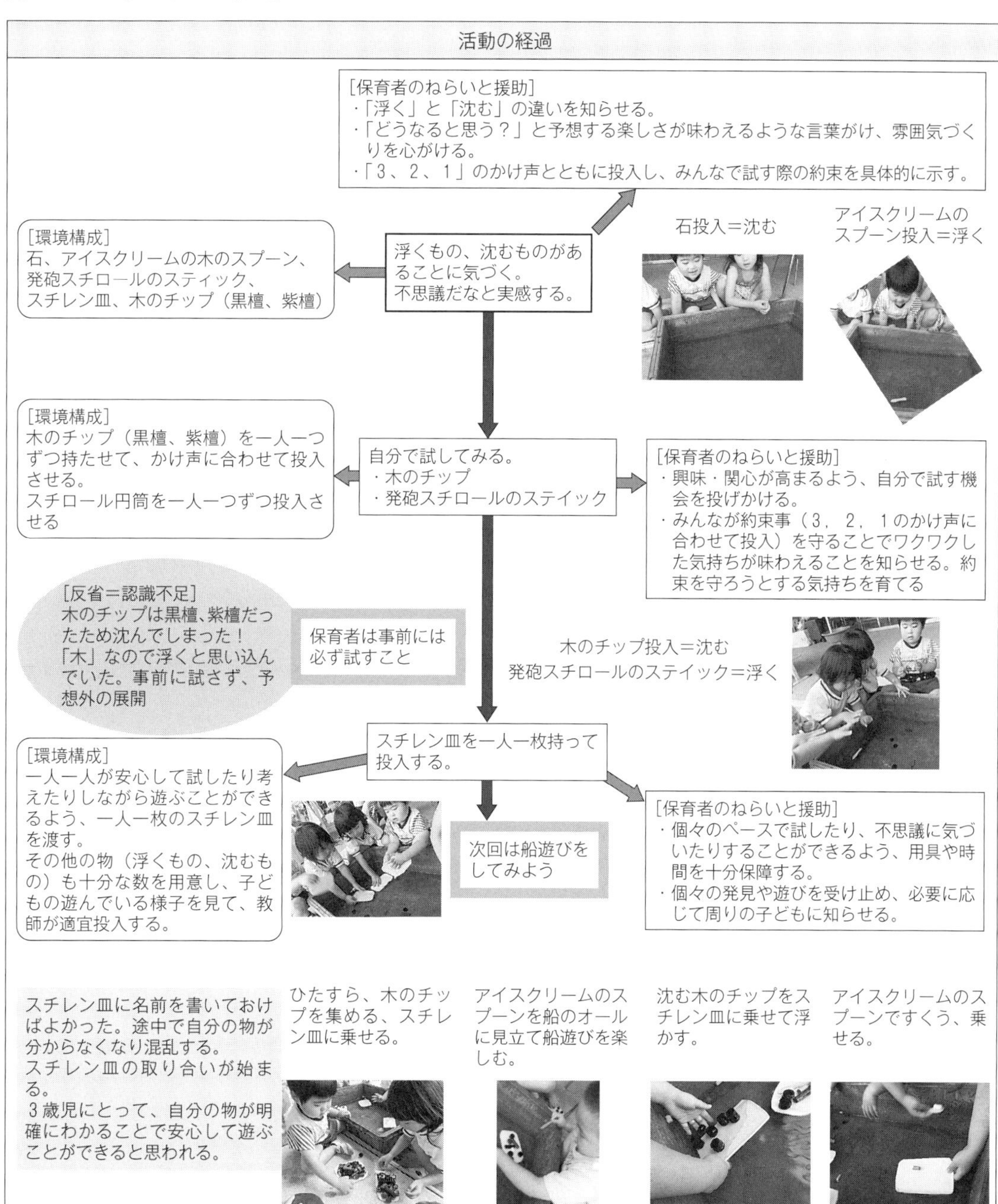

活動の経過
[保育者のねらいと援助]
・「浮く」と「沈む」の違いを知らせる。
・「どうなると思う？」と予想する楽しさが味わえるような言葉がけ、雰囲気づくりを心がける。
・「３、２、１」のかけ声とともに投入し、みんなで試す際の約束を具体的に示す。
[環境構成]
石、アイスクリームの木のスプーン、発砲スチロールのスティック、スチレン皿、木のチップ（黒檀、紫檀）
浮くもの、沈むものがあることに気づく。不思議だなと実感する。
石投入＝沈む
アイスクリームのスプーン投入＝浮く
[環境構成]
木のチップ（黒檀、紫檀）を一人一つずつ持たせて、かけ声に合わせて投入させる。
スチロール円筒を一人一つずつ投入させる
自分で試してみる。
・木のチップ
・発砲スチロールのステイック
[保育者のねらいと援助]
・興味・関心が高まるよう、自分で試す機会を投げかける。
・みんなが約束事（３，２，１のかけ声に合わせて投入）を守ることでワクワクした気持ちが味わえることを知らせる。約束を守ろうとする気持ちを育てる
[反省＝認識不足]
木のチップは黒檀、紫檀だったため沈んでしまった！
「木」なので浮くと思い込んでいた。事前に試さず、予想外の展開
保育者は事前には必ず試すこと
木のチップ投入＝沈む
発砲スチロールのステイック＝浮く
スチレン皿を一人一枚持って投入する。
[環境構成]
一人一人が安心して試したり考えたりしながら遊ぶことができるよう、一人一枚のスチレン皿を渡す。
その他の物（浮くもの、沈むもの）も十分な数を用意し、子どもの遊んでいる様子を見て、教師が適宜投入する。
次回は船遊びをしてみよう
[保育者のねらいと援助]
・個々のペースで試したり、不思議に気づいたりすることができるよう、用具や時間を十分保障する。
・個々の発見や遊びを受け止め、必要に応じて周りの子どもに知らせる。
スチレン皿に名前を書いておけばよかった。途中で自分の物が分からなくなり混乱する。
スチレン皿の取り合いが始まる。
３歳児にとって、自分の物が明確にわかることで安心して遊ぶことができると思われる。
ひたすら、木のチップを集める、スチレン皿に乗せる。
アイスクリームのスプーンを船のオールに見立て船遊びを楽しむ。
沈む木のチップをスチレン皿に乗せて浮かす。
アイスクリームのスプーンですくう、乗せる。

協力：富田林市立川西幼稚園　土居晶代氏

ふりかえりシート

―不思議？なぜ？から始まる「水遊び」―

学習日　　　　年　　　月　　　日（　　）

学籍番号　　　　　氏名

① 保育展開Ⅰ 子どものなぜ？不思議？の気持ちを引き出す魅力的な準備物でしたか。また、そのような環境構成でしたか。

② 保育展開Ⅰ 自分自身が子どものような瑞々しい感性をもって遊びに取り組めましたか。

③ 保育展開Ⅱ 自分自身が疑問に思ったことに対して、どのように向き合いましたか。

④ 保育展開Ⅲ ともに学んだ友だちからどのような刺激をもらいましたか。また、それをその後、どう活かしましたか。

⑤ 保育展開Ⅳ 次の保育展開を自分なりに考えてみましょう。

評価の観点

何ができるようになったかではなく、遊びのプロセスのなかでどんな力が身についたかを評価します。

① この遊びを通して子どもにどんな力が育まれたかを「幼児期に育みたい3つの資質・能力」に沿って振り返ってみましょう。

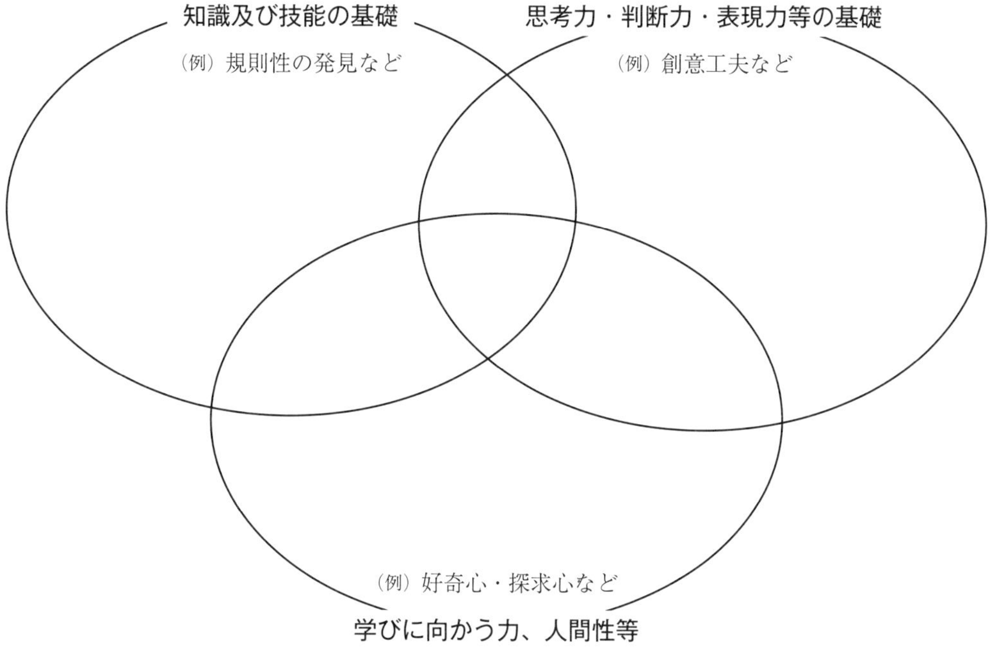

② 保育者主導の投げかけでつくる「舟づくり」と今回のように試行錯誤のなかで子どもみずからが舟をイメージして行った「舟づくり」とでは何が違いますか。

4 絵本から生活経験を活かした「劇ごっこ」

「劇ごっこ」とは、あらかじめシナリオがあり、台本どおりのセリフを覚えて進めていく劇とは異なり、子ども自身の発想や考えを取り入れて、創作活動のなかで自由かつ総合的に展開していくものです。

動画スタート

考えてみよう！

絵本や物語を選び、互いに共通イメージをもちながらオリジナルの話を膨らませ、総合保育を意識しながら表現しましょう。

ねらい 絵本の内容を理解し、お話の世界で夢を広げながら、互いに意見を出し合い、つくり上げる楽しさを味わう。

保育展開Ⅰ　絵本や挿入歌を選ぼう

準備物　絵本、名作童話、創作童話、楽譜など

配慮事項　発達年齢に合ったもの、発表時のねらいや季節・行事に即したもの、挿入歌や効果音としてふさわしい楽曲などを考慮しましょう。

数人のグループをつくり、持ち寄った絵本の内容の確認、イメージの共有、この取り組みによって育てたい子ども像などを話し合って題材を決めましょう。

保育展開Ⅱ　実際に演じながらセリフを考えよう

準備物　メモ用紙、筆記用具、ピアノ、楽器など

配慮事項　演じながら出しあった意見をメモ書きしていくことで台本をつくっていきます。役柄を決めてしまわず、それぞれの考えを出しあって、役のイメージをつくり上げていきます。

（例）環境構成

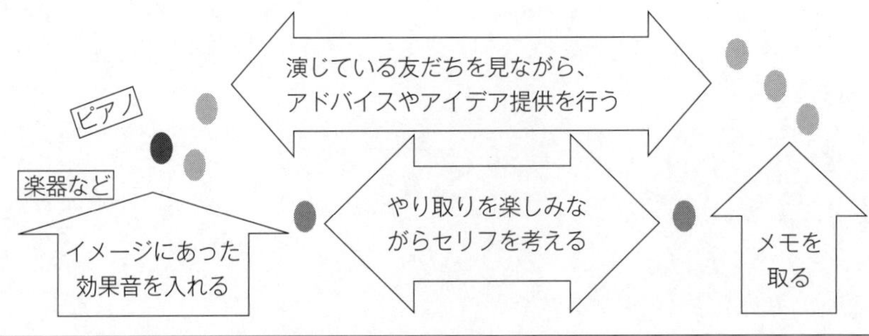

演じている友だちを見ながら、アドバイスやアイデア提供を行う
ピアノ
楽器など
やり取りを楽しみながらセリフを考える
イメージにあった効果音を入れる
メモを取る

● 効果音係　● 座って友だちのやり取りをメモしたりアドバイスをする。
● 配役になってセリフのやり取りをする。

絵本の筋書きを基本としながらも、たとえば「みんなで楽しく遊びました」などの場面があった場合、クラス共通の遊びを取り入れます。「みんなで出かけることになりました」などの場面では遠足に行ったときを再現し、そのときのエピソードを取り入れていくことで、共通のイメージが広がり、それぞれの思いが共有されていきます。また、生活のなかで自分たちが取り組んできたこと、物語を通して伝えたい保育者の思いなどを盛り込んでいくこともできるでしょう。

実際に登場人物となり演じながら、友だちの考えを取り入れたり、それにセリフで応えていくことでお話づくりはどんどん進んでいくはずです。一人の考えだけで進んでいないか、一人ひとりの意見に耳を傾けているか意識し合って進め、創作したオリジナル台本をつくっていきましょう。

保育展開Ⅲ　「劇ごっこ」の発表会をしよう

準 備 物	創作の台本、小道具、大道具、プログラムなど
配慮事項	プログラムは演目だけでなく見どころや工夫した点などを書いておきましょう。

劇ごっこは総合的な表現活動の集大成ととらえてもよいでしょう。5領域の体験が盛り込まれているでしょうか。また､絵本が伝えたいとしている内容が大切にされているかも振り返ってみましょう。創作することは筋書きを変えるのではなく、話を膨らませて自分たちの生活に即しながら、より深く物語を理解していくことにもつながります。

評価の観点

見る側に伝えたいことを魅力的に発信できているかも大切です。夢がより膨らみ、満足感が味わえるような工夫をしましょう。

① 思いが共有されるような生活体験が活かされていた場面はどこにあったでしょうか。

② 子どもの夢を広げ、保育者の意図性をからめた工夫はされていましたか。

③ 各場面を「幼児期の終わりまでに育ってほしい姿」(10の姿) で振り返ってみましょう。

保育指導案——絵本から生活経験を活かした「劇ごっこ」〈５歳児〉

日時	子どもの姿	保育者の願い
2017 年 １月10日～２月18日	少人数クラスでお互いをわかり合っていたためトラブルが少ない。	就学に向け、新しい集団の中で自らの思いを出しながら、相手の思いにも心を寄せることのできる力を養いたい。
選択した物語 その理由	『かいぞくポケット①：なぞのたから島』 あらすじ：宝を探しに島にやってきた海賊たちがさまざまな生き物たちと出会い、宝を探し当てる。 いろいろな登場人物や生き物との出会いのなかで相手の思いをくみ取り、思いをめぐらせながら冒険ごっこの楽しさを味わう。	

【保育の計画】	【実際の展開と子どものつぶやきや様子】		【保育者の読み取り】
物語を読む	思いがかなう呪文に興味をもつ様子が見られる。		
共通の経験を取り入れ、オリジナルの構成を考え合う。	海賊が島で出会う動物を考える。 ○ホワイトタイガー ○こうもり ○セミ	ハロウィンで知った怖いイメージのコウモリではあるが、コウモリの生態を調べたことで、親しみをもった。「コウモリは花やくだものが好き」	遠足ではホワイトタイガーの迫力に驚く様子があったため興味をもったのだろう。 知らない相手を知っているつもりで見るのではなく、相手を理解しようとすることで互いがわかり合えることに気づいたようだ。
話の場面を広げながら、演じ台詞を考え、やり取りを楽しむ。	ホワイトタイガー役は肉球を手袋につけ、うなりながら実際に見たホワイトタイガーを表現するが、うなり声だけでは劇が進まず、海賊役が困っている。	「ホワイトタイガーはなぜいつも怒っているんだ」「仲良くなりたいのに」「呪文で聞いてみよう」	子どもがホワイトタイガーを怖がるだけではなく思いを理解したいという気持ちが芽生えていることを感じる。
配役を交代しながら、オリジナルのシナリオをつくる。	弱っているセミを助ける場面を取り入れることになり、栄養のある土をつくってあげることになる。 配役を交代しながら、台詞のやり取りを楽しむ。	「セミの発表の時みたいにタブレットを使って土のつくり方を説明したらいい」 生き物たちはこうしてほしいのではないかと推し量る言葉の台詞が聞かれる。	夏にはセミと自然とのかかわりに興味をもち、自分たちで調べたことを絵で表してタブレット型端末に落とし込み、映像を発表した経験が活きているようだ。
効果音や挿入歌を考える。	演技で表現できない部分をどう表現するか考え合う。 保育者と子どもと一緒にオリジナルの挿入歌を制作する。	新聞紙をこすって足音にすることを思いつく子どもがいる。	音や曲をつくり出すことも表現活動である。一人ひとりのアイデアを取り入れていくことで、全員が輝く場面をつくる。
イメージを膨らませて大道具や小道具、壁面を制作する。	木や岩などをつくる。	「島に花や木を植えてセミやコウモリが喜ぶ島にしたい」	「生き物の喜ぶ園庭づくり」に取り組んできた日々の取組みが活かされていると感じた。
リハーサルを動画に撮り、視聴する。	動画を見て、自分なりに行動を振り返る。	照れた様子も伺えたが、友だちの様子を見て認めたりする声も聞かれた。	
いろいろな人に見てもらう	役割を果たし、自信をもって表現活動を楽しむ。		本当の宝とは、人も生き物たちも喜ぶ島になることだと、劇を進めるなかで気づいたようだ。

協力：富田林市立錦郡幼稚園　日置由利子氏

ふりかえりシート

—絵本から生活経験を活かした「劇ごっこ」づくりへ—

学習日　　　　年　　　月　　　日（　　）

学籍番号　　　　　氏名

① **保育展開Ⅰ** 絵本や挿入歌を選ぼう。

a）選んだ題材（　　　　　　　　　　　　　　　　　　　　　　　　）

b）選んだ理由（ねらいや保育者の伝えたい思いなど）

c）選曲について（各場面ごとにどのような曲を選ぶとよいか）

② **保育展開Ⅱ** 実際に演じながらセリフを考えたり、効果音を入れたりしよう。

a）自分自身のアイデアや工夫した部分はどこでしょうか。

b）グループ全体で工夫した部分はどこでしょうか。

③ **保育展開Ⅲ** 「劇ごっこ」の発表会をしよう。

a）自分たちの「劇ごっこ」を行って、思いやねらいを伝えることはできたでしょうか。

④ 友だちの「劇ごっこ」を見て学んだことを書きましょう。

評価の観点

見る側に伝えたいことを魅力的に発信できているかも大切です。より夢が膨らみ満足感が味わえるような工夫をしましょう。

① 思いが共有されるような生活体験が活かされていた場面はどこにあったでしょうか。

② 子どもの夢を広げ、保育者の意図性をからめた工夫はされていたでしょうか。

③ 各場面を「幼児期の終わりまでに育ってほしい姿」(10の姿)で振り返ってみましょう。

引用文献・参考文献

【引用文献】

第 2 章

1）鯨岡 峻『子どもの心の育ちをエピソードで描く——自己肯定感を育てる保育のために』ミネルヴァ書房　2013 年　p.17
2）大倉得史『育てる者への発達心理学——関係発達論入門』ナカニシヤ出版　2011 年　p.5
3）文部科学省「幼児教育部会における審議の取りまとめについて（報告）」2016 年　p.3

第 3 章

1）文部科学省『幼稚園教育要領解説』フレーベル館　2018 年　p.143
2）厚生労働省『保育所保育指針解説』フレーベル館　2018 年　p.90
3）厚生労働省『保育所保育指針解説』フレーベル館　2018 年　p.184

第 4 章

1）小田豊・山崎晃監修『幼児学用語集』北大路書房　2013 年　p.155

第 5 章

1）倉橋惣三『幼稚園真諦』（倉橋惣三文庫①）フレーベル館　2008 年　p.23
2）倉橋惣三『幼稚園真諦』（倉橋惣三文庫①）フレーベル館　2008 年　p.22
3）文部科学省『幼稚園教育要領解説』フレーベル館　2018 年　pp.33-34
4）厚生労働省『保育所保育指針解説』フレーベル館　2018 年　p.13
5）文部科学省『幼稚園教育要領解説』フレーベル館　2018 年　p.27
6）ベネッセ教育総合研究所「第 5 回幼児の生活アンケート」2016 年
7）文部科学省『幼稚園教育要領解説』フレーベル館　2018 年　p.35
8）文部科学省『幼稚園教育要領解説』フレーベル館　2018 年　p.34
9）佐伯胖『「学ぶ」ということの意味』岩波書店　1995 年
10）汐見稔幸『人生を豊かにする学び方』ちくまプリマーズ新書　2017 年

第 13 章

1）全国幼児教育研究協会編『幼児教育の実践の質向上に関する検討会——外国人幼児の受入れにおける現状と課題について』2019 年　p.8・p.15
2）教職課程コアカリキュラムの在り方に関する検討会『教職課程コアカリキュラム」文部科学省　2019 年　p.13
3）堀田博史・松河秀哉・奥林泰一郎・森田健宏・深見俊崇ほか「タブレット端末を活用した保育での取り組み内容の調査」『日本教育工学会 第 30 回大会講演論文集』2014 年　pp.557-558

第 14 章

1）文部省編『学制百年史』帝国地方行政学会　1972 年　pp.201-202
2）武智ゆり「日本初の幼稚園保姆　豊田芙雄～女子教育機関で後進の育成も」『近創史』No.7　2009 年　pp.1-8
3）浜野兼一「幼稚園の制度に関する史的考察——明治期における小学校教育との接続をめぐる検討」『上田女子短期大学紀要』第 33 号　2010 年　pp.13-20
4）元木久男「施設保育と子育ての協同」『九州保健福祉大学研究紀要 16』2015 年　pp.49-59
5）金子晃之「倉橋惣三の誘導保育論に関する一考察——教育方法論的及び援助技術論的側面を通して」『浦和大学・浦和大学短期大学部浦和論叢』第 40 号　2009 年　pp.105-124
6）厚生省児童局『保育所運営要領』1950 年　pp.9-17
7）天野佐知子「保育所保育指針の変遷に関する一考察——領域「環境」の保育内容に着目して」『金沢星稜大学人間科学研究』第 13 巻第 1 号　2019 年　pp.1-6

第 15 章

1）アレッサンドラ・ミラーニ『レッジョ・アプローチ　世界で最も注目される幼児教育』文藝春秋　2017 年　p.14
2）佐藤 学「ローリス・マラグッツィの思想の歴史的意味」『発達』156 号　ミネルヴァ書房　2018 年　pp.8-13

模擬保育＜体験してみよう＞②

1）文部科学省・日本ユネスコ国内委員会「ユネスコスクールで目指すSDGs 持続可能な開発のための教育」2018年　p.6

【参考文献】

第1章

・野村恵子・田中亨胤「保育実践における記録と評価の開発に関する事例的考察」『幼年児童教育研究』第7号 1995年

第2章

・大倉得史『育てる者への発達心理学――関係発達論入門』ナカニシヤ出版　2011年
・鯨岡 峻『関係発達論の構築――間主観的アプローチによる』ミネルヴァ書房　1999年
・鯨岡 峻『子どもの心を育てる新保育論のために――「保育する」営みをエピソードに綴る』ミネルヴァ書房 2018年
・文部科学省「幼児教育部会における審議の取りまとめ」2016年
・OECD, Fostering Social and Emotional Skills Through Families, Schools and Communities, 2015「家庭、学校、地域社会における社会情動的スキルの育成：国際的エビデンスのまとめと日本の教育実践・研究に対する示唆」（池迫浩子・宮本晃司著、ベネッセ教育総合研究所訳）ベネッセ教育総合研究所

第4章

・小田豊・湯川秀樹編著『新保育ライブラリ保育内容環境』北大路書房　2009年
・秋田喜代美・増田時枝・安見克夫・箕輪潤子編『新時代の保育双書保育内容環境［第3版］』みらい　2018年
・森上史朗・柏女霊峰編『保育用語辞典［第8版］』ミネルヴァ書房　2015年

第5章

・大豆生田啓友編著『倉橋惣三を旅する21世紀型保育の探求』フレーベル館　2017年
・大豆生田啓友編著『「子ども主体の協同的な学び」が生まれる保育』学研　2014年

第6章

・無藤 隆『3法令がすぐわかるすぐできる お助けガイド』ひかりのくに　2018年

第8章

・春日晃章編集代表『保育内容健康［第2版］』みらい　2019年
・善本眞弓『演習で学ぶ乳児保育』わかば社　2020年
・谷田貝公昭編集代表『新版　保育用語辞典』一藝社　2016年
・日本赤ちゃん学協会編『赤ちゃん学で理解する乳児の発達と保育① 睡眠・食事・生活の基本』中央法規　2016年
・日本赤ちゃん学協会編『赤ちゃん学で理解する乳児の発達と保育② 運動・遊び・音楽』中央法規　2017年
・日本赤ちゃん学協会編『赤ちゃん学で理解する乳児の発達と保育③ 言葉・非認知な心・学ぶ心』中央法規　2019年

第9章

・秋田喜代美監修『保育学用語辞典』中央法規　2019年
・汐見稔幸・無藤 隆監修『平成30年施行 保育所保育指針 幼稚園教育要領 幼保連携型認定こども園教育・保育要領』ミネルヴァ書房　2018年

第10章

・文部科学省『指導計画の作成と保育の展開』2013年
・兵庫県教育委員会『学びと育ちをつなぐアプローチカリキュラム』2018年
・佐々木宏子・鳴門教育大学付属幼稚園『なめらかな幼小の連携教育　その実践とモデルカリキュラム』チャイルド社　2004年

第 11 章
・柏女霊峰『これからの子ども・子育て支援を考える』ミネルヴァ書房　2019 年
・全国保育問題研究協議会編『子どもの生活と長時間保育』2019 年

第 12 章
・「最新保育士養成講座」総括編集委員会『子どもの健康と安全』社会福祉法人全国福祉協議会　2019 年
・田中哲郎『保育士による安全保育』日本小児医事出版社　2019 年
・森上史郎監修『最新保育資料集』ミネルヴァ書房　2016 年
・内閣府・文部科学省・厚生労働省「教育・保育施設等における事故防止及び事故発生時の対応のためのガイドライン［事故防止のための取組み］」2017 年
・厚生労働省「保育所における感染症対策ガイドライン（2018 年改訂版）」2018 年
・原田碩三『子ども健康学』みらい　2004 年
・巻野悟郎監修、日本保育園保健協議会編『最新 保育保健の基礎知識［第 8 版］』日本小児医事出版社　2013 年

第 13 章
・豊中市子ども未来部『教育保育環境ガイドライン』2019 年　p .83
・国立特別支援教育総合研究所『事例で学ぶ！授業で行う「合理的配慮」の実際（8）』明治図書　2017 年
・池本美香「ニュージーランドの保育における ICT の活用とわが国への示唆」『日本総合研究所 JRI レビュー』Vol.6 No.45　2017 年
・小平さちこ「子どもとメディアをめぐる研究に関する一考察――2000 年以降の研究動向を中心に」『放送研究と調査』2 月号　2019 年　pp.20-35
・ジェームズ・J・ヘックマン『幼児教育の経済学』東洋経済新報社　2015 年
・堀田博史・佐藤朝美・森田健宏「幼児教育での ICT 活用の効果と課題」日本保育学会第 74 回自主シンポジウム 2021 年

第 15 章
・OECD 編『OECD 保育の質向上白書人生の始まりこそ力強く：ECEC のツールボックス』明石書店　2019 年
・佐藤 学「ローリス・マラグッツィの思想の歴史的意味」『発達』156 号　ミネルヴァ書房　2018 年
・七木田 敦・ジュディス・ダンカン編『「子育て先進国」ニュージーランドの保育――歴史と文化が紡ぐ家族支援と幼児教育』福村出版　2015 年
・ワタリウム美術館企画・編『子供たちの 100 の言葉 レッジョ・エミリアの幼児教育実践記録』日東書院　2012 年
・経済協力開発機構（OECD）編（武藤隆 / 秋田喜代美監訳者）『社会情動的スキル――学びに向かう力』明石書店 2018 年
・泉 千勢編『なぜ世界の幼児教育・保育を学ぶのか』ミネルヴァ書房　2017 年

模擬保育＜体験してみよう＞④
・寺村輝夫・作（永井郁子・絵）『かいぞくポケット⑴ なぞのたから島』あかね書房　1989 年

索　　引

あ 行

か 行

さ 行

◆編者紹介

小川　圭子（おがわ　けいこ）

兵庫県生まれ。筑波大学大学院人間総合科学研究科修了（学術博士）。
大阪信愛学院大学教育学部教授。専門は幼児教育学・保育学。
［主著］
・『実践にいかす特別支援教育・障がい児保育の理論と支援』嵯峨野書院　2020 年［編著］
・「乳幼児期の子どもの教育相談の取り組みに関する研究—見え方を中心に」『兵庫教育大学大学院教育実践研究論文集第 1 号』 2020 年（奨励賞受賞論文）［共著］
【読者に向けたメッセージ】
保育とは、子どもとの「出会い」「かかわり合い」「ふれあい」から始まり、「育つ、育てる、育ち合う」関係となり、そのことによって子どもは「自分で、自分が、自分から」と主体的に取り組むことができるようになっていくでしょう。

日坂　歩都恵（ひさか　ほづえ）

兵庫県生まれ。兵庫教育大学大学院教育研究科幼年教育専攻修了（学校教育学修士）。
神戸女子大学大学院文学研究科教育学専攻博士後期課程（単位取得満期退学）
兵庫大学短期大学部保育科教授。専門は幼児教育学・保育学。
［主著］
・『保育者をめざすあなたへ　子どもと健康［第 2 版］』みらい　2019 年［編著］
・「衛生に対する保育者の意識及び管理実態に関する一考察」『兵庫大学短期大学部研究収録』55 号　2020 年 ［共著］
【読者に向けたメッセージ】
“ゆっくり芽を出せ、しっかり根をはれ愛しい子よ”を掲げて、子どもを保育の主人公にした、丈夫で意欲が旺盛で、自主性と主体性、判断力があり、思いやりのある子に育つ保育を願っています。

小林　みどり（こばやし　みどり）

兵庫県生まれ。兵庫教育大学大学院学校教育研究科修了（学校教育学修士）。
佛教大学教育学部教授。専門は幼児教育学。
［主著］
・『知のゆりかご 教育・保育カリキュラム論』みらい　2019 年［共著］
・『MINERVA 保育実践講座第 2 巻 保育者の職能論』ミネルヴァ書房　2006 年［共著］
【読者に向けたメッセージ】
実践での経験と、知識として学んだことをつなげ、より豊かに子どもの育ちを支える保育を紡ぎだしていきましょう。

シリーズ　保育実践につなぐ
保育内容総論

2021 年 9 月 30 日　初版第 1 刷発行
2024 年 3 月 31 日　初版第 3 刷発行

編　者　小　川　圭　子
日　坂　歩都恵
小　林　みどり

発行者　竹　鼻　均　之
発行所　株式会社 みらい
〒 500-8137　岐阜市東興町 40 第 5 澤田ビル
TEL　058-247-1227㈹　FAX　247-1218
http://www.mirai-inc.jp/
印刷・製本　株式会社　太洋社

ISBN978-4-86015-560-5
Printed in Japan